KB212317

안중근의
평화사상과
인문학적 상상력

안중근의
평화사상과
인문학적 상상력

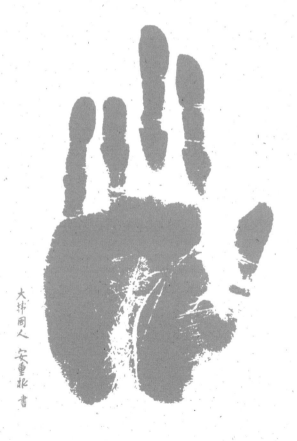

조성환 이수임 엮음

김정현 도노무라 마사루 마키노 에이지 김현주 이수임 조정원 박병훈
다구치 리츠오 이정하 윤재민 오쿠노 쓰네히사 오구라 기조 지음

안중근, 한국과 일본을 잇다

일본 교토에 위치한 류코쿠대학(龍谷大学)에는 '안중근동양평화연구센터'가 있다. 일본에서 '안중근'이라는 이름을 단 연구소나 기관을 설립한다는 것은 결코 쉬운 일이 아니다. 안중근은 일본의 초대 총리를 역임한 이토 히로부미를 저격한 인물이기 때문이다. 원광대학교 한중관계연구원 산하의 동북아시아인문사회연구소는 안중근동양평화연구센터의 고유한 가치와 역사적 의미를 깊이 인식하고 2022년부터 교류를 시작하였다. 이러한 교류야말로 '동북아 공동번영을 위한 다이멘션(NEAD) 토대 구축'이라는 연구소의 어젠다에 가장 부합한다고 생각했기 때문이다. 이 책은 두 연구소 간의 2년 반 동안의 학술교류 끝에 탄생한 '한일합작'의 결실이다.

양국 연구자의 학문적 교류라는 차원에서뿐만 아니라 경제적인 측면에서도 이 책은 한일 협력의 결실이다. 한국에서는 한국연구재단의, 일본에서는 유라시아재단의 지원을 받았다. 원광대학교 동북아시아인문사회연구소는 2017년에 한국연구재단에서 지원하는 인문한국사업(HK+)에 선정되어 2024년까지 〈동북아시아의 공동번영을 위한 동북아시아 다이멘션(NEAD) 토대 구축: 역사, 문화 그리고 도시〉라는 어젠다로 집단연구를 수

행하였는데, 이 책은 그 성과의 일환이다. 또한 류코쿠대학에서 개설되고 있는 강의 「동아시아의 미래: 류코쿠대학에서 동아시아의 미래를 구상한다」는 일반재단법인 〈유라시아재단(ユーラシア財団) from Asia〉의 지원금으로 운영되고 있는데, 이 책(일본어판)은 그 강의의 보조 교재로 학생들에게 권장될 예정이다.

류코쿠대학 〈(사회과학연구소 부속) 안중근동양평화연구센터〉는 동아시아의 평화와 안정의 실현을 지향하여 전후(戰後) 보상 문제나 역사 인식에서 생기는 복잡한 문제들의 해결의 실마리를 모색하기 위해서 시민 활동과 연계된 연구 활동을 목적으로 2013년 5월에 류코쿠대학 사회과학연구소에 설립되었다. 센터 명칭에는 안중근이 죽기 직전에 쓴 「동양평화론」의 역사적·현대적 고찰을 사회에 발신한다는 취지가 담겨 있다. 아울러 센터 활동은 단순히 연구만으로 끝나는 것이 아니라 그것을 교육에 반영하는 것을 중시한다.

실제로 류코쿠대학에는 '동아시아의 미래: 류코쿠대학에서 동아시아의 미래를 구상한다'라는 교양 과목이 개설되어 있고, 이 강의를 통해서 학생들은 류코쿠대학에 안중근의 유묵(遺墨)이 보관되어 있다는 사실을 알게 된다. 이 귀중한 역사 자료를 통해서 학생들은 말로는 표현할 수 없는 강렬한 인상을 받게 되고, 학문이 자신의 인생과 밀접하게 관련이 있으며 미래에도 커다란 영향을 끼치는 요인이 된다는 사실을 실감할 수 있다.

이토 히로부미를 저격한 안중근의 진의가 '동양평화 실현'에 있다는 점은 일본에서는 거의 알려져 있지 않다. 재판에서 그가 조선 독립을 침해하는 일본의 침략을 비판하고, 동양평화를 위해서는 한·중·일 삼국이 각각 대등한 입장에서 상호 협력할 필요가 있다고 호소한 것은 중요한 의미를 지닌다. 역사 인식에서 생기는 제반 문제들의 해결의 실마리를 모색하고 있는 지금이야말로 한·중·일의 정부 관계자를 포함하여 시민과 연구자들이 적극적인 대화를 추진하고, 안중근의 동양평화에 대한 연구와 함께 이해를 심화시키는 것이 필요하다.

이에 대한 실천의 일환으로 원광대학교 동북아시아인문사회연구소와 류코쿠대학 안중근동양평화연구센터는 2022년 5월 무렵부터 교류를 시작하였고, 2023년 4월에는 학술협정(MOU)을 체결하였다. 이어서 2023년 5월에는 원광대학교에서 제1회 공동연구회를 가졌고, 2024년 2월 20일에는 류코쿠대학에서 제2회 학술대회를 개최하였다. 이날 학술대회는 동북아시아인문사회연구소의 김정현 소장과 안중근동양평화연구센터의 이수임 초대 센터장이 공동으로 기획한 것으로, 약 45명의 한·일 연구자들이 모여서, 안중근 당시의 동아시아 정세를 비롯하여 최근의 정치, 경제적 변화에도 시야를 두면서, 동양평화론 연구의 새로운 방향을 생각하는 계기가 되었다. 단순히 한일 학자들의 사적인 만남의 자리가 아니라, 전쟁의 시대와 격변의 문명을 살아가는 오늘날, 시대와 세계의 문제를 고뇌하고 동북아시아의 평화와 세계의 미래를 기원하는 이들의 만남의 장이었다.

각 발표자의 발표가 끝나고 학술대회를 총평하는 종합토론 시간에 안중근동양평화연구센터의 연구원인 마키노 에이지 교수는 "이번 학술대회는 안중근을 기호화하였다"고 평가하였다. 안중근이라는 인물을 역사학이라는 객관적 무대에서 끄집어내어, 하나의 '기호'로서 상징화하여 인문학이라는 보다 넓은 지평에서 다루었다는 뜻이다. 또한 학술대회가 끝나고 종합토론의 좌장을 맡았던 『한국은 하나의 철학이다』의 저자 오구라 기조 교수는 이수임(안중근동양평화연구센터 초대 소장)에게 학술대회에서 발표한 원고를 묶어서 책으로 내자는 제안을 하였고, 이것이 계기가 되어 이수임과 조성환이 본격적으로 책을 기획하게 되었다. 그 결과 학술대회에서 발표되었던 원고 6편에다(제4장, 제6장, 제7장, 제8장. 제9장, 제10장), 학술대회 이후에 완성된 김정현 동북아시아인문사회연구소 소장의 원고를 추가하고(제1장), 학술대회 이전에 논문으로 간행되었던 도노무라 마사루, 마키노 에이지, 이수임의 논문을 합하여(제2장, 제3장, 제5장), 총 10편의 논문으로 된 단행본을 기획하였다. 여기에 다시 오구라 기조 교수의 학술대회 감상문 「안중근을 철학하다」가 추가되어 이 책이 완성되었다. 여기에 참여한 저자들은 철학자(마키노 에이지, 김정현, 오구라 기조)를 비롯하여, 역사학자(도노무라 마사루), 정치학자(김현주), 교육학자(이수임), 경제학자(조정원), 문학연구자(다구치 리쓰오), 문학평론가(윤재민), 종교학자(박병훈), 신화연구자(이정하) 등 다양한 분야에 걸쳐 있다. 총 11명의 인문사회학자들의 원고를 관통하는 주제는 '평화와 공생의 눈으로 본 안중근'이다. 그런 점에서 포괄적인 '안중근학(安重根學)'을 시도하고 있다고 평가할 수 있고, 더 넓게는 안중근을 소재로 한 '평화학'을 모색하고 있다고 해도 과언이 아니다.

오늘날 동아시아 지역의 긴장감은 불필요하게 고조되어 있다. 하지만 일본의 관점에서 보면 '인바운드 소비'는 점점 활성화되고 있다. 2024년 1월~5월 사이에 일본을 방문한 한국인 관광객의 수는 373만 명에 달하고, 5월 한 달 동안 73만 명의 한국인이 일본을 찾았다(일본 정부 관광국 JNTO). 한국에서 일본은 오랫동안 가장 인기있는 여행지가 되었다. 반대로 일본에서는 한류드라마와 K-팝이 남녀노소의 마음을 사로잡아, 일본에서 한국은 "가깝고도 먼 나라"에서 "문화적으로 가장 가까운 나라"로 바뀌었다. 안중근이 염원했던 한·중·일 세 나라가 서로의 언어를 이해하고 평화적으로 교류하는 세상이 현실화되고 있다. 이렇게 현실화된 최대의 원인은 평화이다. 평화로우면 시민 간의 교류가 활발해지고, 시민들이 상대방의 역사를 상대방의 입장에서 이해할 수 있으면 안중근이 제창한 동양평화가 실현될 수 있다.

마지막으로 교육계에 종사하는 한 사람으로서 한일의 젊은이들에게 바라는 점은, 안중근과 이토 히로부미를 둘러싼 정치적, 경제적, 사회적 요인을 냉정하면서도 객관적으로 판단하고, 화해를 향한 관계성을 구축할 수 있는 실마리를 찾아보라는 것이다. 안중근은 한국의 독립뿐만 아니라 중국과 일본 그리고 아시아 여러 나라들이 각자의 독립성을 유지하면서 함께 번영을 도모하는 동양평화의 구축을 평생의 사업이라고 믿었던 인물이다. 그의 신념은 오늘날의 젊은 세대가 이해해 주었으면 하는 가장 중요한 메시지이기도 하다.

2024년 9월
류코쿠대학 명예교수 이수임(李洙任)
원광대학교 교수 조성환

안중근과 평화사상

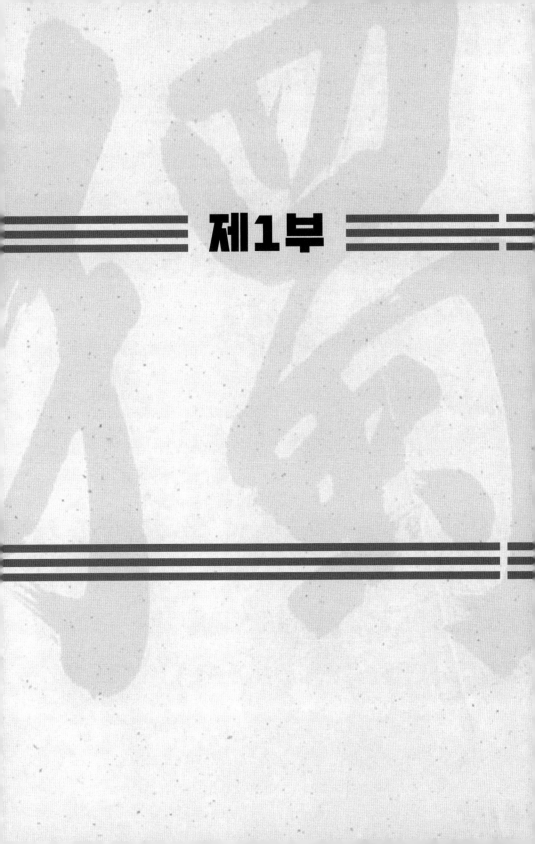

제1부

大韓國人
安重根

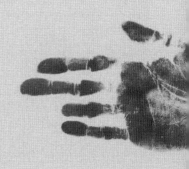

제 1 장

문명 격변의 시대, 안중근의 동아시아 평화 찾기와 문명사적 의미

김정현

* 이 글은 『철학연구』 제170집(대한철학회, 2024)에 실린 동명의 논문으로, 2024년 2월 20일에 류코쿠대학의 오오미야캠퍼스에서 열린 원광대 동북아시아인문사회연구소와 류코쿠대학 안중근동양평화연구센터의 공동학술대회《안중근의 동양평화사상과 동북아시아의 미래공생》을 준비하는 과정에서 쓴 것이다. 안중근 사상과 동북아시아 및 세계의 평화에 대해 한국과 일본에서 공동연구를 할 수 있도록 학술 마당을 마련해 주신 류코쿠대학의 이수임(李洙任) 교수님, 히라타 아츠시(平田厚志) 교수님, 오쿠노 쓰네히사(奧野恒久) 센터장님, 그리고 호세이대학의 마키노 에이지(牧野英二) 교수님께 깊은 감사의 말씀을 드린다.

1. 들어가며

오늘 우리가 살고 있는 세계에서는 갈등과 충돌, 혐오와 증오, 위기와 긴장이 팽배하며 세계의 여기저기에서 전쟁이 일어나고 있다. 러시아-우크라이나 전쟁, 팔레스타인 지역에서의 이스라엘-하마스 전쟁, 미중 무역 갈등, 중국의 대만 합병 및 통일 문제에서 기인하는 양안(兩岸) 문제와 동북아시아 및 한반도의 군사적 안보적 긴장의 고조, 미국·중국·러시아 등 세계 대국의 자국중심주의 정책과 다극화된 세계질서의 형성 등 여러 문제들이 세계에서 동시에 벌어지고 있다.

오늘날 지구촌은 미중 패권 경쟁을 넘어 국제질서의 불확실성이 점증하고, 국제 정치권력 구도 역시 다중경쟁 체제로 재편되고 있으며, 자유주의 국가와 권위주의 국가의 진영별 동맹 및 결속의 노력 등 정치, 경제, 안보 영역에서의 블록화가 심화되고 신냉전의 구도가 부각되고 있다. 정치·경제·군사의 영역뿐만 아니라 규범적 가치를 주도하며 세계의 경찰을 자임했던 미국이 세계 분쟁을 해결하고 평화를 위해 주도적으로 노력하는 것을 주저하거나 포기하면서 국제사회에서 미국의 영향력(소위 '팍스 아메리카의 시대')은 점차 퇴조하고 있는 듯하다. '일대일로(一帶一路)' 정책을 내걸고 '팍스 시니카(Fax sinica)'를 꿈꾸던 중국은 경제 부진과 인권 탄압 등의 문제로 홍역을 겪고 있다. 지구촌에서는 탈세계화의 물결이 밀려오며 세계화의 부식을 막기가 어려워졌고, 다자주의적 협력체계가 가동되며 소위 '지정학적 다중동맹(multi-alignment)'이 부각되고 있다. 탈세계화, 자국중심주의, 제국주의적 패권 경쟁, 세계의 다극화 등은 피할 수 없는 21세기 국제정치의 이슈와 국제질서의 흐름이 되고 있다.

문명 격변의 시대에 동북아 질서도 이러한 시대적 흐름의 영향을 받고 있고, 군사 안보의 위기와 긴장에 노출되어 있는 한반도 역시 격변의 상황 속에 놓여 있다. 한반도의 문제는 동북아의 안정과 세계 문명의 유지 및 세계평화 문제와 밀접하게 연결되어 있다. 한반도의 평화 문제가 동북아의 평화적 질서 유지와 세계 문명의 흐름과 연결되어 있다는 문제의식은 이미 20세기 초 한국에서 나타난다. 한국의 주권적 독립과 한·중·일의 신뢰적 협력에 의한 동아시아의 평화가 세계 평화와 인류문명의 미래에 중요하다는 문제의식은 이토 히로부미(伊藤博文)를 저격한 안중근이 일찍이 제기한 것이다.

이 글은 현재 우리가 서 있는 한반도와 동북아의 평화 문제가 세계 평화와 지구 문명의 미래에 직·간접적으로 이어져 있으며, 다른 한편 19세기와 20세기 초 세계 문명의 역동적 흐름과 사상적 혈맥으로 연결되어 있다는 것을 전제로 한 것이다. 한 세기 이상의 시간적 격차가 나는 만큼 지역 국가의 확장과 식민지주의, 지역의 갈등과 전쟁, 자국중심주의와 민족주의, 패권 경쟁과 제국주의 등, 그 내용과 드러나는 사회적 현상은 물론 다르지만, 20세기 초 안중근이 제기했던 문제의식은 여전히 해결되지 않은 동아시아의 여러 나라를 둘러싼 문제들과 동아시아와 세계 평화를 위해 앞으로 우리가 해결해야 할 과제를 성찰하게 한다. 특히 이 글은 이토 히로부미를 척살한 안중근 의사의 사상을 조명하며 그 시대적·사상적 배경을 밝히면서, 세계 평화의 '가능성'으로서 도덕적 정신문명의 문제를 다루어 보고자 한다. 안중근이 이토를 총으로 저격한 것은 얼굴도 모르는 한 개인을 사적 원한을 가지고 사살한 것이 아니라, 그가 한국을 식민지화하고 한국의 독립을 저해하며 영토적 팽창과 합병을 시도함으로써 동아시아의 평화를 깨뜨린 제국주의의 상징이라고 생각했기 때문이었다.

이 글은 19세기 이후 진행된 동아시아에서의 근대화, 산업화, 자본주의화, 식민지주의, 제국주의, 동아시아와 세계의 평화 등의 문제를 다루면서, 안중근의 '동양평화사상'의 문명사적인 함의가 무엇인지를 살펴볼 것이다. 이 글은 안중근 의사의 하얼빈 의거에 대한 역사적 사실이나 재판 절차의 위법성 혹은 부당함 등에 관한 역사학적 연구나 법적 연구가 아니라, 동아시아와 세계 평화를 지향하는 인류의 정신문명의 '가능성'에 대한 철학적 논구이다. 안중근은 산업화, 자본주의화를 추진했던 서양의 근대 물질문명이 제국주의로 전환되면서 동아시아를 침탈하고 식민지화하는 정책으로 드러났다고 보았고, 또한 서양의 문명화 모델에 따라 메이지 유신을 성공한 일본도 이러한 정책으로 중국과 대한제국을 침략하고 청일전쟁(1894), 러일전쟁(1904-1905)을 일으키며 제국주의적 팽창 야욕을 드러냈다고 생각했다. 안중근에게는 서양 근대성 및 물질문명, 제국주의의 흐름과 이를 모방하고 수용하려는 일본의 추종 움직임 등 세계사적 문명의 흐름에 대한 비판적 문제의식이 있었다. 이 글은 세계 문명 혹은 국제 질서의 왜곡된 흐름에 대한 안중근의 비판적 문제의식을 살펴보고, 왜 그가 이토를 죽이며 제국주의를 저지하고자 했는지, 그리고 동아시아의 평화를 되찾기 위해 어떤 노력을 해야 하는지, 도덕적 정신문명이 왜 필요한지 등 그의 대안적 사유를 함께 살펴보고자 한다.

　먼저 제2절에서는 안중근 자신의 견해뿐만 아니라 하얼빈사건 이후 그에 대한 동아시아 지성인들의 평가를 중심으로 하얼빈사건이 함의하고 있는 제국주의 주도 세력 제거의 세계사적 의미를 살펴볼 것이다. 제3절에서는 일본의 근대화 과정에서 드러나는 제국주의 형성 과정을 이토 히로부미와 비스마르크의 만남, 후쿠자와 유키치의 사상을 중심으로 논의할 것이다. 제4절에서는 근대 물질문명이 지구적 차원에서 폭력화되어 군국주의와 제국주의로 드러나는 과정에 대한 니체와 고토쿠 슈스이(幸德秋水)의 동시대적 비판을 비교할 것이다. 제5절에서는 안중근의 물질문명과 제국주의 비판을 살펴보면서 그 비판이 세계사의 흐름이나 사상사적 문제제기 위에 있다는 것을, 그리고 그의 도덕적 정신문명과 평화사상이 함의하는 바를 논의할 것이다. 마지막으로 안중근의 도덕적 정신문명에 대한 희망과 동아시아와 세계 평화에 대한 논의가 세계가 분열되고 갈등을 겪고 있는 오늘날 어떤 의미가 있는지를 언급할 것이다.

2. 동아시아에서 안중근에 대한 당대의 평가

　안중근의 하얼빈 의거와 그에 대한 평가는 동아시아 전체에서 지대했다. 안중근 역시 뤼순 감옥에 수감된 이후 계속해서 자신의 의거의 동기를 설명했고, 자신의 행위와 사상이 동아시아의 현재와 미래에 큰 영향을 미치며 언젠가는 역사적 평가를 받을 것으로 생각했다. 특히 뤼순 감옥에 수감된 1909년 12월 13일부터 적기 시작해 1910년 3월 15일에 탈고한 자서전 성격의 수기 기록인 『안응칠 역사(安應七歷史)』에서 그는 "일본국 사천만 민족이 안중근을 크게 외칠 날이 머지않을 것이다."[1]라고 썼다. 당시 일본제국의 상징인 이토를 자신이 죽였는데, 그는 언젠가 일본에서도 그 의거의 의미를 진정으로 이해하게 될 것으로 본 것이다.

그러나 미래에 일본에서도 자신의 의거의 의미를 평가할 날이 올 것이라는 안중근의 기대 이전에 이미, 그 당시 일본에서도 안중근 의거의 의미를 파악하고 높이 평가하는 이가 있었다. 사회주의 운동을 하고 무정부주의에 심취해 활동했던 고토쿠 슈스이는 안중근 의거의 세계사적 의미를 잘 알고 있었다. 그는 메이지 천황의 암살을 계획했다는 '대역사건(大逆事件)'에 연루되어 1911년에 사형선고를 받고 처형되었는데, 압수된 그의 가방 속에서 안중근의 사진엽서가 나왔다. 이 엽서 상단에 슈스이가 자필로 "사생취의 살신성인(舍(捨)生取義 殺身成仁), 안군일거 천지개진(安君一擧 天地皆振: 목숨을 버리고 의를 취하니 자신을 죽여 인을 이루었도다. 안중근의 의거 하나에 온 천지가 진동하도다)"라는 글을 써서 안중근 의거의 의미를 새겼던 것이다. 그는 『맹자』 「고자(상)」에 나오는 "사생취의(舍(捨)生取義)"와 『논어』 「위령공」에 나오는 "살신성인(殺身成仁)"으로 안중근의 의거를 자리매김했고,[2] 안중근의 거사가 세계에 울려 퍼졌다고 하면서 역사적 의미를 부여했다.

안중근 의거의 정치적인 의미뿐만 아니라 평화를 생각하는 그의 식견

1   안중근, 『安應七歷史』 ; 안중근의사기념관, 『안중근 안쏠로지』, 서울셀렉션, 2020, 244쪽.
2   김봉진, 『안중근과 일본, 일본인』, 지식산업사, 2022, 252-256쪽 참조.

이 세계사적 지평 위에 서 있다고 본 사람은 대한민국 임시정부의 제2대 대통령 백암 박은식이었다. 그는 '창해로방실(滄海老紡室)'이라는 필명으로 1914년 상해 대동편집국에서 간행한 『안중근전(安重根傳)』의 서언(緖言)에서 안중근을 다음과 같이 평했다: "안중근은 역사(행적)에 근거하면 몸을 바쳐 나라를 구한 지사(志士)라고 말할 수 있고, 또한 한국을 위하여 복수한 열협(烈俠; 義烈士)이라고도 말할 수 있다. 그러나 나는 이러한 것이 안중근을 설명하기는 부족하다고 생각한다. 안중근은 세계적 안광(식견)을 가지고 평화의 대표로 나선 사람이다."[3] 안중근은 단순히 역사적 거사를 한 의사(義士)로만 평가되어서는 안 되며 세계적 시각을 가지고 평화를 실천한 지행합일의 사상가라는 것이다.

중국에서는 량치차오(梁啓超)를 비롯해 위안스카이(袁世凱), 쑨원(孫文), 천두슈(陳獨秀) 등이 안중근 의거의 역사적 의미를 평가했다. 량치차오는 '秋風斷藤曲(추풍단등곡, 가을바람이 등나무를 자르다)'라는 제목의 시와 안중근에 대한 여러 편의 글을 남겼다. 이 시의 제목이 함의하는 바는 하얼빈의 가을바람(안중근의 거사)이 단단한 등(藤)나무, 즉 이토(伊藤)을 잘랐다(제거했다)는 것이었다.[4] 그는 시대의 혼탁과 사람들의 원한의 물결소리가 높아져 가고 있는 것을 저지하기 위해 안중근이 쏜 하얼빈역의 총소리가 세계를 울리고 흔들어 놓는다(震撼)고 묘사하며, 그 대사를 이룬 안중근을 영원히 역사에 빛나는 장한 영웅으로 보았다. 중국 공산당을 창건한 주역

---

3 백암 박은식선생 전집편찬위원회 편,『白巖朴殷植全集 第III卷』, 동방미디어, 2002, 66쪽, 152쪽.

4 최형욱,「梁啓超의「秋風斷藤曲」탐구」,『동아시아문화연구』제49집(한양대학교 동아시아문화연구소, 2011.05), 291-322쪽 참조.

24 | 안중근의 평화사상과 인문학적 상상력

중의 한 사람인 천두슈 역시 안중근을 다가오는 새로운 시대의 세계관을 대변하는 사상가이자 실천가로 보았다. 그에 따르면 현대의 새로운 미래 세대인 청년들에게는 안중근 같은 진취적인 생각을 가지고 실천하는 사람이 필요하다는 것이다. 그는 〈삼가 청년에게 고함(敬告青年)〉이라는 글에서 "원컨대 청년들은 톨스토이와 타고르(R. Tagor, 인도의 은둔시인)보다 콜럼버스와 안중근이 되기를 원한다!"[5]고 말한다. 여기에서 그는 독립심과 용기를 주는 니체의 주인도덕과 겸손과 복종을 강조하는 노예도덕을 소개하며, 청년들이 주인도덕을 가지고 깨어있어야 한다고 강조한다. 그는 미래의 새로운 청년들이 가져야 할 세계관을 언급하며, 이는 자주적이어야지 노예적이어서는 안 되며, 진보적이어야지 보수적이어서는 안 되며, 진취적이어야지 퇴영적이어서는 안 되고, 세계적이어야지 쇄국적이어서는 안 되고, 실리적이어야지 허식적이어서는 안 되고, 과학적이어야지 상상적이어서는 안 된다는 등 여섯 가지 세계관을 피력한다. 그가 보기에 이러한 세계관과 용기를 가지고 진취적 행위를 실행에 옮긴 사람이 바로 안중근이었다. 그에게 안중근은 단순히 이토를 죽인 한 명의 의협가가 아니라 제국주의에 저항하며 진취적이고 미래지향적인 세계관을 가지고, 이를 동양과 세계의 평화를 위해 실천에 옮긴 사상가였다.

이하에서는 안중근 사상을 고찰하기에 앞서, 일본이 근대화하며 제국주의가 형성되는 과정에 대한 역사적 사상적 배경을 간략하게 살펴보고자 한다.

5　陳獨秀, 〈敬告青年〉, 《青年雜誌》 第1卷 1號, 1915年 9月 15日; 천두슈, 『천두슈사상전집』, 심혜영 옮김, 산지니, 2019, 60쪽.

3. 일본의 근대화와 제국주의의 형성

안중근이 척살한 이토 히로부미는 일본제국주의의 상징적인 인물이다. 제국주의란 "경제적 · 정치적 · 군사적 힘을 전략적으로 이용해서 상대방의 주권을 침해하는 행위, 또는 그것을 의도하는 이념"[6]으로 19세기 세계 문명의 흐름 속에 들어와 있던 역사적 힘 가운데 하나였다. "19세기는 유럽에서 발생한 자유주의와 민족주의가 세계적으로 퍼져나간 시기였지만, 동시에 제국주의가 최고조에 이른 시기"[7]이기도 했기에, 서양 문명을 받아들여 메이지 유신에 성공한 일본은 서양의 침탈로부터 일본의 독립을 꾀하는 한편, 정치적 · 경제적 · 군사적 힘을 바탕으로 이웃 국가를 정복하며 아시아의 맹주로서 서양 문명의 일원이 되고자 했다. 대일본제국은 제국주의적 군국주의적 확장 정책을 기반으로 한 일본의 세계 문명 진출 기획이었고, 새로운 시대를 준비하는 국가적 비전이었다. 이 비전과 설계의 최전선에 있던 정치가가 바로 이토 히로부미이다. 안중근이 이토를 죽인 것은 일본의 국가 건설 및 문명화 방향, 즉 제국주의에 대한 비판적인 문제 제기이자 새로운 평화문명의 대안을 제시하기 위한 것이었다. 하얼빈 의거는 잘못 가고 있는 서양과 일본의 제국주의에 대한 안중근의 시대적 고발이자 역사의 최전선에서 일어난 저항운동이었다.

일본제국 건설에 토대 역할을 했던 이토 히로부미의 생애에서 가장 중요한 사건 가운데 하나는 서양 문명의 경험이었다. 그는 1871년에서 1873

---

6   박지향, 『제국주의』, 서울대학교출판문화원, 2021, 22쪽.
7   정상수, 『제국주의』, 책세상, 2019, 136쪽.

년까지 이와쿠라사절단(岩倉使節団)에 소속되어 미국과 유럽(영국, 프랑스, 벨기에, 네덜란드, 독일, 러시아, 덴마크, 스웨덴, 이탈리아, 오스트리아, 스위스) 등 12개국뿐만 아니라 이 나라들의 식민지(실론, 싱가포르, 사이공, 홍콩, 상하이)를 방문했는데, 이 순방 경험은 이후 그의 정치 역정에 중요한 역할을 하게 된다. 초기에는 요시다 쇼인(吉田松陰)의 영향을 받아 외세를 배척하는 존왕양이(尊王攘夷) 운동을 했던 그는 이 경험을 기점으로 개화파로 전향하여, 부국강병론을 주장하고 제국헌법을 제정하면서 일본이 제국주의적 국가가 되는 데 중심적 역할을 했다. 이 사절단은 기존에 서양과 체결한 불평등조약을 재협상하고 과학기술, 군사, 산업, 정치, 경제, 문화, 교육 등 각 영역에서 서양의 지식과 정보를 수집하며 일본이 근대화를 추진하고 부국강병의 국가가 되는 데 큰 역할을 했다.

이토의 서양 경험 가운데 가장 중요한 사건은 독일 통일을 위해 철혈정책을 쓴 비스마르크와의 만남이었다. 비스마르크는 1870년 프로이센-프랑스 전쟁에서 승리한 후 알자스-로렌지방을 합병하고 주변 지역으로 영토 확장을 도모하면서, 마침내 1871년 독일 제국을 선포해 독일 제국 탄생에 핵심 역할을 했는데, 일본 사절단과의 만남은 이 직후에 이루어졌다. 이와쿠라사절단은 독일을 방문해 1873년 3월 15일 저녁, 재상 비스마르크가 초청하는 연회에 참석했는데, 이때 그들은 현재의 국제 정세는 강대국이 약소국을 압박하고 있으며, 약소국이었던 프로이센은 국민의 애국심에 힘입어 그러한 상황을 바꿀 수 있었다는 비스마르크의 연설에 크게 공감했다.

현재 세계 각국은 모두 친목과 예의를 유지하면서 교제하고 있다. 하지만 이것은 어디까지나 표면적인 것에 불과할 뿐 그 이면에서는 서로 은밀하게 강약의 다툼을 하며 크고 작은 각국이 서로 믿지 못하는 것이 본래의 모습이다. … 이른바 만국공법은 열국의 권리를 보전하기 위한 원칙적 약속이긴 하다. 하지만 대국이 이익을 추구할 때에는 자신에게 이익이 있으면 만국공법을 잘 지키지만, 만약 만국공법을 지키는 것이 자국에 불리하면 곧장 군사력으로 해결하려 하므로 만국공법을 지키는 것은 불가능하다. 소국은 만국공법의 내용을 이념으로 삼고 이것을 무시하지 않는 것으로 자주권을 지키려 노력하지만, 약자를 번롱(翻弄)하는 실력주의의 정략에 휘둘리면 자신의 입장을 전혀 지킬 수 없는 것은 자주 있는 일이다. 우리나라도 이러한 상태였기 때문에 나는 분개하고 언젠가는 국력을 강화하여 어떤 나라와도 대등한 입장에서 외교를 할 수 있도록 만들고자, 애국심을 가지고 분발한 지 수십 년, 드디어 근래에 이르러 그 바람을 이루었다.[8]

국제질서에서 중요한 것은 모든 나라에 적용되는 국제법이 아니라 군사력이라는 비스마르크의 연설은 사절단원들이 국제질서에 편입되어 국가를 유지하는 데 무엇이 중요한지를 인식하는 중요한 계기가 되었다. 이와쿠라사절단은 국제질서에서 경제력과 군사력이 매우 중요하며, 국민의 애국심을 바탕으로 하는 부국강병을 국가의 목표로 정해야 한다고 생각했다. 산업화에 성공하고 근대 통일국가를 이룬 후발주자 독일 제국이 서

---

8   구메 구니타케, 『특명전권대사 미구회람실기 제3권 유럽대륙(상)』, 박삼헌 옮김, 소명
     출판, 2011, 371쪽; 久米邦武／編著 水澤周, 『特命全權大使米歐回覽實記 現代語譯 3』,
     東京: 慶應義塾大學出版會, 2008.

양 문명을 받아들이고 이를 통해 제도를 개혁하고자 하는 일본의 이상적인 국가 모델로 인식되었던 것이다. 이토는 비스마르크를 존경해 편지를 보내며 일본제국 헌법의 초안을 만드는 데 독일의 도움을 받았고, 일본에서 '동양의 비스마르크'라 불리기도 했다.

그러나 일본이 개국해 서양 문물을 받아들이고 근대화를 추진하는 데는 이토에 앞서 후쿠자와 유키치(福澤諭吉)가 있었다. 이와쿠라사절단보다 10여 년 앞서 미국(1860), 유럽(1862)을 다녀온 그는 『서양사정(西洋事情)』(1866)을 집필하여 일본에 서양 문명 전반을 소개하고 서양 문물을 수용할 것을 역설했다. 이후에 나온 『학문의 권장(學問のすすめ)』(1872)과 『문명론의 개략(文明論之槪略)』(1875) 역시 일본이 서양의 모델에 따라 문명화를 추진하는 데 매우 중요한 역할을 했다. 그는 우승열패, 약육강식, 생존경쟁의 국제사회에서 일본이 서구 제국주의의 희생양이 되지 않기 위해서는 독립된 국가가 되어 생존하며 문명화된 사회가 되어야 한다고 생각했다. 그는 동아시아를 향해 불어오는 거역할 수 없는 서구화 바람에 직면한 일본은 서양 문물을 적극적으로 받아들여서 서양 문명의 정점에 서야만 하며, 더 나아가 아시아에서 벗어나 서구 문명국들과 어울려야 한다는 '탈아론(脫亞論)' 혹은 '탈아입구론(脫亞入毆論)'을 주창했다. 위선적인 유교주의에 빠져 봉건적 제도를 개혁하지 못하는 조선이나 청나라처럼 일본도 개혁하지 못하면 서구 열강의 식민지가 될 수밖에 없다는 것이다. 1885년 3월 16일 자 신문 《시사신보(時事新報)》에 실린 그의 사설 〈탈아론(脫我論)〉은 일본이 지정학적으로 아시아에 속해 있지만 문명사적으로는 아시아에서 벗어나 서구 근대문명의 주요한 흐름 속으로 들어가야 하며, 동시에 이를 통해 아시아를 지배하는 위치에 설 수 있다는 제국주의의 사

상적 맹아를 보여주고 있었다. 그의 주장은 일본이 동아시아의 선도자가 되어 다른 국가들을 문명화하는 주도적 역할을 해야 한다는 것이었다. 그에게 서양 근대문명을 받아들여 개화하는 것은 일본이 서양 열강의 침략으로부터 스스로 힘을 길러 독립을 유지하는 길이었으며, 더 나아가 조선이나 중국 등 고루하고 미개한 국가를 문명화하며 동아시아 문명의 맹주가 되는 길이었다[9]

『학문의 권유』에서 그는 개인의 자유와 평등, 권리 등 민권에 관심을 가졌지만, 이후 점차 국가주의나 국권 확장주의로 기울게 된다. 일본이 동양에서 선구적으로 서양 문명을 받아들이고 그 문명의 정점에 도달해 조선과 중국, 일본 등 동양 문명의 중심이 되어 서양 문명에 대항하는 책임을 져야 한다는 그의 '동양정략론'은 소위 '아시아 맹주론'의 성격을 띤 것이었다. 그는 일본이 궁극적으로 병력(군사력)에 의존해 동양의 맹주가 될 수밖에 없다고 생각했다. 그는 일본이 아시아 동쪽 변두리에서 "일장기로 동양 전체를 뒤덮고, 그 깃발이 멀리 서양 제국까지 휘날려 미치게 하는" '새로운 영국'이 될 수 있다고 본 것이다.[10] 후쿠자와는 당시는 서구의 제

---

9 일본의 아시아 맹주론은 이후 식민지 시기의 오리엔탈리즘적 인종주의로 발전했다. 일본은 서양 문명의 수용을 인류가 가야 할 보편적 길로 보며 서양을 모델로 한 아시아의 근대화를 추진했는데, 1905~1920년의 일본의 식민사상에서는 각 민족의 생물학적 우열에 대한 이론이 도입되어 인종적 이데올로기가 유행했다. 각 종족의 근대화 능력을 평가 기준으로 하는 인종론을 기준으로 '문명권'과 '비문명권'을 구분했고, 아시아 다른 국가와 구분하며 일본이 문명화의 사명을 가지고 있다고 보았다. 이에 따라 일본은 문명의 질서 속에 편입된 일본적 가치와 제도를 다른 나라에 강제했고, 식민지 조선에서도 조선인의 문화와 언어를 말살하고 일본에 동화되는 정책을 추진한 것이다. 이상의 내용은 박지향, 272~278쪽 참고.
10 福澤諭吉,「東洋の政略果して如何」,『全集』第8卷, 437쪽; 임종원,『후쿠자와 유키치:

국주의가 서세동점하는 시대이며, 유교적 구습에 젖어 개혁할 생각을 하지 못하는 조선과 중국은 국가 멸망의 위기에 처해 있다고 생각했다. 그는 일본이 무력에 의해 동아시아로 세력을 확장하며 동아시아를 '문명화' 해야 한다는 일본제국주의의 이론적 기초를 제공했다.

일본의 개화, 서구화, 근대화뿐만 아니라 탈아론과 제국주의적 확장의 사상적 길을 열어준 후쿠자와 유키치와 더불어 이토 히로부미 또한 정치적 궤도에서 개국론과 부국강병론을 전개하며 일본제국헌법의 제정과 개혁 정책을 통해 일본제국의 형성에 기여했고, 청일전쟁과 러일전쟁을 주도하며 네 차례 총리대신과 조선통감, 추밀원 의장을 역임하며 일본제국주의의 최전선에 서 있었던 것이다. 안중근이 이토를 저격한 것은 서구 열강처럼 무력에 의해 이웃 국가를 침탈하고자 하는 일본의 제국주의를 저지하고 그 동력을 제거하고자 한 것이었다.

4. 근대 물질문명의 지구적 폭력으로서 군국주의와 제국주의 비판

산업화와 자본주의화의 흐름 속에서 서양의 근대문명이 물질문명을 우선시하며 인간소외 및 비인간화 현상이 야기된다는 고발을 철학적으로 제기한 이들은 니체와 마르크스, 베버, 호르크하이머, 아도르노, 마르쿠제, 프롬 등이다. 이 중에서 서양 근대성을 문제시하며 이것이 산업화와

새로운 문명의 논리』, 한길사, 2011, 245쪽에서 재인용.

자본주의, 국가주의 등 문명의 문제와 연관되어 있다는 사실을 최초로 철학적으로 문제 제기한 것은 니체였다. 그는 근대 자본주의적 물질문명이 내적으로 인간성을 파괴하는 폭력성을 지니고 있고, 그 문명의 극단에서 자본주의적 이기주의가 군사적 폭력과 결부될 수 있다고 폭로한다. 니체는 『반시대적 고찰』의 제3장 「교육자로서의 쇼펜하우어」에서 비스마르크의 군국주의적 정책을 비판한다. 니체의 이 글은 이토 히로부미가 통일 독일에서 비스마르크를 만났던 다음 해인 1874년에 출간된 것으로, 당시의 유럽의 상황을 동시대적으로 잘 대변해 주고 있다.

> 이제 지구 위의 거의 모든 것은 가장 거칠고 악한 힘들에 의해, 즉 영리를 추구하는 사람들의 이기주의와 군사적 폭력 지배자들에 의해 결정된다. 이 폭력 지배자들의 손에 놓인 국가는 영리주의자들의 이기주의처럼 자기 힘으로 새로운 조직을 만들어 저 모든 적대적 힘들을 하나로 묶고 압력을 행사하고자 한다. 다시 말해 국가가 바라는 바는, 사람들이 교회에 그렇게 했듯이 자신을 우상처럼 숭배해주는 것이다. (중략)
>
> 인간적인 것은 붕괴와 혼돈스러운 소용돌이 자체 안에 있을 때보다 그런 시대에 가까이 다가갈 때 더 큰 위험을 맞이하며, 불안스러운 기대와 순간의 탐욕스러운 착취가 영혼의 비겁함과 이기적 본능을 유발한다는 점은 의심의 여지없이 분명하다.[11]

11 Friedrich Nietzsche, *Unzeitgemäße Betrachtungen III*(이하 UB로 표기), in: Friedrich Nietzsche, *Sämtliche Werke Kritische Studienausgabe*, Bd.1, hrsg. von G. Colli and M. Montinari, Berlin/New York: de Gruyter, 1980(이하 KSA로 표기), p.368; 니체, 『비극의 탄생·반시대적 고찰』, 이진우 옮김, 책세상, 2005, 427쪽.

니체에 따르면 당시의 지구 문명은 자본주의적 이기주의와 군사적 폭력주의에 의해 국가라는 새로운 조직을 만들며 거친 폭력의 힘에 의해 움직여지고 있었다. 그에게 철혈로 독일 통일을 이룩한 비스마르크는 "외면적으로 볼 때 엄청난 전쟁, 혁명, 폭발의 시대"를, "내면적으로 볼 때 점점 커져만 가는 인간의 나약함"[12]을 야기하는 시대의 상징이었다. 전쟁과 폭발의 극단 시대에 인간은 자신의 고유한 개체적 삶을 잃어가고 제국주의적 국가 조직에 하나의 부속품으로 예속되어 가고 있다는 것이다. 그는 자신의 시대를 국가가 새로운 우상이 되고, 인간적인 것이 붕괴되는 혼돈의 소용돌이 속에 있다고 읽고 있다. 프로이센이 프랑스와 전쟁에서 승리한 것을 문명의 승리로 읽고 환호하는 독일인들에게 그는 무력에 의한 군사주의로는 문명의 미래를 기대할 수 없다고 경고한다. 그가 바라본 것은 지구에서 벌어지는 끊임없는 전쟁과 기만, 인간적인 것의 붕괴와 혼돈, 고통과 승리의 환호성이었으며, 문화적 승화나 도덕을 기반으로 한 정신문명이 아닌 욕망과 착취의 이기적 동물성이 지속적으로 드러나는 파괴적 문명이었다.

니체에게 서양 근대문명의 발전이란 서로 속이고 짓밟고 착취하며 전쟁을 통해 거대한 국가라는 우상을 건설하고 확장하는 허구적 내러티브였다. 니체가 보기에 프로이센과 유럽 문명은 "광활한 지구의 황야 위에서 전개되는 인간의 거대한 격동, 도시와 국가를 건설하고 전쟁을 벌이고 쉬지 않고 축적하고 분산하며, 서로 뒤엉켜" 있는 모습이었으며, "질주하고 서로에게서 따라 배우고, 서로를 속이고 짓밟으며, 고난으로 비명을 지

---

12   Friedrich Nietzsche, N 24[25], KSA, Bd.10, p.659.

르고 승리로 환호성을 울리는", 즉 "동물성의 연속"으로 표현될 수 있는 내적 균형을 잃은 문명이었다.[13] 그에게 있어 현대의 군대 제도는 "야만적이고 위험에 빠진 사회의 모습으로" "살아있는 시대착오"일 뿐이다.[14] 이때 이 시대가 필요로 하는 것은 잘못된 방향으로 가고 있는 물질문명을 가속하며 추동하는 가속장치가 아니라 "문화의 멈춤 장치"[15]이다. 후쿠자와 유키치나 이토 히로부미가 따라가고자 했던 유럽 문명은 산업화와 자본주의를 통해 물질적 풍요를 축적하기도 했지만, 과잉생산된 생산물을 소비할 수 있는 시장을 구하고 원자재를 구하기 위해 전 세계에서 식민지를 개척하며 제국주의적 패권을 확장하고 있었다. 즉 물리적 군사적 폭력과 착취적 행위에 의존해 국가의 정체성과 문명의 확장을 도모하는 제국주의적 논리가 유럽 문명 속에 내장되어 있었던 것이다.

독일뿐만 아니라 일본에서도 서양 근대문명의 내적 흐름이 제국주의와 연결되어 있다는 문제의식이 있었다. 근대의 자본주의와 제국주의, 침략주의가 내적 연관성이 있다고 파악한 고토쿠 슈스이는 1901년 출간된『20세기의 괴물 제국주의(二十世紀の怪物 帝国主義)』에서 식민지 쟁탈을 추구하는 서구 열강의 제국주의는 '내셔널리즘'과 '군국주의'가 결합된 것으로 보았다. 그는 서구 중심의 제국주의라는 세계적 유행 현상이 일본에 들어왔는데, 그 당시 불길처럼 일어나고 있는 이 일본의 제국주의를 '군인적

---

13 Friedrich Nietzsche, UB III, p.378; 니체,『비극의 탄생·반시대적 고찰』, 439쪽.
14 Friedirch Nietzsche, MA II, Der Wanderer und sein Schatten 279, KSA, Bd. 2, pp.674~675; 니체,『인간적인 너무나 인간적인 II』, 김미기 옮김, 책세상, 2002, 391쪽.
15 Friedrich Nietzsche, MA II, p.675; 같은 책, 같은 곳.

제국주의'[16] 혹은 '약탈적 제국주의'[17]라고 말한다. 그는 "제국주의는 애국심을 씨줄로 하고 군국주의를 날실로 해서 짜낸 정책"[18]이라고 보았다. 이때 애국심이란 국민 전체의 이익과 행복, 복지를 바라는 마음이 아니라 외국을 토벌하고 정복하며 전쟁하는 호전적인 동물적 천성의 발현이며, 군국주의란 군비 확장과 전쟁을 통해 영토를 확장하며 대제국을 이루려는 것을 뜻한다. 그는 국민의 존엄과 행복이 영토의 거대함에 있는 것이 아니라 높은 도덕 수준에 있으며, 무력의 위대함에 있는 것이 아니라 이상의 고상함에 있으며, 군함과 병사의 많음에 있는 것이 아니라 의식주의 풍요로움에 있다고 말한다.[19] 그는 제국주의가 "인류의 자유와 평화를 섬멸하고 사회의 정의와 도덕을 살해하여 세계 문명을 처부수는 파괴자"[20]이기에, 이를 극복하고 '사해동포의 세계주의'가 나올 수 있는 '세계적 대혁명운동'이 필요하다고 주장한다.[21] 그는 제국주의를 자본주의의 자기 확장을 위해 경제적 약탈과 무력의 정책 속에서 등장한 20세기 괴물이자 병적 문명의 위기를 상징하는 것으로 본 것이다.

니체의 비판은 서양 근대문명이 자본주의적 이기주의와 군사적 폭력주의, 국가주의가 뒤엉켜져 진행되고 있다는 것과 그 문명이 야만적이고 시대착오적인 동물성의 질주를 하고 있다는 문명비판적 문제제기였다면,

16 고토쿠 슈스이, 『나는 사회주의자다: 동아시아 사회주의의 기원, 고토쿠 슈시이 선집』, 임경화 엮고 옮김, 교양인, 2011, 24쪽.
17 고토쿠 슈스이, 같은 책, 119쪽.
18 고토쿠 슈스이, 같은 책, 32쪽.
19 고토쿠 슈스이, 같은 책, 114쪽.
20 고토쿠 슈스이, 같은 책, 116쪽.
21 고토쿠 슈스이, 같은 책, 117쪽.

고토쿠의 비판은 일본제국주의에는 자본주의, 제국주의, 군국주의, 애국심이 씨줄과 날줄로 얽혀 있으며, 결국 이것이 인류의 평화를 해치며 세계 문명을 파괴한다는 것이었다. 니체와 고토쿠의 비판은 유럽과 일본의 자기 파괴적 문명사에 대한 고발과 저항적 문제의식을 동시대적으로 보여준다. 청일전쟁과 러일전쟁 이후 일본에서는 군인들의 전사나 중화학공업의 급속한 발전으로 인한 가혹한 노동조건과 재해 발생, 계층 분화와 기근의 발생 등 전쟁의 후유증과 피로감, 시대의 불안과 폐색이 일어났고, 다른 한편 이에 대해 개인의 자유와 삶의 충족에 대한 욕구나 생명에 대한 관심이 생겨나기 시작했다. 인간 본능의 충족 실현에 대한 다카야마 조규(高山樗牛)의 '미적 생활론'이나 국가 주도의 근대화에 대한 아네자키 조후(姉崎嘲風)의 문명 비판과 개인주의의 옹호가 그것이며, 1910년대 이후 와츠로 데츠로(和辻哲郎)의 우주적 생명주의에 대한 철학적 주장을 비롯해 다이쇼생명주의가 주창되고, 그리고 더 나아가 도덕적 정신문명에 대한 갈망도 등장하게 된다.[22]

---

22 니체를 중심으로 일본의 국가주의의 형성과정과 개인주의의 대항적 담론에 대해서는 김정현, 「러시아와 일본에서 초기 니체 수용의 사회철학적 의미」, 『철학연구』 제161집(대한철학회, 2022.02.), 138-148쪽을 참조할 것. 일본에서 산업화된 물질문명의 폐해에 대한 비판으로 1910년대부터 1920년대 사이에 일어난 '다이쇼생명주의(大正生命主義)'에 대해서는 鈴木貞美, 『大正生命主義と現代』, 東京: 河出書房新社, 1995.; 鈴木貞美, 『'生命'で読む日本近代』, 東京: 日本放送出版協会, 1996을 참조할 것.

5. 안중근의 제국주의 비판과 도덕적 정신문명으로서의 평화사상

안중근의 제국주의에 대한 비판적 사유는 니체와 고토쿠 슈스이가 서양 근대문명이나 일본의 제국주의의 형성과 연관해 제기하는 근본적인 문제의식과 같은 궤도 위에 서 있다. 근대 자본주의적 물질문명이 경쟁과 착취, 우승열패와 생존경쟁의 논리와 결합해 결국 군사력을 앞세워 이웃 국가를 침탈하고 식민지화하는 군국주의적 제국주의적 성격을 띠게 되는데, 일본도 이와 같은 근대 문명의 궤도 위에 서 있다는 것이다.

1909년 11월 6일 안중근이 뤼순감옥으로 이감된 후 검찰관의 첫 심문에 앞서 서면으로 제출한 글 「한국인 안응칠 소회(韓國人安應七所懷)」는 안중근의 시대 인식뿐만 아니라 그의 인생관과 세계관을 잘 보여주고 있다.

> 하늘이 사람을 내어 세상 사람이 모두 형제가 되었다. 모든 사람은 자유롭게 살아가길 원하며, 누구나 삶을 좋아하고 죽음을 싫어한다. 세상 사람들은 오늘날을 의례적으로 문명의 시대라고 일컫지만, 나는 결코 그렇지 않다는 것을 알기에 홀로 탄식한다. 무릇 문명이란 동서양, 잘난 사람과 못난 사람, 남녀노소를 물을 것 없이 세상 모든 사람이 천부의 품성을 지키고 도덕을 숭상하여 서로 다투는 마음이 없이 살아가는 것이다. 그리하여 제 땅에서 편안하게 생업을 즐기면서 함께 태평을 누리는 것이다.[23]

---

23 안중근, 「한국인 안응칠 소회」, 안중근의사기념관, 위의 책, 108쪽.

간략한 이 문장에는 우리가 일컫는 현대의 문명이 실은 비문명적이라는 문제 제기뿐만 아니라 인간이 자유롭고 평화롭게 공존해야 한다는 휴머니즘의 사상이 담겨 있다. 즉 자유, 형제애, 생명, 평등, 평화 사상 등이 표현되어 있다. 사서삼경,『통감』,『조선사』,『만국역사』를 학습하며[24] 유가적 지식의 훈련을 받은 안중근은 첫 문장을 중국의 유가 고전에서 가져오며 시작하고 있다. "하늘이 사람을 내어"라는 이 문장은『시경』「대아」의 첫 구절 "하늘이 뭇사람을 내니 만물에 법칙이 있다. 사람들은 상도를 지키며 이 아름다운 덕을 좋아한다(天生烝民, 有物有則. 民之秉彝, 好是懿德.)"에서 가져온 것으로, 사람은 하늘이 낳은 존귀한 존재이며 인간의 세상살이에는 기본적인 도리가 있다는 것이다. "세상 사람이 모두 형제"라는 구절은『논어』「안연」의 "세상 사람들 모두가 형제(四海之內 皆爲兄弟)"라는 문장에서 가져온 것이다. 그는 여기에서 인간의 존엄성과 자유, 생명의 가치, 인류애, 평화 사상을 유가적 사상의 기반 위에서 표현하고 있다.[25] 그는 진정한 문명은 동서양, 잘난 사람과 못난 사람, 남녀노소 없이 인간적 품성(인격)이나 도덕성을 지키며 다툼 없이 살아가는 갈 때 이루어지는 것으로 보면서, 현대 제국주의적 문명이 문명의 비문명화로 진행되며, 폭력적이고 비인간적 문명에 빠져버렸다고 보았다.

안중근은 오늘날 소위 문명화된 선진사회에서 서로 경쟁하고, 사람을 죽이는 전쟁 무기나 기계를 만들고 있으며, 동서양 육대주에 대포 연기와 탄환 빗발이 끊어질 날이 없다고 성토한다. 이토 히로부미는 천하대세를

---

24 안중근의사기념관, 같은 책, 18쪽.
25 김봉진,『안중근과 일본, 일본인』, 지식산업사, 2022, 104쪽.

깊게 알지 못하고 함부로 잔혹한 침략 정책을 채택함으로써 동아시아 전체가 장차 멸망의 수렁 속으로 빠지게 된다는 것이 안중근의 문제의식이다. 하얼빈에서 그가 쏜 총탄은 늙은 도적 이토의 죄악을 성토해 동양 청년들의 정신을 일깨우기 위한 것이었다고 그는 역설한다. 그는 새로운 문명을 준비하기 위해서는 청년들의 정신이 깨어나야 한다고 역설한다. 이는 서양 문명이 몰려오는 상황에서 자신의 고루한 역사와 사회의 구습과 한계를 비판하며 새로운 중국의 미래를 준비하기 위해서는 청년들이 자각해야 한다는 천두슈(陳獨秀)의 신청년론이나 새로운 인간의 정립이라는 루쉰의 입인(立人)사상에 훨씬 앞서는 것이었다.[26] 천두슈나 루쉰의 사상은 1920년 중국의 신문화운동을 촉발하는데 기여했는데, 안중근은 그들보다 앞서 동아시아에서 새로운 문명을 만들기 위해서는 청년 정신이 깨어있어야 한다는 청년자각론을 주창한 것이다.

안중근은 당시 시대가 세계 분열의 시대이며, 기계 문물을 만들어 생명을 파괴하는 파괴의 시대라고 보았다. 그는 유묵에서 자신이 살고 있는 시대를 "弱肉强食 風塵時代(약육강식 풍진시대)"로 표현하였다.[27] 이는 사회진화론적 생존경쟁, 우승열패, 약육강식의 논리가 지배하며 자국의 부국강병을 위해 침탈과 파괴가 정당화되는 시대라는 뜻이다. 동서양의 분열과 인종 경쟁, 신무기의 발명, 전쟁 등이 현대 문명의 주류로 들어왔다는 것이 그의 시대 인식이었다.

---

26 천두슈와 루쉰의 사상에 대해서는 김정현, 「20세기 초 중국의 니체 수용과 신문화운동」, 『니체연구』 44권(한국니체학회, 2023), 21-26, 36-42쪽을 참조할 것

27 안중근의사기념관, 위의 책, 150쪽.

지금 세계는 동서로 나뉘어 있고, 인종도 각기 달라 서로 경쟁하는 것이 다반사이다. 농업·상업보다 무기를 더 많이 연구하여 기관총, 비행선, 잠수함 등 새로운 발명품들을 만들었지만 이는 사람을 다치게 하고 사물을 파괴하는 기계이다.

청년들을 훈련해 전쟁터로 몰아넣고 수많은 귀중한 생명을 희생양처럼 버리니 피가 냇물을 이루고 살점이 땅에 질펀하게 널리는 일이 매일 그치지 않는다.[28]

그는 현대에 동서양이 갈등하고 대립하며, 인종마저 나뉘어져 경쟁하고 있고, 기계와 신무기를 만들어 전쟁을 하면서 세계가 문명을 파괴하는 방향으로 움직이고 있다고 보았다. 생존경쟁과 약육강식의 사회진화론과 무력과 전쟁으로 패권을 잡으며 영토를 확장하고자 하는 군국주의와 제국주의가 당시 문명의 중심 동력이 되었다는 것이다. 그는 서양 물질문명의 산물이 인간과 세계를 파괴하고 생명을 살상하며 전쟁을 수행하는 도구가 되고 있다고 비판한다. 도덕심을 잊고 경쟁과 무력을 일삼으며 무력과 폭력이 넘쳐나는 것은 유럽이나 러시아, 동아시아 어느 곳에서든 일어나는 일이었다.[29] 그는 유럽뿐만 아니라 러시아의 폭력과 잔인성을 고발하는데, 여기에서 한 걸음 더 나간 것이 일본이라고 질타한다. 일본이 러시아와 전쟁할 때 일본 천황이 선전포고 조서에서 동양 평화를 유지하고 대한 독립을 공고히 하기 위한 것이라고 말했지만, 일본이 승리하자 가장

---

28 안중근,『안중근의 동양평화론』, 안중근의사기념관, 2019, 25쪽.

29 안중근, 같은 책, 26쪽.

가깝고 친한 한국을 힘으로 눌러 통신과 철도를 뺏는 한일의정서(1904)와 외교권을 빼앗는 을사조약(1905)을 체결하는 등 만행을 저질러 러시아보다 더 못된 나라로 전락하고 말았다는 것이다. 메이지 유신으로 서양 문명을 받아들이고 산업화, 근대화에 성공한 일본은 천황 중심의 근대적 국민국가의 체계를 세우고, 청일전쟁과 러일전쟁을 거치며 서구 열강에 맞서는 동아시아의 강력한 제국주의의 선구에 섰고, 더 나아가 이웃 국가인 조선과 중국을 침략하고 식민지화하고자 한 것이다.

〈뤼순 법정 공판 시말서〉나 1910년 3월 27일자 《만주일일신문((滿洲日日新聞)》에서 볼 수 있듯이, 그는 개인적인 원한이나 한 개인으로 이토를 죽인 것이 아니라 동아시아 평화를 위한 것임을 여러 차례 천명했다.[30] 이토는 군사적 폭력과 영토 확장을 통해 자국의 이익을 증식하려는 제국주의와 군국주의의 상징이었기에 그를 죽이는 것은 궤도를 이탈해 잘못 가고 있는 제국주의라는 세계사의 흐름에 저항하는 일이자 폭력적 일본의 문명을 평화로운 동아시아의 새로운 질서로 바꿔놓기 위한 정신 혁명이었다. 그는 일본이 동아시아의 평화에 대해 함께 책임을 져야 한다고 생각했다. 일본과 한국, 중국의 공존과 협력은 평화로운 동아시아의 질서뿐만 아니라 세계의 평화 유지에도 중요하다고 생각했다. 1910년 2월 9일 제2회 공판에서 안중근은 동양평화를 유지하고, 더 나아가 "구주 및 세계 각국과 함께 평화에 진력"해야 한다고 말하고 있는데,[31] 이는 그의 사상과

---

30 (사)안중근평화연구원, 『안중근자료집 제9권: 안중근 우덕순 조도선 유동하 공판기록: 공판시말서』, 채륜, 2014, 94쪽; 안중근의사기념관, 위의 책, 70쪽, 86쪽.

31 (사)안중근평화연구원, 위의 책, 97쪽; 야마무로 신이치, 「미완의 '동양평화론': 그 사상적 흐름과 가능성에 대하여」, 이태진 외 · 안중근 · 하얼빈학회, 『영원히 타오르는 불

행동이 곧 동양평화에 국한되는 것이 아니라 세계 평화를 지향하고 있음을 말해주는 것이다.

안중근이 사형집행 전날 《대한매일신보》에 보내 국내외 동포에게 건넨 유언에는 한국의 독립과 동양의 평화에 대한 소망이 담겨 있다.[32] 1910년 3월 26일 오전 10시, 구리하라 사다키치(栗原貞吉) 전옥(典獄, 형무소장)이 사형 집행문을 읽고 마지막 유언을 물었을 때, 안중근은 동아시아의 평화에 대한 소망을 유언으로 남겼다: "아무 것도 남길 유언은 없으나 다만 이토 히로부미 사살은 동양의 평화를 위해 한 것이므로 한국과 일본 양국 사람들이 서로 일치 협력하여 동양의 평화를 유지하기 바란다."[33] 그의 유언은 한국과 일본이 상호 협력하여 평화로운 동아시아공동체를 실현하는 것이었다. 즉 한국의 자주 독립뿐만 아니라 한·중·일 중심으로 동아시아가 협력해 유럽의 제국주의 세력으로부터 동아시아를 지켜내는 것, 그리고 더 나아가 동아시아공동체를 만드는 것이었다.[34]

그는 일본이 세계열강과 어깨를 나란히 하기 위해서는 먼저 재정을 육성하고 세계열강의 신용을 얻는 일을 해야 한다고 생각했다. 뤼순을 개방해 일본·중국(청)·한국의 공동 군항으로 삼고, 평화회를 조직해 세계

꽃』, 지식산업사, 2011, 379쪽.

32 "내가 한국 독립을 회복하고 동양 평화를 유지하기 위해 삼 년 동안 해외에서 풍찬노숙하다 마침내 그 목적에 도달하지 못하고 이곳에서 죽으니, 우리 이천만 형제자매는 각각 스스로 분발하여 학문에 힘쓰고 실업을 진흥시키길 간절히 바란다. 그리하여 나의 뜻을 이어 자유 독립을 회복한다면, 죽는 자 여한이 없겠노라."(1910년 3월 25일) 안중근의사기념관, 위의 책, 89쪽.

33 〈安重根の最後〉, 《만주일일신문》, 1910년 3월 27일; 안중근의사기념관, 같은 책, 86쪽.

34 마키노 에이지(牧野英二), 「안중근과 일본인: 동양평화의 실현을 위해」, 『아시아문화연구』 제20집(가천대학교 아시아문화연구소, 2010.12.), 219쪽.

에 공포하면서 뤼순을 평화의 근거지로 삼는 것, 은행을 설립해 각 나라가 공유하는 화폐 발행하며 경제공동체를 만드는 것, 청년들에게 각각 두 나라 언어를 배우게 해 형제 나라라는 의식을 고취하는 것, 한·중·일의 경제·평화공동체뿐만 아니라 이를 기초로 인도·태국·베트남 등 다른 나라들도 자처해서 가맹을 신청하도록 만드는 것 등 평화로운 동아시아 질서를 만들기 위해 일본이 적극적으로 나서서 해야 할 일이 많다고 본 것이다. 공동의 항구, 공동 화폐, 공동 은행, 공동 군대, 공동의 언어·문화·교육 공동체, 경제공동체의 실현에 대한 안중근의 사상과 제안은 유럽통합사상보다 앞서 선구적으로 지역의 평등한 회원국들로 이루어진 초국가주의적 지역공동체 혹은 연방체의 구상, 즉 지역통합 사상으로 평가받고 있다.[35] 이는 장기적으로는 전쟁이 없는 상태에서 사람들이 도덕을 갖추고 각자 주체적 삶을 사는 것을 목표로 하는 것이며, 이 목표 실현 수단이 바로 지역공동체 더 나아가 세계공동체의 실현인 것이다.[36]

동북아시아가 서로 협력해 공동체를 만들기 위해서는 각 지역 국가의 독립성이 전제되어야만 하고, 상호 신뢰, 인간의 존엄과 자유, 평등, 도덕성, 평화를 실현하려는 의식과 노력 등이 있어야만 한다. 안중근의 동양평화론과 칸트의 영원평화론 사이에 사상적 유사성이 있다고 보며 선구적 연구를 열어간 마키노 에이지는 안중근이 칸트의 영원평화론을 간접적으로 알고 있었을 가능성이 있다고 보며,[37] 이 양자의 기본 이념에서 유사

---

35 노명환, 「유럽통합 사상과 역사에 비추어 본 안중근 동양평화론의 세계사적 의의」, 안중근의사기념사업회 편, 『안중근과 동양평화론』, 채륜, 2010, 21쪽, 25쪽.

36 노명환, 같은 논문, 26쪽.

37 마키노 에이지(牧野英二)에 따르면 안중근은 칸트의 저작을 프랑스어로 읽었던 톨스

한 점이나 평화사상의 통찰에 기여할 수 있는 점을 다음과 같이 일곱 가지로 정리한다. 즉 ① 국가의 독립과 평화 실현은 불가분의 관계에 있으며, ② 인간의 존엄과 자유, 법적 평등을 실현하고자 하며, ③ 평화를 실현하기 위해서는 우수한 도덕적 인간을 육성해야 하고, ④ 무력으로는 진정한 평화 실현이 불가능하고, ⑤ 종교가 세계 평화에 중요한 역할을 하고, ⑥ 동양평화와 영원평화의 가능성에 대한 탁월한 철학적 통찰력을 제시하고 있으며, ⑦ 동양과 세계 평화를 위해서는 아시아인의 의무, 인간의 사명, 역사적 의무를 자각해야 한다는 것이다.[38] 이는 안중근의 사상이 동아시아뿐만 아니라 세계평화를 위해 기여할 수 있는 보편성을 갖추고 있으며, 동아시아의 진정한 협력을 구축하거나 공존의 미래를 열어가기 위한 중

토이가 자신의 소설 『전쟁과 평화』에서 표현한 내용을 알고 있었을 가능성이 있으며, 천주교 신자로서 자신에게 세례를 준 프랑스인 신부인 빌렘(Joseph Wilhelm)에게서 칸트의 평화사상을 전해 들었을 가능성이 있다(마키노 에이지, 「안중근과 일본인: 동양평화의 실현을 위해」, 222-223쪽). 그러나 이태진은 청국의 량치차오의 문집인 『음빙실문집(飮氷室文集)』을 통해 접했을 가능성이 있다고 보았다. 『음빙실문집』 학설류(2)에 〈근세 제일의 철학자 칸트의 학설(近世第一大哲學家康德之學說)〉이라는 글이 실려 있는데, 여기에 칸트 도덕철학의 배경, 개인의 양심에서 발원하는 자유, 국가 주권, 국제공법에 대한 내용이 체계적으로 소개되어 있다. 여기에 칸트의 글이 〈영세태평론(永世太平論)〉이라는 제목으로 번역되어 그의 영원평화론의 5개 항목이 구체적으로 소개되어 있다(이태진, 「안중근의 동양평화론 재조명」, 이태진 외 · 안중근 · 하얼빈학회, 위의 책, 349-350쪽). 량치차오의 문집이 20세기 초 한국 지성인들의 읽는 필독서였다는 것을 감안하면, 그 구체적인 내용이 이미 한국 지성계에 소개되어 있다고 보아도 좋을 듯하다.; 안중근과 칸트 철학의 보편성을 평화연방제, 국가 주권, 불간섭 원칙으로 비교한 글로, 장훈, 「안중근의 평화사상과 칸트: 칸트 『영원평화론』으로 조명하는 안중근 평화사상의 보편 가능성」, 『동서연구』 제34권 4호(연세대학교 동서문제연구원, 2022), 5~30쪽을 참조할 것.

38 마키노 에이지, 「안중근 의사의 동양평화론의 현대적 의의: 새로운 '동아시아공동체' 구상의 선구자」, 이태진 외 · 안중근 · 하얼빈학회, 위의 책, 401~405쪽.

요한 통찰을 제공하고 있다는 것을 뜻하는 것이다.

안중근이 궁극적으로 제거하고자 했던 것은 경쟁과 대립, 무력과 착취가 난무하는 잔인한 약육강식의 세계였다. 그가 이루고자 희망했던 세계는 자유와 평등이 보장되는 가운데, 형제애를 지니고 동양과 서양이라는 지역적 사고를 넘어서, 빈부나 남녀노소 구분 없이 모두 하나의 인격으로서 존중받고 모두 평안하게 생업에 종사하며 평화롭게 살 수 있는 도덕적 정신문명이었다. 그는 "현세를 도덕의 시대로 만들어 함께 태평"[39]을 누리는 도덕적 정신문명이 도래해야만 한다고 생각했다. 사형집행으로 미완의 저작이 된 그의 『동양평화론』은 동아시아뿐만 아니라 세계가 평화로운 도덕적 정신문명으로 전환해야 한다는 사상적 구도 속에서 쓰인 것이다.

인간 존중의 사상이나 동아시아의 평화와 세계 평화에 대한 안중근의 사상은 뤼순 형무소에서 남긴 그의 서예 작품에서도 확인된다. 박은식의 『한국통사(韓國痛史)』에 따르면 안중근은 1920년 2월과 3월에 뤼순감옥에서 이백여 폭의 서예 유묵을 남겼는데, 현재 63점 정도가 확인되고 있다.[40]

---

39 안중근의사기념관, 위의 책, 177쪽.
40 박은식, 『한국통사』, 김태웅 역해, 아카넷, 2012, 265-266쪽; 안중근의사기념관, 위의 책, 121~158쪽; 그의 유묵에는 첫째, 독서를 통해 끊임없이 자신의 지식과 인격을 쌓아나가며("일일부독서 구중생형극(一日不讀書 口中生荊棘)", "박학어문 약지이례(博學於文 約之以禮)") 자기 수양을 해야 한다는 것("인내(忍耐)", "경천(敬天)", "빈이무첨 부이무교(貧而無諂 富而無驕)", "계신호기소부도(戒愼乎其所不睹)"), 둘째, 의리를 지키며 국가를 위해 목숨을 바치고("견리사의 견위수명(見利思義 見危授命)", "국가안위 노심초사(國家安危 勞心焦思)", "위국헌신 군인본분(爲國獻身 軍人本分)", "독립(獨立)"), 셋째, 시대의 위기를 진단하고 동양과 세계의 평화와 인류의 행복을 소망하는 것("약육강식 풍진시대(弱肉强食 風塵時代)", "욕보동양 선개정략 시과실기 추회하급(欲保東洋 先改政略 時過失機 追悔何及)", "인류사회 대표중임(人類社會 代表重任)", "통정명백 광조세계(通情明白 光照世界)") 등의 내용이 담겨 있다; 안중근 유묵 53점에 대한

현재 남아 있는 안중근의 유묵에는 그의 사상과 삶의 궤적이, 즉 자기 성찰과 인간에 대한 믿음, 애국과 한국 독립에 대한 열망, 동아시아 평화와 인류의 공존 및 평화에 대한 희망 등이 표현되어 있다. 특히 약 두 달 동안 쓴 그의 서예 유묵은 그 자신의 거사 의도나 앞으로 동아시아가 동아시아의 평화뿐만 아니라 인류문명에 기여할 수 있는 방향과 미래 비전을 담고 있다. "동양을 보호하려면 먼저 정략을 고쳐야 한다. 때를 놓쳐 기회를 잃으면 후회한들 무엇하랴(欲保東洋 先改政略 時過失機 追悔何及)"는 것은 이토의 침략 전쟁의 위험성을 경고한 것이며, 동아시아의 평화를 위해 이러한 제국주의적 침략의 정책은 저지되고 수정되어야 한다는 것을 말한다. 또한 "인류사회의 대표는 책임이 무겁다(人類社會 代表重任)"는 것은 제국주의적 침략에 의해서가 아니라 동아시아의 평화를 위해 노력하는 사람이나 국가가 곧 인류 사회의 진정한 대표가 될 수 있으며, 그러한 큰 정치의 책무는 매우 무겁다는 것을 뜻한다. "통정을 명백히 하면 세계를 밝게 비출 것이다(通情明白 光照世界)"는 구절은 동아시아의 각국이 진정 마음을 열고 교류하며 협력하게 되면 세계를 밝게 비추는 광조의 세계사의 길이 열릴 수 있다는 것이다. 안중근의 사상은 19세기 후반과 20세기 초 세계사의 주된 힘으로 부각되어 지구촌을 비극적으로 물들였던 제국주의를 넘어서야 하며, 앞으로 동아시아의 우호 협력을 기반으로 한 평화·경제 공동체를 구축하는 거대한 과제가 우리에게 놓여 있고, 이 문제를 해결하는 일이야말로 동아시아에서 인류 사회와 세계에 밝은 빛을 비추는 도덕

분석으로는 남춘애, 「안중근 유묵에 담긴 중국 문화 형상 연구」, 『한국문학이론과 비평』 제55집(16권 2호)(한국문학이론과 비평학회, 2012.06.), 335~352쪽을 참조할 것.

적 정신문명의 비전을 발신하는 실마리가 될 수 있다는 것을 전해준다.

6. 맺으며: 안중근 사상의 현대적 의미와 과제

안중근 사상은 경쟁과 침략으로 제국주의적 확장을 추구했던 현대 문명이 잘못된 방향으로 가고 있었다는 것과 동아시아가 서로 협력하며 평화공동체를 만들 때 인류 문명에 공헌할 수 있다는 비전을 성찰하는데 중요한 실마리를 제공한다. 하얼빈 의거와 그의 평화사상은 단순히 한국과 일본이라는 두 지역 국가의 문제가 아니라 잘못 가고 있는 문명의 방향과 흐름에 저항하는 20세기 초 거대한 세계사적 사건이자 앞으로 해결해야 하는 지구촌 문명의 미래 비전을 담고 있는 문명사적 의미가 있다. 안중근이 자신의 목숨을 버리면서 의거를 일으킨 것은 지구 문명사의 잔인한 제국주의에 대한 문제 제기이자 이토로 상징되는 일본의 제국주의를 종식시키고자 한 시도였다. 이는 동시에 동아시아와 세계 평화를 위해 문명사의 방향을 전환해야 한다는 평화의 비전을 담고 있는 문명사적 사상 제안이었다.

에릭 홉스봄의 말처럼 19세기 '제국의 시대(The Age of Empire)'를 거쳐 20세기 '극단의 시대(The Age of Extremes)'로 넘어온 20세기 지구 문명사는 거칠고 잔인한 시대의 고통을 감내해야만 했다. 20세기 중반 이후에 각 지역 국가들이 식민지로부터 벗어나 독립하기 시작했고, 이후 그 역사적 상처와 후유증의 치유에 많은 노력을 기울여야 했다. 오늘날 세계에는 지역과 전통의 존중이나 탈식민지주의의 사고, 오리엔탈리즘 및 유럽중심주의의 극복, 그리고 보편적 세계시민교육과 지구적 사고의 필요성에 대한 요청이 동시에 일어나고 있다.

안중근의 제국주의 비판과 '동양평화론'은 무력에 의한 세계의 통치가 아니라 협력과 공존의 도덕적 정신문명에 의해 동아시아가 연대하고 세계 평화에 기여해야 한다는 것이었다. 안중근사상은 맹목적인 민족주의나 반일주의를 넘어서 동아시아의 통합과 연대의 중요성을 제시하고 있으며, 동아시아 지역을 통합하며 한·중·일의 평화를 아시아 전체로 확산하고자 시도하는 동시에 세계의 승인을 통해 세계의 모범을 창출하고자 하는 것이었다. 그가 이루고자 한 것은 보편적 평화주의의 실현과 초국가적 동아시아 시민 정체성의 구축이었다.[41]

안중근의 정치·경제·금융·환경·종교·교육 등을 포함하는 포괄적 동아시아공동체 구상은 군국주의나 대일본제국의 아시아 침략을 정당화하기 위해 군사력을 바탕으로 추진되었던 '대동아공영'이나 일본의 경제 위기를 극복하기 위해 구상한 고이즈미 총리의 '동아시아공동체'와는 그 내용과 결이 다르기에 오늘날에도 여전히 동북아의 미래를 위해 진지하게 검토해 볼 만한 사상적 토대를 가지고 있다. 카즈무라 마코토(勝村誠)가 제안하고 있듯이 안중근 사상에 대한 연구는 각 지역국가에 침전된 편협한 내셔널리즘이나 자민족중심주의를 극복하고 동아시아의 상호 이해와 평화 구축을 위한 중요한 소재가 될 수 있을 것이다.[42] 그러나 일본의

41 박명림, 「안중근 사상의 해석: 세계시민, 아시아 지역통합, 그리고 근대적·공화적 영구평화」, 『동방학지』 제198집(연세대학교 국학연구원, 2022.03.), 292쪽.

42 勝村誠, 「安重根の行動と思想が現代日本につきつけるもの」, 李泰鎭+安重根ハルビン學會, 『安重根と東洋平和論』, 東京: 日本評論社, 2016, XXX.

대표적인 안중근 사상 연구자인 마키노 에이지가 강조하고 있듯이 안중 근이 추구했던 진정한 상호 협력의 토대 위에서 동아시아공동체가 형성 되고, 또 동아시아가 세계문명에 기여하는 미래로 나아가기 위해서는 일 본의 전쟁 사죄, 역사 인식, 교과서 문제, 일본인의 아시아 경시 및 탈아입 구의 의식지양, 신뢰 구축 등이 필요하다.[43] 20세기 초 제국주의적 비극의 역사는 역사의 비극에 대한 반성과 사죄를 통해 지구문명사에서 극복되 고 치유되어야 한다. 역사 화해의 과정과 치유의 노력은 인간의 삶이 단 순히 물질적 풍요와 물리적 힘으로 이루어지는 것이 아니라 모든 인간의 존엄성과 행복이 이루어지는 도덕적 문명의 성취에 있다는 사실을 자각 하고 실천하는 데서 시작될 수 있다. 폭력과 침탈의 과거가 진정성 있게 성찰되지 않는다면 미래로 나아가는 도덕적 힘이 생겨날 수 없으며, 상호 존중과 배려의 도덕이 없이는 더불어 사는 공존의 미학이나 인류가 함께 평화롭게 살아가는 도덕적 정신문명은 성취되기 어렵다.

우리가 살아가는 21세기 현재, 세계는 지역별로 연합 체제를 모색하며 새로운 다극화된 국제질서를 찾고 있다. 따라서 무력이나 전쟁을 통한 영 토와 세력 확장적 제국주의가 아니라 지역이 평화롭게 유지되는 지역 연 합의 필요성과 이러한 질서의 형성이 세계와 인류의 평화에 기여할 수 있 다는 사고는 여전히 유효하다. 안중근의 평화사상은 동아시아를 넘어서 세계의 평화를 찾고 인류 정신문명의 미래의 길을 밝히는데 기여할 수 있 을 것이다. 이는 앞으로 우리가 해결해야 하는 영토 확장적 자국중심주의

---

43 마키노 에이지, 「안중근 의사의 동양평화론의 현대적 의의: 새로운 '동아시아공동체' 구상의 선구자」, 이태진 외 · 안중근 · 하얼빈학회, 위의 책, 413쪽.

적 새로운 제국주의를 비판적으로 성찰하는데, 그리고 더 나아가 평화의 문명공생체의 형성 등 새로운 문명사의 과제를 연구하는 데도 중요한 사상적 마중물이 될 수 있을 것이다.

일본에서의
안중근에 대한 관심과 평가

― 강권적 제국주의 비판과 그 사상적 계승

도노무라 마사루(外村大)

번역: 야규 마코토 · 조성환

* 이 글은 2020년 11월 20일에 열린《제7회 한일국제학술대회 심포지움: 서울 안중근의
사기념관과 류코쿠대학 안중근동양평화연구센터를 이으며: 안중근과 동북아시아를
둘러싼 국제관계》에서 발표한 원고에 기초하고 있다. 심포지움의 주최는 안중근의사
기념관(한국) · 류코쿠대학 안중근동양평화연구센터(일본), 후원은 류코쿠대학 도서
관 · 주(駐)오사카 대한민국 총영사관 · 재(在)일본 대한민국 민단(民團) 오사카부 지
방본부 · 코리아NGO센터였고, 장소는 안중근의사기념관 강당(서울) · 류코쿠대학 후
카쿠사 캠퍼스 22호관 101호실(교토) · Zoom이었다. 이후에 이 원고는 정식 논문으
로 일본의 학술지에 실렸고(外村大,「日本における安重根への関心と評価:強権的帝
国主義批判とその思想的継承」,『社会科学研究年報』第51号, 龍谷大学社会科学研究
所, 2021年 5月, 121~132쪽), 이 글은 이 논문을 번역한 것이다. 번역하기 전에 몇 군데
표현 상의 수정을 하였고, 번역문에도 수정 사항을 반영하였다.

1. 들어가며: 역사문제와 일본근대사 이해

주지하다시피 오랫동안 계속되는 한일 양국의 갈등에는 역사 문제가 관련되어 있다. 그리고 그것은 종종 대부분의 일본인이 식민지 지배의 가해의 역사를 모르기 때문이라고 이야기 되고 있다.

그런데 과연 현대 일본인의 대부분이 그러한 역사를 전혀 모르고, 나아가서 문제라고 여기지 않는 걸까? 물론 일본이 조선을 식민지로 삼았던 사실 자체를 모르는 일본인도 있을 수 있겠지만, 그것은 아마도 소수에 속할 것이다. 한일 간의 인적 왕래와 정보의 유통이 늘어난 20세기 말 이래로, 일본에서도 식민지 조선의 역사가 언급되는 기회는 상당히 늘어났다. 언론 보도에서도 그렇고 학교에서 쓰는 교과서에서도 그렇다. 근현대사는 별로 다루지 않는다는 지적도 있지만, 양적으로 충분한지 여부는 차치하고라도, 이 시기에 관한 교과서의 서술은 과거에 비해 늘어났고, 서술이 있기 때문에 시험에도 나온다. 그렇다면 역시 그런대로 배우고 있을 것이다. 따라서 많은 일본인들이 조선에 대한 식민지 지배에서의 가해 사실을 전혀 모른다고 볼 수는 없다. 오히려 알고 있고, 그것이 문제 있는 행위라고는 생각하지만 단지 언급하기 싫은 것이 아닐까 생각된다.

그렇다면 이렇게 가해 사실을 직시하지 못하게 된 이유는 어디에 있을까? 이에 대해서는 다각적으로 분석할 필요가 있다. 한 가지 분명한 것은 수많은 일본인이 애당초 자국의 근대사를 총체적으로 파악하지 않은 상태에서 자국의 몰락에 직면하지 않을 수 없게 되자 자신감을 상실하고 있는 상황과 무관하지 않은 것 같다.

나, 그리고 나와 연결되어 있는 사람들이 과거에 뭔가 잘못을 저지르고, 그것에 대해 지적을 받았다고 하더라도, 자기 스스로에게 자신감을 갖고, 자기에게도 훌륭한 점이 있다고 의식할 수 있으면, 그것에 의해 심각한 정신적 타격을 입지는 않을 것이다. 즉 일종의 여유를 갖고 받아들일 수 있다. "아시아에서 유일한 선진국이자 경제대국이다."라는 자신감이 있었던 (그것을 자신감의 근거로 삼는 것이 좋은지, 그리고 타당한지 여부는 일단 괄호에 넣기로 하고) 20세기 말까지의 일본 국민은 그러한 태도를 갖고 있었다. 하지만 이제 일본 국민은 그러한 자신감을 가질 수 없게 되었다. 근래에 TV 프로그램 등에서 "일본은 이렇게 뛰어난 점을 갖고 있다"라는 것을 아주 많이, 억지스러운 이야기를 포함해서, 선전하고 있는 것은 역으로 자신감의 근거가 필요하기 때문일 것이다. 그러는 사이에 과거에 자기들이 저지른 문제있는 행동을 직시할 수 없게 된 것이다.

더구나 현대 일본인 중에는 과거의 침략과 식민지 지배에서 일어난 인권 침해를 지적당하는 것을 마치 자기들이나 자기와 연결된 사람들이 문책을 당한다고 생각하는 사람들이 적지 않은 것 같다. 이것은 한일 양국의 갈등이 부각되는 상황에서 역사를 생각할 때 국민 대 국민, 민족 대 민족의 틀을 과도하게 의식하기 때문인데, 근본적인 문제는 다양한 역사를 모르고 있다는 점이다. 극단적인 생각일지 모르지만, 근대사에 별로 관심이 없고 지식도 없는 현대의 많은 일본인들은 과거의 침략과 식민지 지배를 둘러싼 이웃 나라 사람들의 지적을 통해서 갈수록 자국의 역사에 대한 이미지를 빈약한 것으로 만들고 있다고까지 말할 수 있을지 모른다. 그런데 지금 일본에서는, 당시에 침략이나 식민지 지배와는 직접적으로 관계가 없는 사람들의 활동이 있었고, 그 중에는 민족의 차이를 넘는 교류를 하거나 군국주의적 팽창으로 귀결되지 않는 국가를 구상하거나 정책을 제시한 사람들도 있었다는 사실은 별로 언급되지 않는다. 즉 다른 민족에 대한 침략이나 억압을 비판하고, 그것을 자행하는 자국 정부에도 저항한 사람들의 활동에 대해서는 거의 의식하지 못하는 것이다. 만약 그것이 의식될 수 있었다면, "일본인=침략자・억압자"라는 단순한 인식에 빠지지 않고, 따라서 자기들이 문책당하고 있다는 반발도 생기지 않고, 많은 사람들이 냉정하게 과거의 역사와 자기의 관계를 생각할 수 있을 것이다.

이렇게 보면, 한일 간의 역사문제에서 중요한 것은 단순히 개별적인 사실을 자세히 가르치는 것이 아님을 알 수 있다. 그것은 일본인의 일본근대사 전체에 대한 해석과 일본인의 정체성의 본질과 관계되는 문제이기 때문이다. 정체성은 자신과 연결된 사람들이 지금까지 어떻게 살아왔으며, 그중에서 무엇을 중시하는지, 즉 자기들이 소중히 생각해야 하는 역사가 무엇인지와 관련된다. 따라서 초점이 맞춰져 있는 개별적인 역사 문제의 갈등을 풀어나가기 위해서는 결국 일본근대사를 어떻게 해석하느냐가 근본적으로 중요해진다.

2. 일본제국 집권세력과 그 대항세력

근대 초기에 일본에서 권력의 핵심에 있던 사람들은, 메이지유신(明治維新)의 중심 세력이었던 사쓰마(薩摩)와 조슈(長州) 번벌(藩閥)의 하급 무사들을 중심으로 하면서, 화족(華族)이나 막부(幕府)에서 관리가 되었던 일부 기술자들이 가세하고 있었다. 시대가 내려가면 그 자녀들, 그리고 제국대학 등의 관립학교와 육ㆍ해군 학교에서 양성된 엘리트 관료, 군인들이 거기에 추가된다. 그들이 중심이 된 국가 운영에서는 근대국가의 제도 정비, 산업 진흥, 교육 보급, 당시의 국제 질서에의 참여(불평등조약 개정)와 같은 정책과 함께 군비 확장, 대외 팽창이 추진되었다. 그러나 일본제국의 침략과 지배를 받은 타국의 입장에서 보면, 군국주의자인 지배층과 일반 국민이 일체가 되어 강권적인 제국주의 시책을 계속해서 시행했다고 보일 것이다. 실제로 근대 일본의 주류를 중심으로 역사를 바라보면 잘못된 이해는 아니다.

다만 위에서 말한 바와 같이, 집권층에 맞서고 그들을 비판하는 세력과 활동도 항상 존재했다. 1870년대부터 1880년대까지는 호농(豪農)과 저널리스트 등의 도시 지식인들이 주도한 자유민권운동(自由民權運動)이 있었고, 제국의회(帝國議會) 개설 후에는 그 흐름을 잇는 사람들이 이른바 민당(民黨) 세력으로서 번벌정부(藩閥政府)에 대항했다. 또한 20세기 초에는 사회주의 사상이 유입되면서 사회주의자들의 활동도 시작되었다. 이것은 1910년의 '대역사건(大逆事件)'으로 질식 상태가 되지만, 1910년대에는 자유주의자의 언론 활동이나 온건한 노동조합 활동이 시작되고, '다이쇼(大正) 데모크라시'라고 불리는 상황이 만들어진다. 또한 1920년대 후반 이후에는 탄압의 시대를 헤쳐 나가며 활동했던 사회주의자나 다이쇼 데모크라시의 주역들을 중심으로 사회민주주의 정당이 탄생했는데, 그것은 비록 소수 정당으로 머물기는 했지만 의회에도 진출한다. 1930년대 중반의 준전시체제(準戰時體制) 시기에도 기존 정당의 자유주의자와 사회민주주의 정당의 일부는 군부의 강권적인 정치에 맞서려 하였다.

이 이외에도 1920년대부터 1930년대 초기에 걸쳐서는 공산주의자들의 활동이 있었다. 이들은 가장 근본적이고 비타협적으로 일본제국의 지배자를 비판했는데, 정치세력으로는 극소수의 존재였고, 민중과 괴리된 가운데 탄압을 받으며 붕괴되어 갔다.

다만 이러한 지배층과 비판 세력이 어느 시기에도 완전히 분리되었던 것은 아니고, 지배층을 비판하는 세력이 항상 평화주의적으로 대외 팽창을 비판했던 것도 아니다. 자유민권운동 속에서 발족한 자유당(自由黨)은 마침내 번벌(藩閥) 세력의 리더인 이토 히로부미(伊藤博文)를 수장으로 하는 입헌정우회(立憲政友會)가 되었고, 자유민권운동의 기수로 지목되던 오쿠마 시게노부(大隈重信)도 번벌 세력과 타협하면서 권력의 자리에 올랐다. 게다가 자유민권 운동가들 중에는 오히려 대외 강경파로 볼 수 있는 운동을 전개한 사람도 있었고, 오쿠마 시게노부 내각은 중국에 대해 21개조 요구를 제시하였다. 사회민주주의계 정치지도자의 경우에도 급진적인 파시즘 운동과 결부되거나 만주 침략을 지지한 사람도 있었다.

3. 강권적 제국주의의 비판자

하지만 일본제국의 권력자들이 추진하는 침략이나 식민지 지배를 비판적으로 보는 사람들이 있었던 것도 사실이다. 그러한 인식은 무엇을 바탕으로 생긴 것일까? 하나는 군비를 확장하고 다른 나라에 군대를 보내는 것이 반드시 자기들의 행복으로 이어지는 것은 아니라는 판단에서이다. 이것은 무엇보다도 자기나 자기 가족이 전쟁터에서 생명의 위험에 노출된다고 하는 극히 당연한 불안감에서 생긴다. 또한 군비 확장이나 전쟁의 필요성을 역설하는 위정자에 대해서, 여러 정세 판단이나 경제적 합리성을 고려할 때 자국민의 복리를 위한 정책을 우선시해야 한다거나, 평화적인 관계를 유지하려는 노력이야말로 최선의 선택이라고 생각한 결과이기도 하다.

1880년대에 조선에 간섭하려는 자국 정부의 움직임에 대해서 내정을 우선시해야 한다고 했던 자유민권운동가의 논의나, 차라리 식민지를 포기하고 상호우호 하에 자유무역을 추진하는 것이 자국의 이익이 된다고 설파한 1920년대의 이시바시 단잔(石橋湛山)의 주장이 그런 예이다. 또한 자유민권운동에 참여하여 국회의원이 되었지만, 의원직을 사퇴하고 광독(鑛毒) 피해에 시달리는 농민들을 구제하기 위해 노력한 다나카 쇼조(田中正造)는 군비 전폐(全廢)까지 외치고 있었다. 그리고 그는 1910년 8월, 한국합병을 축하하는 분위기에 대해서 '망국(亡國)'이라는 말을 사용하여 비판했다. 그 직전에 일어난 수해로 더 큰 광독 피해를 입었었는데도 불구하고 이를 외면하려고 한, 즉 자국민을 소중히 여기지 않고 대외 팽창을

축하하는 모습에 분노했기 때문이다.[1]

다만 자기들의 이익을 중시하는 것은 당연한 일로, 그것이 군비 확장이나 전쟁 반대의 유력한 근거가 된다 하더라도 항상 그러한 판단을 도출해 낸다고는 할 수 없다. 자기들에게 이익이 될 것 같은 군비 확장이나 전쟁에는 찬성할 수도 있기 때문이다. 실제로 자유민권 운동가나 그 흐름을 이은 정치인들은 그러한 움직임을 보였고, 노동자나 농민의 복리를 중시하는 사회민주주의자들 중 일부도, 일본의 만주 권익 유지 확대가 일본 국내의 실업자나 토지가 없는 농민을 구제한다고 생각해서 만주사변을 지지하는 입장을 취했다.

하지만 군비 확장이나 전쟁에 대한 비판적 태도는 자기들의 이익 중시 때문만이 아니라 타자를 의식하는 데에서 나오기도 한다. 자국민이 아닌 사람들도 같은 인간이고, 자기들과 마찬가지로 인간으로 존중받아야 할 존재라고 볼 때, 그들을 괴롭히고 침략 대상으로 삼는 것의 문제점은 당연히 의식된다. 이는 누구나 가질 수 있는 감각이다. 실제로 그러한 감각을 바탕으로, 1910년 8월에 한국병합을 비판적으로 바라보았던 일본인이 있었다. 동경에 거주하고 있던 한 일본인은, 한국합방을 축하하기 위해 국기를 게양하라고 경찰관이 말하자, "[한국합방이라는] 일본인의 기쁨은 조선인에게는 슬픔이 아닐 수 없다"라고 생각하여 따르지 않았다.[2] 1919년 3·1

1 「田中正造より逸見斧吉ほか宛書簡」, 1910년 8월 31일. 由井正臣·小松裕 編, 『田中正造文集』, 東京: 岩波書店, 2005.
2 『윤치호 일기』 1939년 10월 16일 자에 나오는 이야기이다. 이 말을 한 사람은 도쿄에서 공부하던 그의 자녀에게 친절하게 대해준 일본 여성이다. 윤치호, 『윤치호일기 11』, 국사편찬위원회, 1989.

운동 이후 대두된 조선 식민 통치 방식에 대한 비판에서도 통치받는 쪽의 의식을 시야에 둔 논의는 존재한다. 요시노 사쿠조(吉野作造)는 조선 통치에 대해서 "그것을 조선인들이 어떻게 보았는지를 살펴보는 것"의 중요성을 설파했다.[3] 또 앞서 언급한 다나카 쇼조는 일본의 광독 피해자와 조선 사람들을 동일선상에서 인식했다. 1909년 9월 10일 서한에서 "[광독 피해에 시달리는] 간토(關東) 인민은 바로 조선 국민이다. 동산=아시오동산足尾銅山]은 일본 정부이고, 현[=도치기현]은 통감부이다."라는 말을 남겼다.[4]

하지만 자유주의자나 사회민주주의자, 조선인의 심리를 배려한 일반 서민들이 철저하게 일본제국주의를 비판하고 식민지 지배를 그만둘 것을 강력하게 주장한 사실은 없다. 조선 통치에 대해 많은 논고를 남긴 요시노 사쿠조도 동화정책과 불평등한 교육제도, 강권적인 헌병경찰제도의 변경이나 폐지는 제기했지만 조선총독부 자체를 없애야 한다고까지는 말하지 않았다. '다이쇼 데모크라시' 시기에 활약한 자유주의 논객의 언설도 일본제국의 질서 그 자체를 부정한 것은 아니다. 단지 노골적인 폭력을 써서 억압적인 정치를 자행하는 강권적 제국주의에 대한 비판에 머물렀다는 사실은 부정할 수 없다.

그렇지만 식민 지배를 부정한 정치세력이 아예 존재하지 않았던 것은 아니다. 일본공산당(日本共産黨)은 반(反)제국주의와 식민지 해방투쟁에 대한 지지를 명확하게 내세웠다. 다만 거기에 참여하는 사람들이 모두 식

---

3 吉野作造, 「対外的良心の発揮」, 『中央公論』 1919년 4월호.
4 「田中正造より逸見斧吉夫妻宛書簡」 1909년 9월 10일. 由井正臣·小松裕 編, 『田中正造文集』, 東京:岩波書店, 2005.

민지 지배를 받는 민중의 구체적인 고뇌를 이해했었는지는 불분명하다. 단지 위로부터 지도를 받아 학습된 이론을 받아들여서 민족해방 투쟁에 대한 지지를 주창한 경우에는 자기 사상이라고는 할 수 없다. 자국의 침략 전쟁이나 식민지 지배에 대한 비판을 심화시키는 데 있어서는 침략과 지배를 받는 측의 구체적인 개개인의 삶을 생각하고 바라보는 것이 중요하다. 이러한 태도는 어쩌면 교조주의적인 공산주의자보다도 인도주의적인 자유주의자나 자유주의를 수용한 상태에서 사회주의를 지향한 사회민주주의자에게서 찾아볼 수 있다. 이렇게 생각하면 자유주의자나 사회민주주의자를 단순히 근본적인 제국주의 비판을 전개하지 않는다고 해서 부정적으로만 보는 것은 문제가 있을 수 있다.

4. 안중근에 대한 일본 사회의 시선

한국과의 역사문제를 강하게 의식하는 현대 일본인 중에는, 종종 이토 히로부미와 안중근에 대해 말할 때에 "일본인에게 이토 히로부미는 메이지(明治)의 원훈(元勳)이자 근대화의 공로자"이고, "안중근은 그 이토를 죽인 테러리스트"라는 단순한 인식에 입각해서 말하기 십상이다. 2014년에는 하얼빈에 안중근기념관이 세워진 것에 대해서 당시의 스가 요시히데(菅義偉) 관방장관(官房長官)이 "안중근은 초대 총리를 살해하고 사형 판결을 받은 테러리스트"라며 불쾌감을 표시했다.

그러나 모든 일본인이 이토 히로부미를 긍정적으로 평가하고 안중근을 부정적으로 볼 필요도 없거니와, 애초에 그러한 인식이 일본인들 사이에서 일반적이었던 것은 아니다. 대외 팽창에 비판적이었던 사람들, 그것을 추진했던 번벌정부(藩閥政府)의 지도자인 이토 히로부미를 평가하지 않는 사람은 일본인 중에도 당연히 존재했다. 예를 들면 사회주의자 고토쿠 슈스이(幸德秋水)가 1910년에 메이지천황(明治天皇) 암살 혐의로 체포되었을 때 안중근 사진이 있는 그림엽서를 가지고 있었고, 거기에는 "생을 버리고 의를 취하며/몸을 죽여서 인을 이루니/안군[=안중근]의 거사에/천지가 모두 진동하였다."(捨生取義/殺身成仁/安君一擧/天地皆振)라고 적혀 있었다.[5] 이 사실은 안중근에 관심있는 사람들이나 메이지 사회주의를 연구하는 사람들 사이에서는 널리 알려진 사실이다. 또 안중근의 이토 암살로부터 몇 년이 지난 후에 일본에서 출판된 어느 서적에는 "사람들 중에 간혹 이토(伊藤) 공(公)을 저격한 안중근, 이완용을 저격한 이재명(李在明)을 '지사인인(志士仁人)'이라고 하는 자가 있는데, 이것은 쉽게 넘어갈 수 없는 오류이다"라는 문장을 발견할 수 있다.[6] '오류'라고 일부러 지적하고 있는 것은 그렇게 말하는 사람이 있었기 때문이다. 자신의 목숨을 돌보지 않고 의(義)를 위해 정적을 죽이는 행위는 19세기 후반의 일본에서는 칭송받는 일이기도 했고, 그러한 가치관에서 안중근을 평가하는 일본인이 드물지 않았음을 엿볼 수 있다.

민권운동가이자 제국의회 중의원 의원도 지낸 강석사(講釋師)의 이토 치유(伊藤痴遊)는 1931년에 낸 책에서 이토 히로부미 암살을 언급했다. 그

5 [역자주] 고토쿠 슈스이에 대한 한글 자료로는 사후 100년이 되는 해에 나온 선집 번역서가 있다. 임경화 엮음 · 번역, 『나는 사회주의자다: 동아시아 사회주의의 기원, 고토쿠 슈스이 선집』, 교양인, 2011.
6 三浦了覺, 『禪と武士道』, 1915, 47쪽.

는 이토 히로부미에 대해서 "공과는 엇갈리지만" "대정치가"였다고 평가하면서도, 안중근의 행위에 대해서 비판도 하지 않았다. "오랜 독립국이 갑자기 다른 나라의 통치를 받게 되면 반드시 분격의 피가 끓어올라 여러 과격한 운동을 일으키는 것은 단지 조선뿐만이 아니다. 어느 나라나 마찬가지고, 또 그렇게 해야 마땅하다."라고 하면서, 오히려 조선 민족으로서의 애국적 행동으로 이해하였다.

그렇다고는 하지만 이토 히로부미가 암살되었던 당시나 일본제국이 조선을 식민지로 삼았던 1910년 이후에 일본인이 안중근을 공식적으로 평가하는 것은 역시 어려웠다. 일본의 상업지(商業紙) 등의 보도에서는 일본제국에 반항하는 조선인은 단지 무지몽매한 위험인물로 묘사되었고, 안중근에 대해서도 어떤 인물이며 어떤 사상을 가졌는지 충분히 소개되지 않았다. 또 전후(戰後) 일본에서도 오랫동안, 특히 안중근에 관심을 가진 사람은 드물었다. 한국은 친근한 나라가 아니었고, 안중근 관련 사료도 많이 발굴된 것은 아니었기 때문이다. 그것이 변한 것은 1980년대에 들어서이고, 그 후 사료집이나 안중근 전기 등이 일본어로 나오게 되었다.[7]

하지만 그전에도 안중근에 관심을 기울이고 그를 다룬 글을 발표하거나 언급한 일본인은 존재한다. 이하에서는 그 중에서도 1931년에 『희곡 안중근(戲曲安重根)』을 발표한 하세가와 가이타로(長谷川海太郎, 이 작품에서는 타니 조지(谷譲次)라는 필명을 사용)와 1960년대부터 1970년대에 걸쳐

---

7   1983년 4월 8일 자 석간 『朝日新聞』「安重根復権へ　日本で動き」에서는 사료의 발굴과 한국의 추도식에 참가한 일본인 이야기 등이 소개되고 있다. 1984년에는 中野泰雄 ,『安重根 日韓関係の原像』(亜紀書房)가 출판되었다.

국회에서 안중근을 언급하면서 한일 관계를 언급한 도카노 다케시(戶叶 武)라는 인물에 주목하고자 한다. 그리고 이 두 사람의 안중근에 대한 관심과 평가, 그것을 낳은 배경을 생각함으로써 강권적(强權的) 제국주의 노선과는 다른 사상 조류가 근대 일본에도 존재했음을 확인하고자 한다.

5. 하세가와 가이타로(長谷川海太郎)와 『희곡 안중근』

하세가와 가이타로는 1900년에 니가타현(新潟縣) 사도(佐渡)에서 태어나서 [홋카이도(北海道)의] 하코다테(函館)에서 자랐다. 아버지 하세가와 요시오(長谷川淑夫)는 사도에서 태어난 저널리스트이다. 초등교육을 받은 뒤 자유민권사상을 동경하여 도쿄(東京)로 가서 도쿄제국대학(東京帝國大學)에서 공부했다. 그 후 고향에 돌아와서 사도중학(佐渡中學)의 영어 교사로 일하다가, 1902년에 『홋카이신문(北海新聞)』 주필의 초빙에 응해서 하코다테로 이사하면서 언론인으로 활약했다. 그가 이주한 까닭은 이누카이 츠요시(犬養毅)의 보통선거론에 공명하여, 그것을 하코다테에서도 보급하려 했기 때문이라고도 한다. 그리고 『홋카이신문』이 발행금지된 뒤에는, 활동 무대를 『하코다테신문』으로 옮긴다. 『하코다테신문』의 사주(社主)인 히라데 기사부로(平出喜三郎)는 국회의원(代議士)으로 정당정치를 확립하고자 했던 헌정회(憲政會)에 속했고, 하세가와 요시오 역시 민본주의 · 보통선거를 논했다고 알려져 있다. 즉 하세가와 가이타로는 자유민권운동, 다이쇼 데모크라시를 보급하려 했던 아버지 밑에서 자란 것이다.

물론 자식이 반드시 아버지의 사상을 그대로 이어받는 것은 아니다.

그리고 가이타로의 정치사상에 대해서 알 수 있는 것도 많지는 않다. 1917~20년경, 도쿄에 있을 무렵에 아나키스트 오스기 사카에(大杉榮)와 교류하고, 미국 체류 시에 노동조합 활동에도 관여했다고 하지만, 아나키 즘이나 사회주의에 얼마만큼 영향을 받았는지는 불분명하다. 다만 아버 지 요시오도 가부장적인 억압과는 대조적인 스타일의 소유자여서, 요시 오와 가이카로의 사이는 나쁘지 않았고, 자주 토론을 하였던 것 같다. 이 러한 집안 분위기는 자유주의와 무관하지 않다. 또한 하세가와 요시오는 몇 차례나 필화(筆禍)로 옥고를 치르기도 했는데, 그런 아버지의 모습을 잘 아는 가이타로가 번벌 세력을 지지하는 태도를 취한다는 것은 있을 수 없는 일이라고 생각된다.

하세가와 가이타로는 1920년에 미국으로 건너가서 24년에 귀국한 후에 작가로서 작품을 발표하게 된다. 그의 작품이 인기를 끌자, 하야시 후보 (林不忘), 마키 이츠마(牧逸馬), 다니 조지(谷讓次)라는 세 개의 필명으로 활 약하게 되었다. 활동의 폭은 매우 넓어서, 미국에서의 경험을 토대로 한 소설, 검극(劍劇) 소설(단게 사젠(丹下左膳)이라는 오늘날에도 잘 알려진 영웅이 주인공이다), 서양의 범죄 기록을 바탕으로 한 괴기실화(怪奇實話), 동시대 의 도시풍속소설, 나아가서는 다양한 번역까지 했다.

그런 그가 '다니 조지'라는 필명으로 1931년 4월호 『중앙공론(中央公論)』 에 발표한 것이 『희곡 안중근』이다. 이 작품은 1909년 8월과 10월에 블라 디보스토크에서 하얼빈으로 떠난 안중근이 주인공이고, 등장인물도 대부 분 조선인이다. 마지막은 팬터마임으로 진행되고, 하얼빈역 플랫폼에 도 착한 이토 일행으로 안중근이 다가가는 장면으로 끝이 난다. 따라서 이 희곡이 안중근의 이토 암살을 주제로 한 작품임에는 틀림없다.

그렇지만 이 작품은 조선인들의 영웅적인 민족운동을 그린 것은 아니다. 안중근과 접하는 조선인들이 반드시 훌륭한 민족의식을 가진 사람들만은 아니었다. 그 중에는 일본 스파이도 있고, 안중근의 동지들도 순수한 마음으로 그를 지원하려고는 하지 않는다. 첫 장면에서는 블라디보스토크의 조선인 거리에 온 안중근이 대한제국의 국권 회복을 위해 각자가 노력해야 한다고 연설하지만, 거리의 사람들 중에는 그것에 관심을 보이지 않는 경우도 있다. 그리고 작품을 통해 그려지는 안중근은 결연히 이토 암살을 향해 강한 의지를 가지고 나아가는 영웅이 아니다. 주위의 동지들이 이토 암살의 실행을 기대하는 것을 오히려 속박으로 느끼면서, "내가 개인으로서 이토를 죽인다고 무슨 이득이 있는가?"라며 고민한다. 그리고 애인에게 "어디론가 도망가자. 그리고 둘이 함께 살자!" "천하니 국가니 그런 것은 다른 사람한테 맡기면 돼"라고 말하기도 한다. (곧바로 이 말을 "농담이야"라고 부정하지만)

이렇게 그려진 안중근은, 그를 존경하는 조선인·한국인 민족주의자들한테는 도저히 받아들일 수 없을 것이다. 동시대의 조선인들 사이에서도 특별히 큰 반응은 없었고,[8] 해방 이후에도 이 작품에 주목한 조선인·한국

---

8 다만 이 작품이 일본에서 발표된 직후에 조선어로 번역해서 마치 자신의 창작물인 것처럼 가장해서 출판하려 했던 움직임이 있었다는 사실은 확인할 수 있다. 서성보(徐成甫), 「翻訳を創作然」, 『동아일보』 1931년 5월 15일. [역자주] 이 기사의 부제는 "李泰浩 著『哈爾濱驛頭의 銃聲』은 谷讓次 原作"이고, 제4면 사회면에 실렸다. 기사 전문을 현대문으로 번역하면 다음과 같다: "조선에도 문단이 생긴 이래로 이에 대한 절도가 횡행하는 것은 참으로 불행한 일 중 하나로, 나 같은 무산(無産) 독자도 그 피해를 입는다. 최근에 신문 광고만 보고 책 한 권을 구매했는데, 『중앙공론』 4월호에 실린 다니 조지(谷讓次) 작(作) 『안중근』을 그대로 번역해서 이태호(李泰浩)의 작(作)이라고 한 것이었다. 그 이름은 『哈爾濱驛頭(하얼빈역)의 총성』. 여러분 이렇게 남의 작품을

인은 없었던 것 같다.

한편 일본인 중에서도 이 작품에 주목하고 평가한 논자는 적다. 동시대의 아오노 스에키치(青野季吉)가 1931년 4월 1일과 3일 자『도쿄아사히신문(東京朝日新聞)』「문예시평(文藝時評)」에서 이 작품을 논한 정도였다. 당시 프롤레타리아 문화운동의 기수이자 마르크스주의자였던 아오노는 이 작품을 "안중근의 '인간다움'을 그린 개인주의의 주장"이라며 비판한다. 아오노에 의하면, 이 작품은 제국주의와의 싸움에 헌신적으로 노력한 것을 망각시키고, 소시민적인 자기 이익 추구에 대한 긍정으로 이어지기 때문에 문제라는 것이다.[9] 또한 전후의 하세가와 가이타로에 관한 연구 등에서도, 이 작품에 대한 언급이 있는데, 거기에서도 안중근이라는 개인이 그려지고 있는 점에 주목한다. 다만 그것을 부정적으로 보지는 않는다. 예를 들면 무로 겐지(室謙二)는 "아나키스트이자 실존주의자인" 안중근이 "절대 자유인으로서 스스로 선택한 자유의사(自由意思)로 이토 히로부미를 죽이는", 그러한 "안중근을 그림으로써 이토 히로부미에 의한 일본국가를 비판하고 있고, 자유를 억압하는 모든 것을 비판하고 있다."라고 평가하였다.[10]

제 것이라고 발표하여 이름을 내면 무엇하겠습니까?"

9   아오노의 주장은 다음과 같은 문장에 단적으로 나타나 있다: "만약 '나의 이익'을 생각하는 것이 '인간다움'이라는 이름으로 모두 허용된다면, 이 세상의 계급적 정의나 집단에 목숨을 바치는 희생 등은 인간답지 않은 것으로 처음부터 부정되어야 한다. 인간다움에서 오는 계급적 배신, 인간다움에서 오는 제국주의에 대한 봉사는 모두 증오의 표적이 아니게 된다. 더구나 이러한 파렴치가 증오의 표적이 아니게 된 세계에서는 천만의 피억압 대중은 영원히 인간답지 않은 인생을 강요당하게 될 것이다." 青野季吉,「文芸時評 2 'おれの利益'とは何か」,『東京朝日新聞』, 1931년 4월 3일 자.

10   室謙二,『踊る地平線 めりけんじゃっぷ長谷川海太郎伝』, 東京: 晶文社, 1985, 273쪽.

이 중에서 아오노의 주장은 교조주의적인 마르크스주의자가 아니면 동의를 얻을 수 없는 것이어서, 깊이 논의할 필요는 없을 것이다. 다른 한편으로 안중근을 '고민하는 인간'으로, 또는 무로가 주목하고 있듯이 '자유의사에 따라 행동하는 모습'으로 그린 것이 동시대에 어떤 의미를 지녔는지 생각해 보아야 한다.

대한제국이 일본제국의 보호국이 되어 국권을 상실하고 있었던 시기에 한반도에서는 의병투쟁 등의 항일운동이 전개되었다. 그리고 그것은 완고하고 미혹된 폭도에 의한 무도한 활동으로 보도되었다. 안중근에 대해서도 그의 사람됨이나 사상이 자세하게 보도된 것은 아니다. 대부분의 일본인들은 항일운동하는 조선인들을 무지몽매한 사람들로 보았지, 독자적인 생각을 갖고서 활동할 수 있는 능력이 있는 사람이라고는 생각하지 않았다. 이에 대해서는 1919년의 3·1운동을 접했을 때에도 마찬가지였다. 미신 같은 말을 하는 천도교 지도자에게 속아 넘어간 사람들이 소란을 피우고 있다든가, 서양인 선교사가 선동하고 있는 것에 지나지 않는다고 이해하였다. 일본의 신문에서는 그렇게 보도되고 있었다.

그런 시대에 하나의 개인으로 고뇌하면서 최종적으로 이토 암살을 결심하는 안중근이나 갖가지 속셈을 가지고 안중근과 접촉하는 조선인들을 그린 데에는 특별한 의미가 있었던 것은 아닐까? 즉 조선인은 알 수 없는 존재가 아니라 인격을 가지고 자기 의지에 따라 행동하는 사람들이라는 사실을 많은 일본인들에게 깨우쳐 주는 작용을 할 수 있었던 것이다. 그리고 지금까지의 연구에서는 많이 주목되지 않았던 것 같은데, 하세가와 가이타로는 이 작품 속에서 그러한 판단 능력을 가진 조선인들에게 일본제국의 모습을 비판하게 하고 있다.

또한 앞에서 서술했듯이, 무로는 일본국가에 대한 비판, 자유를 억압하는 모든 것에 대한 비판을 『희곡 안중근』에서 찾고 있는데, 이 작품에서 하세가와 가이타로는 자유를 억압하는 국가의 문제점을 추상적으로 논하는 것이 아니라, 일본제국이 취해 온 구체적인 정책, 즉 팽창주의와 침략의 문제점을 지적하고 있다. 가령 『희곡 안중근』의 첫 장면에서는 블라디보스토크에서의 안중근의 연설이 비교적 길게 서술되고 있다. 거기에는 일본제국이 대한제국의 황제와 사람들을 배신한 일도 소개되고 있다.

러일의 강화(媾和)가 성립되고 일본군이 개선하게 되었을 때는 한국인은 자국의 개선처럼 기뻐하면서 마침내 앞으로 한국의 독립이 공고해진다고 말했습니다. 그런데 그 후 이토 공작(公爵)이 한국의 통감으로 부임한 이래로, 앞에서 말한 5개조 협약을 체결했지만 그것은 앞서 선언한 한국의 독립을 공고히 한다는 뜻에 완전히 반하는 것이기 때문에, 적지 않게 한국의 위아래 사람들의(韓國上下) 감정을 상하게 하여, 그것에 대해 불복(不服)을 외치고 있었습니다. 뿐만 아니라 1897년[11]에 이르러서 다시 7개조 협약이란 것이 체결되었는데, 그것도 지난번 5개조와 마찬가지로 한국의 황제 폐하께서 친히 옥새를 찍으신 것이 아니고, 또한 한국의 총리가 동의한 것도 아닙니다. 실로 이토 통감이 억지로 압박해서 체결된 것입니다.

동시대의 일본에서는 한국의 보호국화에서 병합에 이르는 과정은 당연

---

11 1907년의 오기인 것 같다. 러일전쟁 이후라면 적어도 1900년대이지 않으면 안 되기 때문이다.

히 평화적으로 추진되었다고 설명했는데, 하세가와는 "한국의 위아래 사람들"이 반대했을 뿐만 아니라 한국 황제도 총리도 동의하지 않았다고 분명히 서술하고 있다. 게다가 한국 황제가 직접 옥새를 찍지 않았다는 말도 전하고 있다. 이것은 당시 일본인들 사이에서는 거의 알려지지 않았던 내용이다. 하세가와는 굳이 그것을 서술하여 일본제국의 한국 보호국화 과정의 부당성을 보여준 것이다. 또한 희곡에 등장하는 안중근의 동지들은 일본제국의 팽창주의, 군국주의를 제대로 파악하면서 비판하고 있다. 즉 한 조선인 청년은 "한국을 발판으로 삼아서 만주로 뻗어 나가려는 일본의 야심은 누가 지적해 주지 않아도 알고 있다."라고 말하고 있다. 아울러 블라디보스토크의 조선어신문 『대동공보(大同共報)』의 주필인 이강(李剛)은 이토 암살을 실행할까 말까 고민하는 안중근에 대해서, "프린스 이토를 죽여본들 일본의 징고이즘이 어떻게 되는 것도 아니다. 한국 독립이라는 큰 목적을 위해서 아무런 기여도 없을 거다. 단순한 데모라고 해도 계획적으로 계속해서 이어지지 않으면…. 하나만으로는 아무런 효과도 없다"라고 말한다. 즉 일본의 징고이즘(=호전적이고 팽창주의적인 내셔널리즘)이 얼마나 강한지를 서술하고 있다.

이 말은 희곡에서 조선인의 대사로 나오는 것이지, 하세가와가 설명하는 문장은 아니다. 그렇다고 하더라도 한반도 지배와 만주에서의 권익 유지, 나아가서는 영토 확장을 당연한 것으로 여겼던 일본인이 많았다는 점을 고려하면, 그에 대한 비판이 있었다는 사실의 의의는 크다. 아울러 이 작품이 집필되고 발표된 시기가 언제였는지에 대해서도 주목해 둘 필요가 있다. 작품이 실린 『중앙공론』 1931년 4월호는 3월에 판매되었다. 그렇다면 유행 작가로서 몹시 바빴던 하세가와 가이타로가 이 작품의 원고를 쓴 것은 1931년 1월쯤이 아닐까? 이 시기는 일본제국의 만주 권익에 눈과 귀가 쏠리고 있을 때였다. 이미 1928년에 장쉐량(張學良) 정권은 중국 국민당의 지지를 분명히 밝혔고, 일본 제품의 보이콧과 만철병행선을[12] 설치하는 등 일본제국을 배척하는 움직임을 취하고 있었다. 이런 가운데 입헌민정당(立憲民政黨, 헌정회의 후신)을 여당으로 하는 와카츠키 레이지로(若槻禮次郎) 내각의 시데하라(幣原) 외무대신(外相)은 만몽(滿蒙) 문제 해결을 위해 교섭을 진행하고 있었지만 진전이 없었고, 이것을 '연약외교(軟弱外交)'라고 비판하는 목소리가 높아지고 있었다. 1월 23일 제국의회(帝國議會)에서는 야당 정우회(政友會)의 마츠오카 요스케(松岡洋右) 의원이 "만몽 문제는…우리 국민의 생명선이다," 그런데도 "현 내각이 성립된 지 1년 반이나 지났는데도 그동안 현 내각은 만몽에서 무엇을 하였는가?" "시데하라 외무대신의 절대무위 방관주의(絶對無爲傍觀主義)가 유감없이 철저하게 실시되고 있다"고 강하게 비판했다.[13] 이런 분위기에서 시데하라 외교를 비판하는 여론이 높아지고[14] '만몽 문제'의 강경한 해결을 지지하는 목소리가 점차 확산하고 있었다. 마츠오카 요스케가 제국의회에서 외친 '생명선'이라는 말은 일본인에게 강한 인상을 심어주었고, (마츠오카가 그해 7월에 『움직이는 만몽(動く滿蒙)』이라는 책을 냈는데, 거기에서도 '만몽'은 '우리나라의 생명선'이라고 쓴 것도 작용해서) "만몽은 일본의 생명선"이라는 구호가

---

12 [역자주] '만철병행선'은 '만철평생선'이라고도 하는데, 일본의 남만주철도와 나란한 철도 노선을 중국에서 만든 '만주포위선'을 말한다.
13 『官報』(号外, 第59回 帝国議会 衆議院議事 速記録 第4号), 1931년 1월 24일.
14 예를 들면, 1931년 1월 24일 자 『도쿄아사히신문(東京朝日新聞)』에서는 「誤れる対支認識(잘못된 대(對)중국 인식)」이라는 사설로, 시데하라 외무장관 외교 연설을 비판하는 주장을 펼치고 있다

널리 세상에 알려지게 되었다. 하세가와 가이타로가『희곡 안중근』을 집필할 무렵은 '만몽 문제'를 둘러싸고 국론이 들끓고, 바야흐로 "한국을 발판으로 삼아 만주로 뻗어 나가려고 하는 일본의 야심" 앞에 있는 일본제국과 중국인의 대립이 첨예화되고, "프린스 이토를 죽여본들 일본의 징고이즘이 어떻게 되는 것도 아닌" 현실이 명확히 보이기 시작한 시기라고 할수 있을 것이다.

그런 가운데 이토 히로부미를 암살한 안중근을 주인공으로 한 희곡을 쓴 하세가와 가이타로에게는, 역시 19세기 말부터 이어져 온 일본제국의 팽창주의, 군국주의, 타민족 억압에 대한 혐오 의식이 있었던 것은 아닐까. 유감스럽게도 하세가와 가이타로는 동시대의 식민지 지배나 전쟁 등에 대해 정면으로 논한 글을 남기지 않았고 1936년에 급사했기 때문에, 그의 정치의식에 대해서는 자세히 알 수 없다. 그렇기는 하지만 이러한 추측은 지금까지 살펴본 내용으로 보아 무리는 아니라고 생각한다.[15]

6. 도카노 다케시(戸叶武)의 안중근 평가

도카노 다케시(戸叶武)는 1903년생으로 1982년에 사망, 1953~65년, 1971~82년에 일본사회당(日本社會黨) 소속으로 도치기현(栃木縣)에서 선

---

15 참고로 하세가와 가이타로의 동생인 하세가와 시로(長谷川四郎) 역시 작가가 되어, 1970년대에는 김지하 구원 운동에도 참가했다. 1976년에 김지하의 작품『금관의 예수』가 무대화될 때 연출을 맡기도 했다. 「金芝河氏の権力風刺劇」, 『朝日新聞』, 1976년 10월 13일 자 석간.

출하는 참의원(參議院) 의원으로 활동했다. 안중근에 관심이 있어서 국회 토론에서 그의 이름을 꺼내기도 했다. 확인할 수 있는 것은 총 7번이다. 최초의 언급은 1964년 3월 26일의 참의원 예산위원회 제2 분과회이고, 마지막은 1979년 5월 28일의 참의원 외무위원회에서였다.

안중근에 대한 그의 관심은 아버지와의 관계에서 생긴 것이었다. 아버지 도카노 시게오(戶叶薰雄)는 도치기현 노가미촌(野上村)에서 태어나서, 도쿄에서 공부했을 때 자유민권 사상에 공명하여 활동했고, 20세기 초에는 서울에서 일본어 신문을 발간하던 대한일보사(大韓日報社)의 주필과 사장을 지냈다. 한국병합 후에는 서울을 떠나 고향으로 돌아가서 시모츠케 신문사(下野新聞社) 사장이 되었다. 그리고 1913년에는 중의원(衆議院) 의원 선거에 출마하여 당선되었는데 1917년에 사망했다. 도카노 다케시는 아버지를 다나카 쇼조(田中正造)의 정치적 후계자로 인식하고 있었다.

20세기 초에 한국에서 활동한 일본인이라고 하면 한국 침략을 뒷받침한 인물이라는 이미지가 있지만, 대한일보사의 경우에는 통감부와 대립하였고, 그것이 원인이 되어 폐간당했다. 도카노 시게오가 서울을 떠난 것도 이것 때문이었던 것 같다. 그리고 아들인 도카노 다케시는, 도쿠토미 소호(德富蘇峰)로부터 전해 들은 이야기를 근거로, 시게오가 한국병합에 반대했다고 생각하고 있다. 도쿠토미는 다음과 같이 말했다고 한다.

도카노 [시게오] 군은 정부의 대륙정책, 특히 조선 병합에는 반대했다. 그 이유는 일본은 러일전쟁 때 일본에 협력해 준 조선독립당의 일진회(一進會) 지사(志士)에게 조선의 독립을 약속했다. 조선을 독립시켜 동아연방을 만든다는 맹약(盟約) 위반이 하얼빈 역에서의 저격으로 이어진 것이다. 신의를 어긴 것이야말로 백년의 화근(禍根)이 될 것이라는 주장이었다.

(…) 도카노 군의 말이 재미있었다. 나는 한일합병에 반대한다. 따라서 합병의 공로자가 아니므로 훈장을 준다고 해도 받을 수 없다. 일이 이렇게 된 이상 모든 것을 돈으로 환산해서 일본 내지(內地)로 돌아가서 동지들을 규합하여 관료군벌(官僚軍閥)의 대륙정책과 대결을 시도하지 않으면 안 되겠다, 라며 참으로 의기양양했다.

(…) 이토 공도 데라우치 원수(寺內元帥)도, 도카노 시게오 군의 주장은 이치에 맞는 말이라서 아주 당황했다고 한다. 자네 아버지가 돌아가셨다는 소식을 듣고 데라우치 수상도 그때만큼은 멋진 쾌남아 호적수(好敵手)를 잃었다고 개탄했다. 나 역시 지난날을 회상하면서 감개무량한 느낌이다.[16]

그런데 도카노 시게오가 일관적으로 병합반대론자였는지는 의심스럽다. 한국병합 직전의 일본 관헌 사료, 구체적으로는 1909년 12월 21일 자 대한제국 경시총감이 통감에게 올린 「도카노 시게오의 언동」이라는 문서에 의하면, 도카노는 "지금같은 상황에서는 일도양단으로 병합적 정책을 실행하여 근본적으로 해결하는 것이 지당하다"라고 말했다고 한다.[17]

---

16 戸叶武, 『政治は足跡をもって描く芸術である』, 戸叶武遺稿集刊行会, 1988, 38~39쪽.

17 도카노 시게오가 일본에 돌아온 뒤에 쓴 『조선최근세사 부록 한국병합지(朝鮮最近世史附・韓國倂合誌)』(蓬山堂, 1912)에도 특별히 통감 정치나 한국합병에 대한 비판적 서술은 보이지 않으며, 안중근의 이토 히로부미 암살에 대해서도 "잘못된 배일사상(排日思想)을 품고서 감히 이 만행(蠻行)을 도모한 것"이라고 쓰고 있다. 하지만 당시 한국병합을 부정하고 안중근을 평가한다는 것은 곧바로 탄압의 대상이 되었을 것이므로, 이런 서술이 그의 본심에서 나온 것인지는 명확하지 않다.

다만 그보다 앞서 서울에서 열린 일본인 기자들의 연설회에서는 "통감부의 식민정책은 근본적으로 잘못되었다." "대한(對韓) 정책의 핵심(要義)은 일본 본위인데 한국 본위를 가미하지 않을 수 없다. 그렇지 않으면 극동의 평화를 유지할 수 없을 것이다."라고 말했다.[18] 여기에서는 확실히 도쿠토미 소호의 말처럼 통감부의 정책에 반대하고, 한국인의 의지를 어느 정도 존중하면서 일본과 연계해 나가야 한다고 의식하고 있었음을 엿볼 수 있다. 또한 도카노 다케시에 의하면 시게오는 안중근과 접촉이 있었다. 1974년 8월 29일, 참의원 외무위원회에서 도카노 다케시는 "그(안중근)는 조선을 탈출하여 블라디보스토크로 가기 전에, 혈서(血書)의 글을 당시 『대한일보』 사장을 하고 있던 나의 아버지 도카노 시게오에게도 보냈고" 그 내용은 "2년 안에 일본의 한국병합의 거두를 쓰러뜨리지 못하면 나는 자살하겠다."(안중근이 블라디보스토크로 떠난 것은 한국병합 이전이므로 이 설명에는 기억이 잘못되었거나 잘못 말한 내용이 포함되어 있다)라는 것이었다고 말했다. 이 이야기를 도카노 다케시가 언제 어떻게 알았는지, 실제로 그 서한을 보았는지 등은 알 수 없으나, 이런 이야기가 전해지는 것 자체가 도카노 시게오가 조선 민족주의자들의 의지를 일정 정도 고려하려 했다는 점, 관료군벌의 대륙정책에 반대했다는 점을 방증하는 것이라고 볼 수 있다.

이런 도카노 시게오의 아들인 다케시는 다이쇼 데모크라시의 기운이 고조되던 시기에 자신의 사상을 형성했다. 그는 요시노 사쿠조(吉野作造)의 민본주의에 공명하고 와세다대학(早稻田大學) 재학 시에는 학생운동 단

---

18 1908년 4월 23 일자, 警視総監より外務部長鍋島桂次郎宛,「政談演説会の状況の件」.

체인 문화동맹(文化同盟)의 일원이 되었다. 이 문화동맹은 1923년 5월에 와세다대학에 군사교육의 도입을 목적으로 하는 군사연구단 설치가 추진되자, 이를 반대하는 운동을 전개했다. 이 운동은 이 시기의 군국주의 비판 속에서 일어난 것임과 동시에 번벌 정부에 대한 대항자로서의 와세다대학의 '전통'을 상기시키면서 전개되었다. 군사연구단을 반대하는 문화동맹 선언문에는 "와세다대학은 (…) 학문의 독립과 연구의 자유를 위해 관료 및 군벌과 싸운 영광스러운 역사를 가지고 있다."라는 구절이 보인다.[19] 그리고 그 중심 역할을 한 도카노는 그것을 자기 아버지의 정치적 선행자인 다나카 쇼조의 활동을 계승하는 것이라고도 자리매김하였다. 도카노는 나중에 국회 토론에서 다음과 같이 말했다.

다나카 쇼조 이래의 이 재야 정치인은, 내가 태어난 다음날 다나카 쇼조가 감옥에서 나와 외친 목소리는 "야수와 같은 전쟁은 해서는 안 된다, 전 세계의 육해군을 폐지하지 않으면 안 된다" 였다라고, 메이지 36년(1903년) 2월 12일에 가케가와시(掛川市) 난고촌(南鄉村)에서 참의원 의장을 맡고 있던 가와이 [야하치](河井[彌八]) 씨의 아버지[가와이 쥬조河井重藏]가 주최한 정담(政談) 연설회에서 말했습니다. 이 예언자의 목소리를 저는 요한의 목소리로 받아들이고 있습니다. 20세 때 아사누마 [이네지로](淺沼[稻次郎])와 함께 죽임을 당할 뻔했던 군사교육을 반대하는 반(反)군국주의 운동을 와세다대학의 일각에서 일으킨 것도, 이 재야 정치인을 관통하는 다나카 쇼조

---

19 『早稲田大学百年史』웹페이지(https://chronicle100. waseda. jp/index. php?%E7%AC%AC%E4%B8%89%E5%B7%BB/%E7%AC%AC%E5%85%AD%E7%B7%A8%E3%80%80%E7%AC%AC%E5%8D%81%E4%BA%8C%E7%AB%A0)

의 저항 정신을 실천한 것에 지나지 않습니다.

그리고 군사연구단 반대 운동을 둘러싼 우익 학생과의 충돌 과정에서 도카노는 조선인 유학생의 도움을 받았다. 반대 운동 집회에서 사회를 본 도카노가 단상에 올라서서 개회를 선언하자 우익 학생에게 뭇매를 맞았는데, 이때 (앞에서 인용한 "20세 때 아사누마 [이네지로]와 함께 죽임을 당할 뻔했다"는 대목은 그것을 가리킨다) 도카노를 "구출해 준 것은 고등학생 때 '3·1 만세사건'으로 조선독립운동에 참여해서 크게 탄압받고 투옥당한 경험이 있는 조선인 유학생들이었다."[20] 또한 이것이 계기가 되었는지, 혹은 그보다 앞선 일이었는지 알 수 없으나, 도카노는 당시 조선인 유학생들의 심정을 들을 기회가 있었다. 이것도 만년의 국회 발언인데 도카노는 "저 만세소동(3.1 독립운동) 때 우리 와세다대학 학우는, 중고등학교에 다니는 16, 7살짜리 소년이 만세 소동으로 1년, 2년 형을 받은 뒤에 와세다로 유학온 것입니다. 우리는 그 비분의 심정을 그들한테 자세히 들었고, 그들은 일단 일본에서 공부한 다음에 대부분 미국으로 떠났습니다."라고 말하였다.[21]

대학 졸업 후 신문기자가 되고 전후에는 국회의원이 된 도카노는 앞서 소개한 대로 일곱 차례 정도 안중근에 대해서 언급했다. 그것은 주로 일본의 대외 자세, 특히 조선과의 관계, 혹은 일본제국 정치의 반성에 대해 말하면서 언급되고 있다. 그는 안중근의 인물이나 사상에 대해 자세히는 언급하지 않았지만, "성실한 그리스도교인이자 교육자"이며, "일본 군대

20 戸叶武, 『政治は足跡をもって描く芸術である』戸叶武遺稿集刊行会, 1988, 81쪽
21 『第87回 国会参議院外務委員会会議録』第6号, 1979년 3월 1일.

에 협력함으로써 독립을 이룰 수 있다"라고 믿었다가 배신당하여 이토 히로부미 암살에 이른 인물이라는 이해를 보이고 있다.[22] 그리고 안중근은 이데올로기의 좌우에 상관없이 조선 민족 사이에서 조국을 위해 목숨바친 사람으로 평가되어 동상이 세워지고 있다고 소개하고 있다.[23]

이에 반해 이토 히로부미를 비롯한 일본제국 집권자들을 도카노는 부정적으로 평가한다. 이토에 대해서는 '천학비재(淺學非才)'이자 "흠정헌법(欽定憲法)의 이름으로 통수권을 침범할 수 없도록 군부 관료들에게 유리한 제국주의 헌법을 만들어낸 장본인"[24]이자, 조선 독립을 약속했지만 그것을 배신한 '거짓말쟁이'로 "권모술수를 일삼았으나 일본역사에 오점을 남겼다",[25] "한국의 지사를 조종하여 독립시켜 준다는 명목하에 희생을 치르게 하고 조선을 합병"했다고 신랄하게 비판했다. 또한 "이토 히로부미나 야마가타나 데라우치와 같은 일본의 군부 관료"는 "아시아를 위한다고 해놓고 신의를 저버리는" 정치가라고 말하였다.[26]

도카노가 이렇게 평가한 것은, 물론 군비 확장과 팽창주의 끝에 파멸한 근대 일본의 행보를 되풀이해서는 안 된다고 호소하기 위해서였다. 도카노는 안중근에 대해서 언급한 뒤에 일본의 외교, 정치 전반으로 논의를 옮겨서 "도카노 다케시는 사회당에서 가장 우파이고 온건파라고 하지만, 사실 반(反)군국주의 운동에 있어서는 목숨을 걸고 있습니다. 평화헌법을 당

---

22 『参議院外務委員会 (第73回 国会閉会後) 会議録』, 1974년 8월 29일.
23 『参議院外務委員会 (第73回 国会閉会後) 会議録』 第2号, 1974년 8월 29일. 다만 도카노는 서울 이외에 평양에 안중근의 동상이 있다고 말했는데 이는 오해일 것이다.
24 『参議院外務委員会 (第73回国会閉会後) 会議録』 第2号, 1974년 8월 29일.
25 『第87回 国会参議院外務委員会会議録』 第13号, 1979년 5월 28일.
26 『第87回 国会参議院外務委員会会議録』 第6号, 1979년 3월 1일.

신(사토 에사쿠[佐藤榮作] 수상)이 바꾸겠다고 하면 나는 목숨을 걸고 당신과 싸우겠습니다."라고 말하면서,[27] "유사입법(有事立法)을 입에 담기 전에 전쟁으로 가는 길을 봉쇄할 수 있는, 자기뿐만 아니라 상대방에 대해서도 봉쇄할 수 있는 수를 차례차례로 먼저 써나가는 것이 일본 평화외교의 약동하는 모습이 아닐까요? 그렇게 할 수 없는 외무성이라면 차라리 없는 편이 낫습니다. 그것을 해낼 수 없는, 식견 없는 총리는 당장 그만두셔야 합니다."라고 주장했다.[28]

그러한 평화적 관계를 만들어내는 외교에서 민족의 마음, 상대의 감정 존중을 중시해야 한다고 도카노는 종종 주장해 왔으며, 안중근에 대한 언급은 그것과 관련되어 있다. 특히 한국·조선과의 관계와 관련된 발언에서 "조선 민족의 민족적인 염원, 민족적인 심리, 민족적인 감정을 무시하고 쉽게 생각해서 문제에 접근한다면 큰일이 일어난다."[29] "[안중근이라는] 오랫동안 압정(壓政)을 받은 한국의 성실한 그리스도교인이자 교육자가 마귀가 되어 이토 히로부미를 쏴 죽이고 쓰러져 가지 않으면 안 되는 심정을 헤아릴 만한 여유가 없으면 앞으로의 한일 관계의 조정은 어렵습니다."[30]라고 한 말은 주목할 만하다.

그리고 도카노는 3·1운동으로부터 정확히 60년이 지난 1979년 3월 1일, 한국의 민주화운동에 대한 군사독재정권의 억압이 거세지는 가운데, 일본 정부의 외교와 정치적 자세에 대해 논했는데, 그 때에도 안중근을 언급

27 『第66回 国会参議院予算委員会会議録』第1号, 1971년 7월 22일.
28 『第85回国会参議院外務委員会会議録』第3号, 1978년 10월 16일.
29 『第46回国会参議院予算委員会第二分科会会議録』第2号, 1964년 3월 26일.
30 『参議院 外務委員会(第73回国会閉会後) 会議録』第2号, 1974년 8월 29일.

했다. 거기에서는 이토 히로부미 등의 제국주의적 침략의 역사, 안중근이 이토를 암살하기에 이른 경위, 3·1운동 때 투쟁한 조선인 유학생에게서 일찍이 들었다고 하면서 "일본은 조선 민중의 마음을 알지 못한 탓에 군부·관료에게 맡기기만 했기에 그러한 비극을 반복했다."라는 견해를 밝힌 것이다.[31] 상대를 존중하고, 그 심정까지 이해하려고 노력하고, 그것을 바탕으로 다른 나라, 다른 민족과의 관계를 구축해 나가는 자세를 도카노는 중시했다. 그리고 이러한 주장을 일본제국의 과거사 속의 강권적 제국주의에 대한 비판자, 그로 인해 억압받았던 안중근이나 3·1운동 참가자들을 연상하면서 설파하고 있다.

7. 맺으며: 강권적 제국주의 비판의 의의와 과제

지금까지 안중근에 관심을 가지고 있었던 두 명의 일본인에 주목하여, 그것의 배경, 그들이 집필한 문학작품과 정치활동을 살펴보았다. 이미 서술했듯이, 하세가와 가이타로의 작품 『희곡 안중근』은 인간적으로 고민하는 안중근을 그리면서 항일운동가 조선인이 무지몽매한 폭도가 아님을 알려주었다. 동시에 일본의 팽창주의, 일본인의 호전적 애국주의에 대한 비판을 조선인의 대사를 통해 말하고 있었다. 이러한 입장은 자유민권의 영향을 받아서 다이쇼 데모크라시 시대에 권력자에 대항하며 언론 활동을 하였던 아버지 밑에서 자란 것과 무관하지 않을 것이다.

---

31 『第87回国会 参議院外務委員会会議録』 第6号, 1979년 3월 1일.

한편 도카노 다케시는 산업 우선 정책하에 고통받는 민중을 구제하려 했고, 군비 철폐를 설파한 다나카 쇼조의 영향을 받은 후계자이자 군벌에 의한 한국병합에 비판적이었던 아버지 도카노 시게오의 뒤를 이어 정치인으로 활동했다. 또한 국회에서는 일본제국의 집권자들을 비판하고, 평화주의를 견지할 것을 설파했다. 그 무렵에 안중근과 3·1 독립운동에 대해 언급하면서 조선 민족의 심정을 헤아려야 한다고 주장했다.

이 두 사람은 아마도 생전에 전혀 접점이 없었을 것이다. 다만 일본제국 집권자들에 대항하고, 자유민권운동의 영향을 받은 아버지 밑에서 자랐으며, 다이쇼 데모크라시 상황 속에서 자유주의에 접하고, 강권적 제국주의를 비판했다는 공통점이 있다. 그리고 하세가와 가이타로는 총력전 돌입 직전에 급사하지만, 전후에 정치가로 활약한 도카노 다케시는 자유민권운동이나 다이쇼 데모크라시의 전개 속에서 확인할 수 있는 자유주의와 타자 존중, 평화주의 계승을 의식하고 있었다.

이러한 사상을 가졌던 사람들은 동시대의 일본인 중에서 아주 예외적이고 극소수라고 보아야 할까? 자유민권운동이나 다이쇼 데모크라시가 일정한 범위에서 확산되었던 사실을 감안한다면, 꼭 그렇다고만은 할 수 없을 것이다. 그리고 그렇다고 한다면 안중근을 단순히 위험하고 용서할 수 없는 테러리스트로 보지 않고, 강권적 제국주의까지 비판적으로 바라보았던 일본인은 그들 말고도 있었을 것이다.

물론 그렇다고 해서 일본제국주의의 침략이나 식민지 지배가 면죄되는 것은 아니다. 그리고 그로 인해 많은 피해를 본 사람들이 있다는 사실을 잊지 않고, 그러한 역사를 반성하는 것은 현대 일본인에게 필요하고 중요하다. 동시에 일본제국에서 집권 세력에 맞선 사람들은 대부분 군비 확장이나 전쟁, 식민지 지배에 철저하게 반대하는 것이 아니라, 기껏해야 강권적 제국주의에 대한 비판=너무나도 노골적이고 억압적인 정책은 수정해야 한다는 정도의 비판에 머물렀던 불충분함도 인식할 필요가 있다. 부언하면 다이쇼 데모크라시 시기에 군국주의를 비판하고 식민지 통치의 개선을 말했던 사람은 있지만, 그 이후에 국책에 적극적으로 협력한 사례는 드물지 않다.

그러나 과거의 일본제국에서 사람들의 정치의식이나 행동을 다각적으로 파악하고, 집권 세력과는 다른 길을 모색하려 했던 사람들, 구체적으로는 자유민권운동과 다이쇼 데모크라시의 담지자(擔持者), 20세기 초의 사회주의자 및 전간기(戰間期=전쟁과 전쟁 사이의 시기)의 자유주의자와 사회민주주의자에 주목하는 것 또한 중요하다. 그들의 지도나 행동의 한계, 즉 그것이 왜 철저한 제국주의 비판으로 심화되지 않고 역으로 변질되어 버리기도 하였는지, 애초에 왜 확산되지 않았는지를 생각하지 않으면 평화주의적 관계도 타민족에 대한 존중도 실현될 수 없기 때문이다.

이와 동시에 거기에 있던 양질의 요소와 그 사상적 계승의 시도를 찾아내는 일이 아시아의 타민족에 대한 우위를 핵심으로 하는 일본인의 정체성의 변화를 가져오지 않을까 생각한다. 당연히 그것은 한일 관계의 개선에도 이바지할 것이다.

공생사상으로 본
안중근과 칸트의 평화론의 의의

—평화와 공생을 방해하는 '아이덴티티'의 복잡성

마키노 에이지(牧野英二)

번역: 조성환

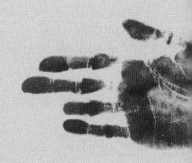

*   이 글은 다음 논문을 수정, 보완한 것이다: 마키노 에이지, 「공생사상으로 본 안중근과
    칸트의 평화론의 의의: 평화와 공생을 방해하는 '아이덴티티'의 복잡성」, 조성환 옮김,
    『한국종교』 제58집, 2024, 158~181쪽. 이 논문은 2023년 10월 12일과 13일에 원광대학
    교에서 동북아시아인문사회연구소 주최로 열린 국제학술대회《동북아시아 평화공생
    체를 상상하다》의 둘째 날 기조 강연에서 발표한 「공생사상으로 본 안중근과 칸트의
    평화론의 의의」를 보완한 것이다.

1. 들어가며

이 논문의 목적은 안중근(1879~1910)의 동양평화론과 임마누엘 칸트(Immanuel Kant, 1724~1804)의 영구평화론을 실마리로 삼아, 평화와 공생을 방해하는 여러 과제들을 규명하는 것이다. 구체적으로는 '폭력'과 '아이덴티티'의 복잡한 관계(hybridity)에 유의하여 '공생'의 실현에 필요한 조건을 해명하고자 한다.[1]

본론에 들어가기에 앞서 이러한 방법을 사용한 배경을 설명하고자 한다. 주지하는 바와 같이 2022년 2월 이후 러시아의 우크라이나 침공에 의한 핵전쟁의 위기가 고조되고 있다. 이 사태를 바탕으로 『원자력과학자회보(Bulletin of the Atomic Scientists)』의 '지구종말시계(Doomsday clock)'는

---

1 '공생'에 대해서는 일반적으로 다음과 같은 공통 이해가 있다. 즉 인간이 서로의 차이를 인정하고, 대립과 항쟁이 있어도 폭력적 해결을 부정하여 실질적 평등을 통해 자기실현과 상호이해를 도모함으로써 보다 바람직한 공생의 방식을 탐구하는 것이다. 이 글에서는 이러한 '공통 이해' 자체를 부정하는 것은 아니다. 하지만 오늘날과 같이 복잡해진 국제사회에서 공생에 대한 이해가 지금 이대로는 타당하지 않다는 것, 그리고 그 근본적인 이유의 일단을 규명하고자 한다. 이 복잡성은 '공생'의 다양한 영어 번역에도 암시되어 있다고 생각한다: coexistence, symbiosis, co-li〉ing, co-existing, li〉ing-together, common-sal〉ation, li〉ing interdependently, co-rebirth, 이 외에도 kyosei(include symbiosis), harmonious coexistence, 또는co-operati〉e li〉ing 등이 있다.

2023년 1월에 "인류의 종말까지 남은 시간은 2분"이라고 하는 위기적 상황을 표시했다. '지구종말시계'가 인류 종말의 시간을 알린다면, 그때 러시아와 미국, 미국과 북한 사이에도 핵전쟁이 발발할 가능성이 있다. 그리고 일본·한국·중국·북한을 포함한 동북아시아 전역도 전장이 될 것이다. 이런 의미에서 우크라이나 위기는 동북아시아 전체의 위기이기도 하고 인류 파국(catastrophe)의 위기이기도 하다.

이와 같은 세계정세 속에서 '동북아시아 평화공생체 실현'을 위해 우리는 어떤 기여를 할 수 있을까? 그리고 독일의 철학자 임마누엘 칸트의 영구평화론은 어떠한 의미가 있을까? 또한 한국의 영웅 안중근의 동양평화론은 오늘날의 동북아시아에서 어떤 역할을 할 수 있을까? 본 논문에서는 이러한 질문들에 대한 답변을 시도하고자 한다.

이상의 과제 해결을 위해 이 글은 다음과 같은 순서로 논의를 전개한다. 첫째, '아이덴티티의 환원주의(Reductionism of Identity)'와의 관계 고찰을 통해 공생과 폭력 사이의 친연성을 규명한다. 둘째, 진정한 공생의 실현 가능성을 염두에 두면서 안중근과 임마누엘 칸트의 평화론의 역사적 의의 및 현재의 의의를 밝힌다. 셋째, 일본 사회가 안고 있는 공생과 평화의 실현을 방해하는 아이덴티티를 둘러싼 과제를 고찰한다. 마지막으로 이상의 고찰을 바탕으로 '동북아시아 평화공생체 실현'에 이바지하는 새로운 과제를 제시한다.

2. 공생과 폭력: 아이덴티티와 폭력

1) '공생'의 재검토: 세 개의 기본모델로 생각하기

언어철학의 영역에서는 널리 알려진 사실이지만, 언어에는 인간의 공생을 가능하게 하는 커뮤니케이션의 매개 작용과 함께 사실을 은폐하는 기능이 있다. 나치 독일에 의한 '레벤스보른(Lebensborn, 생명의 샘)' 작전이나 일본 정부의 '적극적 평화주의'라는 캐치프레이즈가 단적인 예이다. 이것들은 생명과 평화를 존중하는 듯한 인상을 주는 말이지만, 실제로는 정반대이다.

그런데 공생과 폭력은 모순·대립하는 것처럼 보이지만, 사실 양자 사이에는 친연성이 있다. 그래서 먼저 이 문제부터 고찰하고자 한다. 일본에서는 1990년대 이후 '공생' 개념이 많이 사용되었는데, 교육 현장에서도 점차 '공생'이 '강제'나 '교정'의 의미로 변질되는 문제점이 지적되었다. 일본어를 모국어로 하지 않는 주민에 대해 일본 문화로의 동화를 강제하는 폐해나 언어의 폭력성도 지적되어 왔다.[2] 이 문제는 본 논문의 키워드인 '아이덴티티'와 관련된 근본적인 문제이다. 그것은 공생의 실제가 직접적·간접적인 폭력이고, 제도적·구조적인 폭력이 될 수 있다는 점을 보여주고 있다.

공생 개념에는 세 가지 주요 원천이 있다. 첫 번째는 공생의 종교적 모델

2　植田晃次, 「'ことばの魔術'の落とし穴: 消費される'共生'」, 植田晃次・山下仁 編, 『共生の内実』, 東京: 三元社, 2006, 29~53쪽.

내지는 불교적 모델이다. 이것은 불교사상의 영향 하에 발달한 조화로운 자연관에 기초하는 것으로, 모든 생명이 다툼없이 조화롭게 함께 살아간 다는 의미에서 '공생=더불어 사는 것'으로 표현되는 생명관이다.[3] 그래서 서양에서 기원한 자연도태의 자연관과는 이질적인 자연관이자 생명관이 다. 공생은 불교의 불살생, 즉 비폭력적인 성격을 나타낸다. 이것이 공생이 종종 '공생의 종교적 모델 내지는 불교적 모델'로 거론되는 이유이다.

두 번째는 '공생의 생물학적 모델'이다. 생물학적 관점에서 보면 동식 물을 불문하고 대부분의 생물은 다른 생물과 공생 관계를 맺는다. 정확히 말하면 여기에서의 공생 관계는, 포식과 피식, 그리고 경쟁과 함께 가장 기본적인 종(種) 간의 관계이다. 생태학자들 사이에서는 인간과 인간 이외 의 생물과의 공생과 함께 인간에 의한 살육이나 수탈의 위험성을 지적하 는 주장도 있다. 여기에는 인간에 의한 자연 파괴나 동물 학대 문제를 비 롯하여, 인간의 정신이나 인간 및 다른 생물과의 공생을 불가능하게 하는 위험성도 포함되어 있다.[4]

세 번째는 현대사회의 독특한 용법으로, '공생사회'라고 할 때의 공생이 다. 가령 '다문화 공생'이라는 말처럼 다른 민족 간의 공존·공영이나 비장 애인과 장애인 사이에도 '공생'이라는 단어가 사용되고 있다. 그렇지만 다 문화 공생을 주도하는 일본 정부·총무성이나 문부과학성의 정책에는 근

---

3 菅沼晃, 「共生の原理としての非暴力(不殺生)」, 『日本仏教学会年報: 仏教における共 生の思想』, 第64号, 1999(横組版), 15~29쪽; 吉津宜英, 「不共生と共生, そして非共生: 菩薩型サンガを目指して」, 同号, 1999(縦組版), 1~17쪽 참조. 그리고 鈴木貞美, 『生命 観の探究: 重層する危険のなかで』, 東京: 作品社, 2007, 第4章 참조.

4 栗原康, 『共生の生態学』, 東京: 岩波書店, 1998.

본적인 결함이 있다. 그것은 재일(在日) 코리안을 비롯하여 외국인 거주자에 대한 차별과 배제, 폭력을 없애는 데 필요한 헤이트스피치 규제법이 정비되어 있지 않다는 점이다. 정확히 말하면, 일본 정부가 UN 인권이사회의 권고에 따라 폭력 행위의 규제에 힘쓰지 않는다는 데에 커다란 문제가 있다.[5] 이 문제는 뒤에서 다루기로 하고, 여기에서는 일본 사회의 병폐 원인의 하나로 '아이덴티티를 둘러싼 역설'이 존재한다는 점만 지적해 둔다.

2) 공생을 방해하는 것: 아이덴티티를 둘러싼 역설

공생이 실현되기 위해서는 개체와 집단, 인간과 인간 이외의 생물이 함께 살 수 있도록 그 주체의 생존 조건이 보장되어야 한다. 그런데 주체가 서로 공생하기 위해서는 아이덴티티와 관련된 복잡한 문제가 발생한다. 가령 이미 이성적으로 자율적인 주체뿐만 아니라 아직 이성적이지 않은 이질적인 타자, 의사소통이 곤란한 타자에 대해서도 공감과 관용의 자세가 요구된다. 아울러 개인과 집단의 관계에 대해서 말하면, 자유로운 개인의 아이덴티티를 국가와 같은 공동체에 귀속시킴으로써 한 사람 한 사람의 개성과 이질성이 억제·경시될 수 있다는 문제도 있다.

인간이 국가 간의 전쟁이나 민족 간의 분쟁이 계속되는 국제사회에 사는 한, 자신이 의지할 곳을 자신이 귀속된 민족이나 국가에서 찾는 것은 자연스러울 것이다. 인간은 역사적인 존재인 동시에 문화적·문명론적인

---

5   筒井清輝, 『人権と国家: 理念の力と国際政治の現実』, 東京: 岩波書店, 2022, 第4章 「国際人権と日本の歩み」, 참조.

영향 하에서 생존하는 존재이다. 그러므로 공생에는 개인적·집단적 차원에서 자신의 존재 근거와 결부된 아이덴티티와의 귀속 관계가 생기기 마련이다. 그런 상황에서 아이덴티티와 폭력의 관계는 떼려야 뗄 수 없는 과제로 부상하게 된다.

사례를 하나 들면, 미국의 학자 새뮤엘 헌팅턴은 '문명의 충돌'이라는 주장을 통해 2011년에 일어난 미국의 이라크 침공을 그리스도교 문명과 이슬람 문명의 충돌 구도로 보았고, 이 전쟁을 그리스도교 세계의 입장에서 종교 간 전쟁으로 정당화했다.

그런데 이러한 주장에는 '동아시아 평화공생체의 실현'을 방해하는 위험한 견해가 숨어 있다. 그것은 문화·종교·정치와 같은 단일한 아이덴티티에 속박된 생각으로, 아이덴티티의 단일귀속설과 같은 사고방식이다. 이것과 정반대의 견해도 있는데, 그것은 바로 아이덴티티를 경시하는 사고이다. 이 사고방식은 타자와 아이덴티티를 공유하려는 의식이 희박하고, 타자의 이질적인 가치관에 관심이 없다. 그 때문에 타자에 대한 부정이나 배제를 낳는다. 아이덴티티 경시설은 타자와 동일하다는 공유의식을, 다시 말하면 사람들이 중요하다고 생각하는 것이나 사람들의 행동에 미치는 영향을 무시하거나 관심을 두지 않는 사고이다. 반면에 아이덴티티 단일귀속설은 사실상 단 하나의 집합체에만 우선적으로 귀속된다는 사고방식이다. 이 사고방식은 인간을 단 하나의 귀속 관계에 공고하게 편입된 존재로 간주함으로써, 복잡하게 뒤얽힌 복수의 집단이나 다수의 충성심 등은 소멸되어 인간다운 삶이 편협한 주장으로 변질된다.[6]

---

6   나는 아마르티아 센의 공동체주의 비판을 염두에 두고 있다. アマルティア・セン, 『ア

이들 환원주의적 아이덴티티는 어느 한정적인 아이덴티티에서 생기는 귀속과 충성 이외에는 모두를 무시하도록 부추긴 결과, 사람들을 현혹시켜 사회적 긴장이나 폭력을 초래한다. 이것들은 폭력과 결부되어 있다. 그래서 이 글에서는 아이덴티티에 관한 두 종류의 환원주의의 문제점을 지적하고자 한다.

3) 아이덴티티의 다원성을 통한 환원주의의 해소 가능성

그렇다면 이 문제들은 어떻게 극복할 수 있을까? 이 문제의 해결 가능성을 고찰하기 위해서 아시아인 중에서 최초로 노벨경제학상을 수상한 아마르티아 센의 시도에 눈을 돌리고 싶다. 그는 자신의 태생을 예로 들면서 '아이덴티티와 폭력'과 관련해서 극복해야 할 과제를 제시하였다. 여기에 나의 경우도 곁들여서 아이덴티티의 복수성의 의미에 대해서 말해보고자 한다.

센은 아시아인으로 인도 국민이자, 방글라데시를 조상의 고향으로 둔 벵골인이기도 하다. 경제학자이지만 철학도 배우며 글을 쓰는 사람이다. 세속주의와 민주주의의 열렬한 신봉자이고, 남자이면서 페미니스트이고, 이성애자이지만 동성애자의 권리를 옹호하고, 비종교적인 생활을 하는 힌두교 가문 출신이다. 이것들은 센이 속하는 다양한 카테고리의 극히 일

イデンティティと暴力: 運命は幻想である』, 東郷えりか 訳, 東京: 勁草書房, 2011, 39~41쪽. 원서는 Amartya Sen, Identity and 〉iolence: The Illusion of Destiny, New York: W.W. Norton, 2006.

부에 지나지 않고, 상황에 따라 그를 움직이게 하고 귀속시킬 수 있는 카테고리는 그 외에도 많이 있다.[7]

나는 아시아인으로 일본 국민이자, 도쿠가와 일족을 조상으로 둔 옛 나가오카번(長岡藩)의 후예이다. 철학자이지만 역사학도 배우고 글을 쓰는 사람이며, 세속주의와 민주주의의 열렬한 신봉자이고, 남자이면서 페미니스트이고, 이성애자이지만 동성애자의 권리를 옹호하고, 비종교적인 생활을 보내고 있지만 불교 가문 출신이다. 이것들은 내가 속한 다양한 카테고리의 일부에 지나지 않는다. 상황에 따라서 나를 움직이고, 내가 귀속될 수 있는 카테고리는 이외에도 많이 있다. 이처럼 아이덴티티는 복수이고, 특정 아이덴티티의 중요성이 다른 아이덴티티의 중요성을 상실시키는 일은 없다.

이에 반해 헌팅턴은 '문명의 충돌'이라는 주장을 전개하는 과정에서 이러한 아이덴티티의 복수성이라는 의미를 고려하지 않았다. 그리고 종교적 아이덴티티를 중시해 이슬람교를 공생 불가능한 타자로 배제했다. 게다가 그의 견해에는 개인의 자유보다도 공동체의 자유를 우선시하는 극단적인 '공동체주의(Communitarianism)'의 사고방식이 깔려있다. 여기에서 우리는 이문화와 이질적 타자에 대한 배제 사상을 엿볼 수 있다. 또한, 개인의 자유보다도 공동체와 그 가치관을 우선시하는 가치관이 가로놓여 있기도 하다. 그래서 우려하는 것이다. 지금 여기에서 전통적인 자유주의와 공동체주의의 논쟁에 깊이 들어갈 여유는 없다. 또한 오늘날에는 대부분의 사람들이 이러한 논쟁에 가담하는 것은 생산적이지 않다는 생각을

---

7   アマルティア・セン, 『アイデンティティと暴力: 運命は幻想である』, 39쪽 참조.

공유하고 있다. 나는 양자의 어느 쪽에도 동의하지 않는다. 단지 '공생' 및 '공생체' 사상이 전통적인 공동체주의와 조화되기 어렵다는 점만 기억해 두었으면 한다.

4) 공생과 폭력

역사적으로 보면 분명하듯이, 아이덴티티가 사회화되고 제도화됨에 따라 집단, 공동체, 국가 간의 대립이나 분쟁, 그리고 전쟁의 가능성은 커지는 법이다. 또한 아이덴티티의 다원성, 선택, 합리적·이성적 판단이 부정되면 폭력과 야만 행위, 억압을 낳게 된다.[8]

한편, 개인적 자유에 의한 이성적 판단을 지나치게 중시한 나머지 제도적인 편견이나 폭력과 같은 보이지 않는 압력을 경시하는 경향이 생기기도 한다. 센은 이 점에 대해 낙관적인 견해를 갖고 있다. 그의 견해는 민주주의 체제하에 있는 서양의 정치학자들이 주장하는 평화론에 대한 대항원리로서는 다소 취약하고 불안정하다. 확실히 아이덴티티의 환원주의적 주장은 폭력과 연결되어 전쟁의 원인이 될 위험성이 있다. 그렇지만 자유나 민주주의를 표방하는 문명국이 전쟁을 일으킬 수도 있다. 전쟁은 민주주의 국가 간에는 일어날 확률이 적지만, 개발도상국을 상대로 문명국가가 도발하는 경우가 있다. 여기에서도 국가와 국민에 의한 공격적인 폭

---

8 아마르티아 센은 자유주의(liberalism) 입장에서 개인의 자유와 잠재능력(capability)의 달성을 중시해서, 공동체주의자(communitarian)의 고정적인 아이덴티티라는 인식에 반박하고자 했다. 나는 아이덴티티와 폭력성의 밀접한 결속이 있는 한, 그의 주장이 노리는 바를 이해할 수 있다.

력으로서 아이덴티티 문제가 생겨난다. 예를 들어 미국·영국이 이라크 전쟁을 일으켰던 일은 기억에 생생하다. 최근의 공동체주의적인 주장은 센이 비판하는 것과는 달리, 실제로는 자유주의와 자유·공동체주의자 (liberal communitarian) 사이의 견해 차이가 없어져서 공동체주의는 자유주의에 가까워지고 있다.

그 점에서 현대에 급속히 진행되는 경계를 넘나드는 시도 속에서, 국경과 민족의 경계 극복을 지향하며 '공생'을 키워드로 연구하는 것은 커다란 장점이 있다. 그러나 한편으로 공생은 복잡해지고 있는 현대사회 특유의 과제에 직면하고 있다. 그것은 정치와 전쟁의 복잡한 관계이다. 즉 '정치의 일환으로서의 전쟁'과 '정치의 파탄으로서의 전쟁'이라는 문제이다. 이 과제는 평화의 인식에도 영향을 주고 있다. 나는 센이 비판하는 공동체주의와도 다르고, 개인주의적인 자유주의와도 다른 입장에서 새로운 견해를 모색하고 있다.[9] 어쨌든 단일한 가치관이나 보편적 가치관의 공통 기반으로서 공동체가 강조된다면, 그것에 의해 '대립 도식'이 성립하고, 결국 공동체의 성립 기반이 손상되는 결과를 가져온다.

---

9   개인 대 공동체라는 대립 도식을 넘어서려고 하는 '공생체' 구상에서는 개인주의적인 아이덴티티와 공동체주의적인 아이덴티티 사이에 있는 '함정'에 빠지지 않는 것이 중요하다.

3. 동양평화론과 영구평화론

1) 비(非) 환원주의적 다원주의와 두 개의 평화론

우크라이나 전쟁의 발발 등으로 인해 현대사회에서는 안중근과 칸트의 평화론이 재등장하기를 바라고 있다고 생각된다. 그 주된 이유는 두 사람의 평화론에는 아이덴티티와 관련된 두 종류의 환원주의에 수반되는 '폭력으로서의 아이덴티티'가 없기 때문이다. 그들은 공동체주의와도 개인주의적인 자유주의와도 다른 입장에서 평화론을 전개했다.

하지만 현대는 글로벌화된 복잡한 시대여서 그들의 평화론이 그대로 통용되지는 않는다. 예를 들어 칸트는, 상업 정신은 전쟁과 양립할 수 없기에 전 지구적인 규모로 이익의 조화를 발생시킨다고 주장했다. 그러나 현대는 전쟁이나 분쟁이 '죽음의 상인'(=무기 상인)을 만들어 내기에, 그 주장의 유효성은 부정되어 왔다. 이 때문에 21세기 지구화(globalization)의 일그러진 측면이나, 문화 다원주의를 표방하는 지역화(localism)의 고양이, 칸트가 주장하는 세계시민주의 이념 실현을 곤란하게 하고 있다. 또한 탈식민주의 시대는 안중근의 반식민지주의에 의한 동양평화론의 실현을 곤란하게 하고 있다.

그러나 칸트나 안중근의 평화론에는 다문화주의적이면서도 글로컬리즘(glocalism)으로도 이어지는 개방적인 사고가 있고, 그런 의미에서 폭력과 결부되는 환원주의적 사고와는 확실히 다르다. 어쨌든 지역주의적인 경향을 지닌 동양평화론과 세계시민주의적인 경향이 강한 영구평화론에는 이질적인 가치관과 입장의 차이를 받아들이는 다원주의적인 특징을

볼 수 있다. 이하에서는 이에 대해 차례대로 설명하고자 한다.

2) 안중근의 동양평화론과 칸트의 영구평화론

2004년 칸트 사후 200주년에는 칸트의 모국인 독일뿐만 아니라 전 세계적으로 행사가 개최되었다. 유럽연합(EU)이나 국제연합(UN)의 주요국에서는 국제연합의 이념이 칸트의 평화론에 있다는 논의가 활발하게 이루어졌다.[10]

한편 안중근은 일본의 점령 지배에 대해 목숨을 걸고 싸웠던 구국의 영웅이자 용감한 군인이다. 그는 1909년 10월 26일에 하얼빈에서 초대 통감인 이토 히로부미를 사살하였다. 그는 1910년 3월 15일부터 처형되기 직전까지 불과 10일이라는 단기간에 『동양평화론』의 「序(서)」와 「(전감)前鑑」(제1장)을 남기고 처형되었다. 향년 만 30세였다.

이처럼 두 사람은 살았던 시대와 처지가 전혀 다르다. 따라서 그들 사이에는 어떠한 공통점도 없다고 생각해도 이상하지 않다. 하지만 주지하는 바와 같이, 한국의 학자들은 안중근의 동양평화론이 유럽연합(EU) 이념의 선구라고 지적하고 있으며, 두 사람 사이에는 많은 공통점이 있다.

---

10 메이지 시대에 칸트는 석가모니, 공자, 소크라테스와 함께 '사대 성인'의 한 사람으로 간주된 적도 있었다. 하지만 칸트가 쓴 「영구평화론」도 세상 물정 모르는 철학자의 이상론에 지나지 않는다는 오해가 지배적이었다. 특히 당시의 국가주의적 학자에게 그러한 경향이 현저했다. 칸트는 1795년(71세)에 『영원한 평화를 위하여』(Zum ewigen Frieden)를 집필하고, 1804년(81세)에 노환으로 사망하였다.

3) 안중근의 동양평화론의 주요 논점

동양평화론은 위에서 설명한 이유로 인해 그 전모를 파악할 수 없다.[11] 그렇지만 남겨진 문장만으로도 그 기본 구상은 어느 정도 추측할 수 있다. 안중근은 서문에서 제국주의 시대에는 중국, 한국, 일본이 연계하고 단결해서 유럽 열강의 식민지 지배에 대항해야 할 필요성을 역설했다. 제1장에 해당하는 「前鑑(전감)」에서는 중국과 일본의 정치적·군사적 대립(청일전쟁), 러시아의 극동 정책을 중심으로 한 중국, 일본의 정치 역학을 분석하고, 일본과 러시아의 군사적 긴장이 한국의 주권을 위기에 빠트리고, 그로 인한 서양 열강의 아시아 전체의 식민지화를 우려했다. 안중근은 백인의 동아시아인 지배에 대한 강한 위기의식을 갖고 있었다. 뿐만 아니라 일본의 군국주의 정책이 중국 대륙과 한반도의 식민지 지배에 본격적으로 착수하는 위험성도 정확하게 지적했다.

안중근은 다른 자료에서 평화를 위한 구체적인 전략을 제기했다. 여기서 그는 여순(旅順)을 영세 중립지로 하면서, 관계국에 의한 상설위원회

---

11 원문이 한문인 『동양평화론』은 일본 서적 크기로 4쪽 정도의 「序」와 「東洋平和論 目錄」에 한 줄씩 「前鑑 一」, 「現狀 二」, 「伏線 三」, 「問答 四」라고 쓰여 있고, 본론은 4장으로 구성되어 있다. 그러나 실제로 서술된 것은 「前鑑」(제1장)까지이다. 滿洲日日新聞社, 『安重根事件公判速記錄』, 東京: 批評社, 1910(初版).; 礫川全次 注記·解說, 『安重根事件公判速記錄』, 2014(復刻版); 朴殷植, 『安重根』, 岡井禮子 譯, 小川晴久 監修, 東京: 展望社, 2022 참조. 그리고 牧野英二, 「東洋平和と永遠平和: 安重根とイマヌエル·カントの理想」(『法政大学文学部紀要』 第60号, 2010年 3月)에서는 위의 경위를 다음 문헌의 오류 지적과 함께 상세히 설명하고 있다. 『世界』, 東京: 岩波書店, 2009년 10월호에 수록된 「安重根著 "東洋平和論"」에 대한 이토 아키오(伊東昭雄)의 일본어 번역과 해설도 참고가 된다.

설치를 제안하고 있다. 그 주요 논점만을 열거하면 다음과 같다.

「여순영세중립지 설치 시행방안(旅順永世中立地設置施行方案)」

1) 삼국에 의한 동양평화회의 조직

2) 공동 은행 설립, 공동 화폐 발행

3) 조직기구의 확대

4) 영세중립지 여순 보호

5) 평화군 육성, 각국 청년 모집, 적어도 2개 국어 교육

6) 공동 경제발전

7) 국제적 승인, 로마 교황에 의한 삼국 리더의 대관

8) 한국·중국에 대한 일본의 침략 만행의 반성

안중근의 주장에는 당시의 국제 정세, 특히 열강의 위협, 러시아와 일본에 대한 강한 경계심, 아시아의 평화를 위한 전술·전략·이념이 드러나 있다. 여기서 평화를 위한 전략·이념은 21세기의 동아시아의 현실과 안보라는 측면에서 시사하는 바가 크다. 특히 동아시아의 평화와 안정을 위해서는 중국·한국 및 한반도·일본 삼국의 상호 신뢰를 기반으로 한 국가 간 연계가 필요하다는 주장은 설득력이 있다. 그리고 '중립지 설치' 제안이나 다중언어 교육의 실시, 평화군 육성이나 공동통화 발행의 제언 등은 유럽연합(EU)이 부분적으로 실시하고 있는 정책이다.

4) 칸트의 영구평화론 주요 논점

한편, 칸트의 영구평화론의 기본 이념, 전략, 전술은 다음과 같다. 우선 그는 영구평화를 인류가 실현해야 할 '최고의 정치적 선(善)'이라고 명언하고[12], 영구평화의 실현을 위해 여섯 가지 '국가 간의 영구평화를 위한 예비 조항' 및 세 가지 '확정 조항'을 제안하고 있다. '예비조항'은 국가 간에 진정한 평화가 찾아오게 하기 위해서는 실제로 실현되지 않으면 안 되는 필연적인 조건을 정식화한 것이다. '확정 조항'은 국가 간의 평화는 새롭게 기초한 국제법에 의해 보장되어야 한다는 칸트의 법철학 사상이 반영된 것이다. 구체적으로는 다음과 같다.

「예비 조항」

1) "장차 전쟁을 일으킬만한 재료를 은밀히 보유한 채 체결된 평화조약은 결코 평화조약으로 간주해서는 안 된다."

이것은 열강에 의한 동아시아 여러 나라, 특히 청이나 한반도의 분할사항으로 해석할 수 있다. 이 견해는 오늘날 재군비를 금하는 일본 헌법 제9조를 준수하려는 견해와도 겹친다.

2) "독립해서 성립한 어떠한 국가도(여기서 크기는 문제가 안됨) 계승, 교환,

---

12 イマヌエル・カント, 『永遠平和のために』. 『カント全集 14: 歷史哲学論集』, 東京: 岩波書店, 2000, 247~315쪽. カント, 『人倫の形而上学』 제1부에는 "영구평화의 확립을 위해, 그리고 구원이 없는 전쟁 수행에 종지부를 찍기 위해, 가장 적절하다고 생각되는 체제를 목표로 하여 노력해야 한다"고 서술하고 있다. 『カント全集 11: 人倫の形而上学』, 東京: 岩波書店, 2002, 207~208쪽.

매수, 증여를 통해 다른 국가의 소유로 해서는 안 된다."

이 서술은 일본에 의한 한국병합의 금지 사항으로 해석할 수 있다.

3) "상비군은 시간이 지남에 따라 완전히 폐지되어야 한다."

이것은 메이지 정부에 의한 부국강병 정책이 한국이나 중국(청) 등 타국을 지배한 역사의 귀결을 예견하고 있다.

4) "국가의 대외 분쟁과 관련해 어떠한 국채도 발행되어서는 안 된다."

이것은 안중근이 이토 히로부미 사살의 이유로 들었던 15개의 죄상 중에서 '2,300만 엔의 국채 발행'의 죄상과도 일치한다.

5) "어떤 국가도 폭력으로 타국의 체제 및 통치에 간섭해서는 안 된다."

이 견해는 국제법으로 보면 국가 간 공존의 원칙을 의미한다. 이것은 제2차 세계대전 이전의 군국주의 일본의 증세 정책에 대한 비판이나 오늘날 일본 정부의 증세를 통한 군비 확장 정책에 대한 비판으로 해석할 수 있다.

6) "어떠한 국가도 타국과의 전쟁에 있어서 장래의 평화에 즈음해 상호 신뢰를 불가능하게 하는 적대행위를 절대로 해서는 안 된다. 예를 들어 암살자나 독살자의 사용, 항복조약의 파기, 적국에서의 폭동의 선도 등."

이 견해는 식민지 지배 시대에 일본군이 한국·중국 등에서 행한 야만적인 군사행동을 예견하고 있었다고 생각할 수 있다.

또한 영구평화를 위한 확정 조항은 다음과 같다.

확정 조항 1: "각 국가의 시민적 체제는 공화적이어야 한다."

이 견해의 중요성은 메이지 시대 이후 일본의 천황주의, 나치 독일의 히틀러 총통에 의한 독재체제가 침략전쟁과 불가분의 관계인 것을 상기하면 명백하다.

확정 조항 2: "국제법은 자유로운 여러 국가의 연맹(국제연맹) 위에 기초를 두어야 한다."

이 원칙은 국제연합(UN)의 역할이나 유럽연합 설립의 중요성을 주장하고 있다.

확정 조항 3: "세계시민법은 보편적인 우호의 여러 조건들에 의해 제한되어야 한다."

이 주장은 지구화 시대에 타당한 인류 전체에 미치는 법 '세계시민법'의 의의를 강조한 것이다.

이 외에도 칸트는 두 개의 '추가조항'으로 '영구평화의 보장에 대해서'와 '영구평화를 위한 비밀조항'에 대한 보충 설명을 추가하고 있다.[13]

다음으로 두 사람의 평화 사상의 공통점을 여섯 가지로 좁혀서 고찰하고자 한다.

---

13 牧野英二, 『カントを読む: ポストモダニズム以降の批判哲学』, 東京: 岩波書店, 2014, 第四講 참조.

5) 동양평화론과 영구평화론의 공통점

첫째, 안중근과 칸트 모두 사물에 대한 뛰어난 통찰력과 현실정치의 양상, 그리고 국제법의 역할도 적절하게 파악하고 있었다. 두 사람은 독립국가의 국내법, 민주적인 국가 간의 국제법, 그리고 인류 전체에 미치는 법적 질서에 의한 세계평화의 실현 프로세스도 염두에 두고 있었다. 또한 평화의 실현과 국가의 독립은 불가분의 관계라는 것도 인식하고 있었다.

둘째, 두 사람은 서구 열강의 아시아에 대한 식민지 지배를 격렬하게 비판했다. 그들은 유럽의 식민지주의가 동양평화나 영구평화의 실현을 방해하고 있다는 통찰도 공유하고 있다.

셋째, 두 사람은 평화 사상과 교육의 깊은 관계에도 공통의 인식을 갖고 있었다. 평화의 실현을 위해 국가가 우수한 인재를 육성하고, 도덕적인 인간을 육성해야 한다는 교육의 중요성에 대해서도 두 사람의 인식은 일치하고 있다. 안중근은 학교를 설립하고, 칸트는 교육학 강의를 하였다. 국제적인 경제교류의 촉진이 평화의 실현에 기여한다는 인식에서도 두 사람은 일치한다. 두 사람은 우수한 교육이야말로 국가 독립의 실현과 국제관계의 안정과 평화에 공헌한다고 생각하였다.

넷째, 두 사람은 무력에 의해 진정한 평화가 실현되는 것은 불가능함을 간파했다. 전쟁과 정치의 관계를 둘러싸고 두 가지 견해가 대립하는데, 하나는 전쟁이 정치의 일환 내지는 정치의 연장이라는 견해이고, 다른 하나는 전쟁은 국가 간의 정치적 교섭의 파국이라는 견해이다. 후자는 정치제도 그 자체에 위기를 낳는다. 전쟁은 가능한 한 피해야 한다. 안중근과 칸트는 이 점에서도 인식을 공유하고 있었다.

다섯째, 두 사람의 평화론의 전제에는 기독교의 신과 섭리가 존재한다. 안중근은 가톨릭교도로서 로마 교황의 세계적인 영향력을 기대하였고, 칸트는 개신교 신자이면서 교회에 대해 비판적이었기 때문에 역사 속에 작용하는 자연과 섭리가 인간의 불충분한 노력을 보완해 주기를 기대했다. 그들은 종교가 세계평화에 중요한 역할을 한다고 확신했다.

여섯째, 두 사람은 역사의 미래를 바라보는 통찰이 탁월하다. 많은 사람이 동양평화나 영구평화의 가능성에 회의적이다. 이러한 의구심은 지금도 바뀌지 않고 있다. 국제연합의 이념은 칸트의 영구평화론에 있다고 말해지고 있고, 안중근의 동양평화론은 유럽연합(EU)의 이념과 비교해 선구적이라고 지적하는 한국 학자도 있다. 두 사람은 현실정치의 냉혹함과 전쟁의 위기를 자각했기 때문에 평화의 귀중함과 인간의 존엄을 호소했다.

4. 역사와 문화의 하이브리드화와 아이덴티티의 상실
: 공생을 방해하는 요인

1) 과거와의 대화와 타자와의 대화: 일본 역사의 하이브리드화 속에서

개인이나 집단의 아이덴티티는 공생에서 필수불가결한 조건이지만, 그것은 역사나 문화 속에서 폭력성을 발휘하기도 한다. 여기에서는 일본에서 공생을 방해하는 요인을 확인함으로써, 동아시아에서의 '공생의 조건'을 제시해 보고자 한다.

과거와의 대화는 현재와 미래의 대화의 길을 연다. 20세기의 뛰어난 역사가인 E·H 카(Carr)는 "역사란 무엇인가?"라는 물음에 대해 다음과 같은 유명한 견해를 피력했다: "역사란 역사가와 사실 사이의 상호작용의 부단한 과정이고, 현재와 과거 사이의 끊임없는 대화이다."[14] 카의 견해는 본 논문의 과제에 유익한 시사점을 주고 있다.

첫째, 그것은 과거의 역사나 인물과 현대인의 '대화'이며, 과거와 현대의 정신의 '상호작용의 부단한 과정'이다.

둘째, 나는 이 대화를 현대의 역사이야기론으로 파악해서, '타자로서의 타국·타민족의 역사와의 대화'로 해석한다.

셋째, 이 해석에 따라 '역사와 문화의 기억'을 상기하는 것이 중요하다.

넷째, 역사는 과거와 현재의 대화에 그치지 않고, 한국·중국을 포함한 동북아시아 여러 나라와 일본의 미래를 여는 역할을 한다. 따라서 과거, 현재, 미래라는 세 개의 역사적 차원에 근거해 과거의 사건을 말하고, 미래로 향한 시점에서 동아시아의 공생을 방해하는 '역사와 문화의 하이브리드화'가 갖는 중의적인 의미를 명확히 할 필요가 있다.

이러한 과제들은 일본의 역사 및 문화 연구가 불가분의 관계에 있다는 점을 시사하고 있고, 전통적인 일본 연구의 대상과 방법에 대해 근본적인 변화를 요구하고 있다. 종래의 일본 연구는 무엇보다도 일본인에 의한 국가적 아이덴티티 구축 방법에 집중되어 있었다.[15] 그것에 호응하듯 제2차

---

14 E・H・カ一, 『歴史とは何か』, 清水幾太郎 訳, 東京: 岩波書店, 1962, 40쪽.

15 岡倉覚三, 『茶の本』, 岩波書店, 1961(改訂版, 초판은 1929)의 해설 참조. 新渡戸稲造, 『武士道』, 矢内原忠雄 訳, 東京: 岩波書店, 1974(원저는 1938)가 그 전형이다. 그 후에는 외국인에 의한 일본인 특징짓기도 나타났다. 예를 들면 ルース・ベネディクト, 『菊と刀: 日本文化の型(上・下)』, 長谷川松治 訳, 東京: 社会思想研究会出版部, 1948(원저는 1946)이 있다.

세계대전 후에 '일본인론 붐'이 생겼다.[16] 이러한 동향은 일본 사회나 일본 문화의 존재 양태를 분석해서, 일본의 사회와 문화의 아이덴티티 요구에 응답한다는 성격도 갖고 있었다. 그러나 오늘날에는 이러한 일본 문화론이나 일본인론의 문제점과 결함이 지적되고 있다.[17]

그런데 나는 이것보다도 이 고찰의 전제가 된 문화관 및 역사관에 모종의 선입견이 존재한다는 점을 강조하고 싶다. 요컨대 일본 사회에서 사는 인간은 같은 '일본인'이고, 따라서 단일한 일본인론으로 설명될 수 있다는 암묵적인 이해가 그것이다. 내가 우려하는 것은 이 암묵적인 전제이다. 물론 요즘에는 젠더론, 마이너리티 연구, 재일코리안에 대한 차별 고발 등으로 어느 정도 문제점이 명확해졌다. 한편, 최근에는 단순한 '역사의 역류'라는 표현으로는 파악할 수 없는 복잡한 현상이 사회에 만연하고 있다.

---

16 中根千枝, 『タテ社会の人間関係』, 東京: 講談社, 1967, 31쪽 이하, 54쪽 이하 참조. 土居健郎, 『甘えの構造』, 弘文堂, 1971, 23쪽 이하 참조. 우메하라 다케시(梅原猛)의 저서 또한 문화를 동과 서로 양분하여, 일본 사상을 '동양사상'의 대표로 보고 있고, 아울러 일본 문화의 근본 사상을 '초목국토실개성불草木国土悉皆成仏'(초목과 국토도 부처가 될 수 있다) 속에서 찾아내어, 그것을 '인류 철학'으로 보편화시키려고 하였다(梅原猛, 『人類哲学序説』, 東京: 岩波書店, 2013, 37쪽). 우메하라는 현재의 일본 문화에는 거의 존재하지 않는 이념화된 '일본 문화'를 일본의 문화 현상과 혼동하는 오류에 빠져있다.

17 ガバン・マコーマック, 乘松聡子, 『沖縄の〈怒り〉日米への抵抗』, 京都: 法律文化社, 2013. 이 책의 영어판 Gaʼan McCormack and Satoko Oka Norimatsu, *Resistant Islands: Okinawa Confronts Japan and the United States*(Rowman & Littlefield, 2012)는 일본이나 오키나와 이외의 독자를 위해 영문으로 오키나와가 직면한 문제에 대해 간결하게 정리하고 있다(일본어판 서문 i). 내가 생각하기에 매코맥의 의도는 '오키나와의 내부 시점과 외부·타자의 시점'을 매개하려는 시도, 그와 동시에 '오키나와의 역사·문화의 하이브리드화'를 추진하는 것이다.

2) 단일문화와 단일민족 아이덴티티라는 환상

일본의 역사 연구에 대해서도 동일한 지적을 할 수 있다. 교육 현장이나 역사가의 대부분은 여전히 단일한 일본 역사에 대해 혹은 역사의 연속성을 의심하지 않고 '일본 역사의 특징이나 변화'에 대해 이야기해 왔다. 정치가가 주장하는 '아름다운 나라 일본'이라는 역사 인식의 배경에는 하나의 전통과 '하나의 일본 역사'라는 역사관이 잠재하고 있다. 요컨대 하나의 동아시아가 있고, 그중에 일본이라는 하나의 국가가 있고, 하나의 일본 문화가 있으며, 단일한 일본인이 존재한다는 인식이다. 이 논지는 사실을 숨기는 역사 서술이고, 이러한 역사관에는 편견이 있다. 따라서 일본 사회를 연구할 때에 종래의 일본인론, 일본문화론, 일본 사관에 사로잡히지 않도록 유의해야 할 것이다.

또한 일본사와 세계사 구분의 방식도 종래의 일본 사관이 안고 있는 문제점이다. 일본사도 동양사와 세계사의 일부이다. 또한 복합적인 문화로 구성된 복합적인 역사이다. 하지만 아이누 문화나 류큐 문화 등은 메이지 시대 이후 정부에 의해 '하나의 일본 민족에 의한 하나의 일본 문화'라는 다양성을 제거한 '단일국가의 역사와 문화'로 변형됐다. 그것은 무사도, 화도(華道), 다도(茶道)와 같은 '전통문화'의 힘에 의한 것이다. 이와 같은 생각은 일본의 군국주의화와 동아시아를 식민 지배하는 과정에서 강력한 지배적 이데올로기로 기능했다. 제2차 세계대전 이후 70년 이상이 지났고 지구화의 영향이 현저해진 지금, 종래의 역사와 문화의 상당수가 쇠퇴했다고 생각하는 일본 국민이 적지 않다. 21세기에 들어서 일본 역사와 일본 문화는 복잡한 양상을 보여왔다. 그것은 '역사와 문화의 하이브리드화'

현상으로 해석되어야 할 것이다. 여기에서도 '역사와 문화의 하이브리드화'의 중의성과 함께 거기에 잠재된 '국가적 아이덴티티의 폭력성'에 농락되지 말아야 한다.

5. 맺으며: 동북아시아 속 일본의 행방

마지막으로 동북아시아에서 일본이 해야 할 역할에 대해 간단히 문제 제기해 보고자 한다. 동북아시아에서 공생체 실현을 향한 구상을 진전시키기 위해서는 일본이 일본의 역사와 문화를 파악하는 문제점을 명확히 밝힐 필요가 있다. 바꾸어 말하면 공생을 방해하는 '국가적 아이덴티티'에 잠재해 있는 문제점이다.

이 논문의 목적은 공생과 평화의 실현을 향한 '동북아시아의 변화와 일본 역사와 문화의 연구'라는 과제와 불가분의 관계에 있다. 인문학 연구의 의미는 "인문학 교육을 통해 읽는 이의 상상력을 향상시켜서 국제적이고 복잡한 텍스트성을 향해 나아갈 수 있다."[18]라는 데에 있다. 그것은 일본의 문화와 사회 연구를 통해 일본, 한국, 중국, 대만 등의 국경을 넘어, 트랜스내셔널한 월경 행위의 하이브리드한 시도를 의미한다. 최근에 일어나고 있는 일본의 변화와 동북아시아 여러 국가의 불안정화는 '하이브리

---

18 ガヤトリ・C・スピヴァク, 『ナショナリズムと想像力』, 鈴木英明 訳, 東京: 青土社, 2011, 23쪽.

드화'를 혼미하게 하고 있다.[19]

정치적·경제적·문화적·환경적·에너지적인 문맥에서 봐도 현재 일본 정부의 군비 확장 정책은 일본 국민·한국 국민·중국 국민을 포함한 동북아시아의 평화와 안정을 위협하고, 동아시아의 모든 주민의 생명과 공생의 기본적 조건을 위태롭게 하고 있다. 한국과 일본과의 학문적·정치적·경제적 관계 강화는 동북아시아의 평화와 안정 그리고 공생의 최대 조건이라는 점을 확인하면서 이 글을 마치고자 한다.

---

19 여기서 동아시아 국가 간의 안정과 연계가 불가피한 사실을 확인하고자 한다. 2017년 일본의 경상수지 흑자는 20조엔 이상이다. 그중 제1위는 미국 13조엔, 제2위는 중국 5조 3,000억엔, 제3위는 한국 2조 7,000억엔, 그리고 대만이 2조엔, 싱가포르가 1조 5,000억 엔이다. 즉, 동아시아 국가가 약 11.5조 엔에 달한다. 게다가 2018년의 외국인 관광객 수 3,000만 명 중에서 중국인·한국인이 각각 4명 중 1명을 차지해, 전체의 반수를 점하고 있다. 이것은 코로나 팬데믹 이전의 데이터이긴 하지만, 동아시아가 불안정해지면 일본의 경제와 국민의 생활 기반도 위협을 받는다. 이런 점에서 볼 때, 동아시아의 평화와 안정은 일본경제와 미래세대의 생활을 지탱하고 있다는 점을 충분히 유의해야 한다.

안중근 유묵의 유가사상과
평화정신

김현주

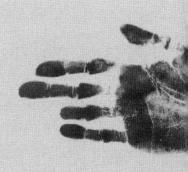

* 이 글은 2024년 2월 20일에 류코쿠대학의 오오미야캠퍼스에서 열린 원광대 동북아시
아인문사회연구소와 류코쿠대학 안중근동양평화연구센터의 공동학술대회 《안중근
의 동양평화사상과 동북아시아의 미래공생》에서 발표한 원고 「안중근의 유묵에 나타
난 유가사상과 평화정신」을 보완한 것이다.

1. 들어가며

안중근 유묵(遺墨)은 대한제국의 독립운동가 안중근의사가 1910년 2월 14일 사형선고를 받고 1910년 3월 26일 사형이 집행되기 전까지 40일 동안 뤼순(旅順) 감옥에서 쓴 글들을 말한다. 유묵은 당시 검찰관, 간수 등 여러 사람에게 써주었기 때문에 지금은 국내외 여러 곳에 흩어져 보관되고 있다.

안중근은 만주 하얼빈에서 대한제국 침략의 원흉이었던 이토 히로부미를 사살한 죄로 재판을 받는 중에 많은 글을 남겼다. 그런데 그 내용은 일본인까지도 포용해 서로 소통하고자 하는 인애(仁愛) 정신을 보여주는 것이며, 또한 그의 평화를 지향하는 사상을 담고 있었다.[1] 그것은 이토 암살의 진정한 의도가 평화와 화합에 있었다는 점을 보여주는 것이다.

그런데 주목할 점은 유묵의 대부분이 『논어』, 『맹자』, 『중용』, 『대학』 등

---

1   https://www.heritage.go.kr/heri/cul/culSelectDetail.do?culPageNo=3&region=&searc hCondition=&searchCondition2=&ccbaKdcd=12&ccbaAsno=05692800&ccbaCtcd=31& ccbaCpno=1123105692800&ccbaCndt=&s_kdcd=&s_ctcd=&ccbaCncl=1&stCcbaAsdt= &endCcbaAsdt=&header=〉iew&returnUrl=%2Fheri%2Fcul%2FculSelectDi〉List.do&pa geNo=1_1_2_0&p=multiSch&ccbaGcode=MH&ccbaBcode=03&ccbaMcode=01&sortT ype=&sortOrd=&sngl=Y(검색일: 2023.12.21.)

유가 경전의 글귀들이라는 점이다. 그것은 안중근이 어린 시절 전통적 한학 교육을 받았기 때문이다. 안중근 자서전에 의하면, 안중근은 어렸을 적에 『천자문』, 『만국역사』, 『자치통감』, 『조선역사』 등을 공부했다.[2] 그러나 그중에서도 안중근의 사상 형성에 가장 큰 영향을 미쳤던 것은 유가사상의 평화정신이었다고 할 수 있다.

이 점에 주목한 저서로는 1984년에 나카노 야스오가 쓴 『일본관계의 원상』을 번역한 『동양평화의 사도 안중근』을 비롯하여[3], 『안중근과 동양평화론』[4], 『영원히 타오르는 불꽃: 안중근의 하얼빈 의거와 동양평화론』[5], 『평화주의자 안중근 의사』[6] 등이 있다. 논문으로는 「안중근 의사의 동양평화사상 연구」[7], 「동아시아의 맥락에서 본 안중근과 동양평화론: 열린 민족주의와 보편주의로의 지평」[8], 「안중근의 한중일 인식: 동양평화론의 배경-」(현광호 2010), 「안중근과 일본인: 동양평화의 실현을 위해」[9], 「안중근

2   안중근, 『안응칠역사』, 페이퍼문, 2016, 11쪽.
3   中野泰雄, 『日韓關係の原像』, 東京: 亞紀書房, 1984; 나카노 야스오, 『동양평화의 사도 안중근』, 양억관 옮김, 하소, 1995.
4   안중근의사기념사업회, 『안중근과 동양평화론』, 채륜, 2010.
5   이태진, 『영원히 타오르는 불꽃: 안중근의 하얼빈 의거와 동양평화론』, 지식산업사, 2010.
6   장덕환, 『평화주의자 안중근의사: 안중근의사와 그 가문의 독립운동사』, 해맞이미디어, 2019.
7   이현희, 「안중근 의사의 동양평화사상 연구」, 『문명연지』 2-1, 2001, 99~121쪽.
8   김경일, 「동아시아의 맥락에서 본 안중근과 동양평화론: 열린 민족주의와 보편주의로의 지평」, 『한국학』 통권 117호, 2009, 193-219쪽.
9   마키노 에이지, 「안중근과 일본인: 동양평화의 실현을 위해」, 『아시아문화연구』 20집, 2010, 209-228쪽.

평화주의의 기초: 칸트 영구평화론과의 비교 관점」[10] 등 다수가 있다. 이렇듯 안중근의 평화사상을 다룬 논문은 비교적 많다. 그러나 안중근 사상의 유가적 측면을 고찰한 연구는 「충효사상과 평화사상: 안중근과 의리사상(義理思想)」[11], 「안중근 유묵에 담긴 중국 문화 형상 연구」[12] 등으로 그 수가 비교적 적고, 안중근의 사상을 그의 유묵과 관련하여 다룬 글은 더 드물다.

이 글은 지금까지 드물게 다루어진 안중근 유묵에서 유가사상과 평화사상을 중심으로 안중근 사상의 성격과 연관성을 살펴보고자 한다.

2. 안중근 유묵의 유가사상

안중근이 남긴 글의 출처는 『논어』, 『중용』, 『맹자』, 『사기』, 『자치통감』 등 다양하지만, 그중에서도 가장 많이 인용된 것은 『논어』를 비롯한 유가 경전이다. 그 내용을 대략 정리하자면, 크게 두 가지로 요약할 수 있다. 첫째는 유가 윤리와 도덕적 인간상을 보여주는 문구들이다. 둘째는 국가의 위기에 맞서는 대장부 정신을 보여주는 어구들이다.

---

10 오영달, 「안중근 평화주의의 기초: 칸트 영구평화론과의 비교 관점」, 『한국보훈논총』 15-1, 2016. 7-30쪽.
11 배영기, 「충효사상과 평화사상: 안중근과 의리사상(義理思想)」, 『청소년과 효문화』 13집, 2009, 133-155쪽.
12 남춘애, 「안중근 유묵에 담긴 중국 문화 형상 연구」, 『한국문학이론과 비평』 55집, 2012, 335-352쪽.

1) 유가 윤리와 도덕적 인간상

안중근이 남긴 많은 글은 군자가 되기 위한 여러 덕목을 두루 보여준다. 군자는 유가적 덕목을 갖추고 있는 모범적 인간을 이르는 말이다. 유가적 덕목은 곧 군자를 양성하기 위한 것이고, 그것은 그런 도덕적 인격을 갖추고 있는 사람이 정치를 해야 '좋은' 정치가 실현될 수 있다는 생각을 보여준다. 안중근 유묵을 통해 미루어 짐작할 수 있는 군자의 덕목은 크게 개인적 차원에서의 덕목과 사회적 차원에서의 덕목으로 나뉠 수 있다. 우선 안중근이 중시한 개인적 차원에서의 덕목은 성실, 신의, 신독, 겸손, 정의, 인내 등이 있다. 그리고 사회적 차원에서의 덕목으로는 협력과 소통, 인재교육, 인재활용(用人), 원시적 사고(遠慮) 등이다. 개인적 차원에서 살펴보아야 할 유묵으로 다음의 유묵이 있다.

> 貧而無諂, 富而無驕. 빈이무첨, 부이무교.
>
> (로카(蘆花) 기념관 소장)

이 구절은 가난해도 아첨하지 말고, 부유하다고 교만하지 않는다는 의미이다. 즉 겸손을 강조한 글이다. 이 글은 일본 개화기의 대표적 작가로 알려져 있는 도쿠토미 겐지로(德富健次郎, 필명 도쿠도미 로카)가 1913년 만주의 뤼순 등지를 여행하던 중에 뤼순 초등학교 교사였던 히시다 마사모토(菱田正基)로부터 선물 받은 것이지만,[13] 안중근이 남긴 유묵의 하나라고

---

13 〈안중근의사 휘호 日서 발견〉,《중앙일보》, 2003.03.25.

알려져 있다. 그런데 이 글은 원래 『논어』 「학이」에 나오는 구절이다. 공자와 그의 제자 자공(子貢)의 대화에서 인용한 구절이다.[14] 공자는 "가난하면서도 아첨하지 않고, 부유하면서도 교만하지 않는 것(貧而無諂, 富而無驕)"을 좋은 덕목으로 칭찬했지만, 그보다 "가난하지만 [배우기를] 즐거워하고, 부유하지만 예를 좋아하는 것(貧而樂, 富而好禮)"을 더 높이 평가했다. 이에 자공은 『시삼백(詩三百)』에서 군자의 미덕을 얘기한 대목을 떠올렸다. 그리고 그는 공자가 높이 평가한 "가난하지만 즐거워하고, 부유하지만 예를 좋아하는 것"이 "절차탁마(如切如磋, 如琢如磨)"를 의미하는 말이라는 것을 깨달았다. 수신(修身)의 경지로 보자면, "가난하면서도 아첨하지 않고, 부유하면서도 교만하지 않는 것"보다 "가난하지만 즐거워하고, 부유하지만 예를 좋아하는 것"이 군자가 목표로 삼아야 할 더 높은 경지인 것이다. 안중근이 이 글을 누구에게 써 준 것인지는 확실하지 않으나, 글을 받은 이가 군자의 초보적 경지라도 달성하기를 바라는 마음에서 써 주었을 것으로 추측된다. 그러나 안중근 자신은 더 높은 경지의 군자가 되기를 목표로 했다는 것은 다음의 유묵으로 알 수 있다.

一日不讀書, 口中生荊棘. 일일부독서, 구중생형극.

(동국대학교박물관 소장)

---

https://www.joongang.co.kr/amparticle/142064 (검색일: 2023.12.27.)

14 子貢曰: "貧而無諂, 富而無驕, 何如?" 子曰: "可也, 未若貧而樂, 富而好禮者也." 子貢曰: "詩云, 如切如磋, 如琢如磨, 其斯之謂與." 子曰: "賜也始可與言詩已矣, 告諸往而知來者." 『論語』 「學而」

보물 제569호의 2호로 지정된 이 유묵은 뤼순감옥에 근무했던 오리타 타다스(折田督)가 받은 글이다. 이 문구는 하루라도 책을 읽지 않으면, 입 안에 가시가 돋친다는 의미이다. 이것은 『논어』「학이」에서의 글과 상통 하는 글이다. 공자는 "배우고 때때로 그것을 익히면 즐겁지 아니한가? 친 구가 먼 곳에서 찾아오면 즐겁지 아니한가? 다른 사람이 몰라줘도 화내 지 않는다면, 또한 군자가 아니겠는가?"[15]라고 하였다. 공자가 말한 '즐거 움(樂)'은 "가난하지만 즐거워하고, 부유하지만 예를 좋아하는 것(貧而樂, 富而好禮)"이라는 대목에서도, 그리고 "친구가 먼 곳에서 찾아오면 즐겁지 아니한가(有朋自遠方來, 不亦樂乎)"라는 대목도 학문의 즐거움을 의미한다. 가난하지만 학문을 포기하지 않고, 계속해서 배우고자 하는 자세, 그리고 자신이 배운 것을 동료나 친구와 얘기하면서 단련시키고자 하는 자세야 말로 올바른 학문의 자세라고 할 수 있기 때문이다. 이러한 태도와 정신 에 기반을 둔 안중근은 매일 독서를 하는 것을 바른 자세로 여겼다. 그리 고 이러한 태도를 바탕으로 안중근은 신독(愼獨)의 정신을 강조하였다. 그 것은 다음의 유묵에서 잘 드러난다.

戒愼乎, 其所不睹. 계신호, 기소부도.

(류코쿠대학 소장)

이 유묵의 문구는 보지 않는 곳에서도 경계하고 조심하라는 의미이다.

---

15 學而時習之, 不亦說乎? 有朋自遠方來, 不亦樂乎? 人不知而不慍, 不亦君子乎? 『論語』 「學而」.

이 글은 "그러므로 군자는 보지 않는다고 해도 경계하고 조심하며, 들리지 않는다고 해도 두려워한다."[16]는 『중용』의 문구에서 비롯된 것이다. 남이 보든, 보지 않던 언제나 경계하고 조심하는 태도를 '신독'이라 한다. '신독'은 유가에서 개인적 수양의 최고 경지를 의미한다. 그리하여 청말 정치가이며 학자였던 증국번(曾國藩)은 "스스로 수양하는 방법에서 마음을 수양하는 것보다 어려운 것은 없고, 마음을 수양하는 것이 어려운 것은 또한 신독에 있다."[17]라고 한 것이다. 이렇게 혼자 있을 때에도 조심해야 하는 덕목으로 '신독' 이외에 안중근이 꼽은 또 하나는 성실과 신의이다. 그것은 다음 유묵에서 알 수 있다.

　　言忠信, 行篤敬, 蠻邦可行. 언충신, 행독경, 만방가행.
　　(안중근의사숭모회 소장)

　이 유묵의 뜻은 말이 성실하고 신의가 있으며 행실이 두텁고 조심하면야만의 나라에서도 도를 실행할 수 있다는 것이다. 이 유묵은 여순감옥에서 근무하던 일본인 경찰이 보관해 오다가 그의 손자 야기마 사즈미(八木正澄, 다이헤이요 산업주식회사 회장)가 2002년 10월 안중근의사숭모회에 기증한 것이다. "말은 충실하고 믿음이 가도록 하고, 행동은 독실하고 신중하게 해야 한다.(言忠信, 行篤敬)"는 이 말은 『논어』「위령공」에 나오는 문구이다. 이를 통해 공자는 제자 자장(子張)에게 어떻게 행동하는 것이 옳은

16　是故, 君子戒愼乎其所不睹, 恐懼乎其所不聞.『中庸』
17　自修之道, 莫難於養心; 養心之難, 又在愼獨.『誠子書』

것인지 말해주고자 했다. 즉 군자가 되기 위해 무엇을 수양해야 하는지에 대해 말해준 것이다. 군자가 추구해야 하는 즐거움을 표현한 또 다른 유묵으로는 다음의 유묵이 있다.

喫蔬飮水, 樂在其中. 끽소음수, 낙재기중.
(개인 소장)

이 유묵의 글은 나물을 먹고 물을 마셔도, 즐거움이 그 속에 있다는 의미이다. 이것은 『논어』「술이」에서 가져온 말이다. 공자는 "거친 밥을 먹고 물을 마시고, 팔을 베고 잠을 자더라도, 즐거움이 또한 그 속에 있다. 의롭지 않은데 부유하고 귀하다면, 그것은 나에게 뜬구름과 같다."[18]고 말했다. 경제적인 부와 사회적 신분은 누구나 추구하는 바이지만, 군자는 그러한 사적인 욕구를 충족시키기 위해 노력하기보다는 공적인 욕구를 실현하기 위해 노력해야 한다. 그렇기 때문에 공자는 의(義)와 함께 의가 드러나는 형식인 '예(禮)'를 얘기하고, 그 형식에만 치중하지 말라고 경고하면서 염치를 함께 얘기했다. 그러므로 공자는 "군자는 근본에 힘쓰며, 근본이 서면 도가 생겨난다. 효, 제, 충, 신, 예, 의, 염, 치, 이 여덟 가지 덕이 근본이다."[19](『논어』「학이」)라고 하였다. 군자에게는 이런 근본적인 덕의 수양이 중요한 것이지, 외적인 재산과 신분은 중요하지 않다는 것이다.

18 飯蔬食飮水, 曲肱而枕之, 樂亦在其中矣. 不義而富且貴, 於我如浮雲. 『論語』「述而」
19 君子務本, 本立而道生. 孝悌忠信, 禮義廉恥, 此八德也. 『論語』「學而」

恥惡衣惡食者, 不足與議. 치악의악식자, 부족여의.

(유실)

보물 569-4호로 지정된 유물로, 청와대에 소장되어 있다가 지금은 유실
된 상태인 "치악의악식자부족여의"도 그와 같은 맥락에서 이해할 수 있
다. 이 유묵은 허름한 옷과 음식을 부끄러워하는 사람과는 얘기를 나누기
부족하다는 뜻이다. 이 글은 『논어』「이인(里仁)」의 "선비가 도에 뜻을 두
고, 허름한 옷과 음식을 부끄러워한다면, 함께 논의하기 부족하다."[20]라는
문구에서 가져온 것이다. "허름한 옷과 음식"은 가난과 빈곤을 상징한다.
그것은 군자가 되려면 가난해야 한다는 의미가 아니라, 군자는 부와 신분
에 개의치 말아야 한다는 뜻이다. 또한, 공자는 부유하거나 신분이 높더라
도 사치하지 말고 검소하며 겸손해야 한다고 당부한다. 그러나 누구에게
나 가난하고 천한 생활을 오래 견디기는 쉽지 않은 일이다. 그것을 견딜
수 있는 자는 유가의 핵심적 덕목의 하나인 '인(仁)'을 갖춘 자일 것이다.
'인'을 포함한 또 다른 유묵은 다음의 유묵이다.

不仁者, 不可以久處約. 불인자, 불가이구처약.

(류코쿠대학 소장)

이 유묵의 구절 또한 『논어』「이인」에서 인용된 것이다. 공자가 가장 강
조한 덕목인 '인'의 수양이 왜 중요한 것인지 이 대목을 통해 알 수 있다.

---

20 士志於道, 而恥惡衣惡食者, 未足與議也. 『論語』「里仁」

공자는 '인'을 "사람을 사랑하는 것(愛人)"(『논어』「안연」)이라고 설명했다. 자신만 생각하는 사람은 자신의 가난과 곤경을 오래 참지 못한다. 그렇게 되면 사적인 이익을 추구하게 되고, 결국 공적인 정의를 간과하게 된다는 점을 공자가 경고한 것이다. 안중근의 이 유묵은 곧 안중근이 공적인 정의를 실현하기 위해 사적인 욕구를 자제해왔으며, 그것을 실천하고자 노력했다는 점을 보여준다. 그의 이런 의지를 간접적으로 표현한 유묵은 다음의 유묵이 아닐까 한다.

> 歲寒然後, 知松栢之不彫. 세한연후, 지송백지부조.
>
> (안중근의사숭모회 소장)

이 문구는 『논어』「자한(子罕)」의 "날이 추워지고 난 후에야 소나무와 잣나무가 나중에 진다는 것을 알게 된다."[21]는 문장에서 인용된 것이다. 소나무와 잣나무는 의지가 굳건한 사람을 가리키는 상징물이다. 공적인 정의를 실현하기로 마음먹고, 그것을 지속적으로 실천하는 것은 결코 쉬운 일이 아니다. 계속해서 미혹되고, 걱정되고, 두려운 일들이 생길 것이지만, 공자는 "지혜로운 사람은 미혹되지 않고, 어진 사람은 걱정하지 않고, 용감한 사람은 두려워하지 않는다.(知者不惑, 仁者不憂, 勇者不懼.)"(『논어』「자한」)라고 하여, 지(知), 인(仁), 용(勇)의 덕목을 수양해야 한다고 가르쳐주었다.

사회적 차원에서 수양해야 할 덕목으로 안중근이 제시한 것 중 하나는

---

21 歲寒, 然後知松柏之後凋也. 『論語』「子罕」

협력과 소통이다. 그것을 잘 나타내고 있는 유묵의 하나가 다음의 유묵이다.

孤莫孤於自恃. 고막고어자시.

(동아대학교 소장)

이 유묵의 글은 "혼자 똑똑한 것보다 외로운 것은 없다."는 뜻이다. 이것은 황석공(黃石公)의 「소서(素書)」에 나오는 구절을 인용한 것이지만, 『여씨춘추(呂氏春秋)』에도 비슷한 문구가 나온다.

"선비가 혼자만 자신이 맞다 여기고, 군주가 열심히 하면서 혼자만을 위한 것이라면, 반드시 명예도 잃고, 사직도 위태롭게 될 것이다."[22]

이것은 사마천의 『사기』에도, 사마광의 『자치통감』에도 나오는 고사들로 이해할 수 있다. 『사기』에는 제(齊)나라 재상 관중과 군주인 환공이 서로 믿고 협력하여 대업을 이룬 이야기가 기록되어 있고, 『자치통감』에는 군주가 신하의 충언을 듣지 않아 나라를 위태롭게 한 일화가 소개되어 있다. 이를 통해 한 사회, 한 국가가 올바른 길로 가기 위해서는 한 사람의 힘만으로는 부족하다는 교훈을 얻을 수 있다. 안중근은 "고막고어자시"라는 유묵으로 그 교훈을 우리에게 일깨워주고 있다.

사회적 소통과 협력을 통해 공통의 목적을 달성하기 위해서는 그것을

---

22 士有孤而自恃, 人主奮而好獨者, 則名號必廢熄, 社稷必危殆. 『呂氏春秋』「本味」

실현할 수 있는 인재가 필요하다. 그러므로 사회적 차원에서 안중근이 중시한 것은 바로 인재교육이었다.

> 博學於文, 約之以禮. 박학어문, 약지이례.
>
> (안중근숭모회 소장)

이 유묵의 문구는 "글을 널리 배우고, 예로써 절제한다."라는 뜻으로, 『논어』「옹야」에서 인용한 문구이다. "글을 널리 배운다"는 것은 학문적으로 자신보다 더 우수한 누군가로부터 배운다는 것을 의미한다. 즉 학습을 통해 자신의 생각이나 학문을 더 발전시켜야 한다는 것을 말한 것이다. 그리고 "예로써 절제한다"는 것은 학문적 수양에 대한 사회적 구속을 의미한다. 이것은 개인적 차원에서 이루어진 학문적 수양(文)을 사회적 차원(禮)으로 질적인 승화가 이루어지도록 해야 한다는 의미이다. 이와 비슷한 맥락에서 교육에 대해 말한 것이 다음의 유묵이다.

> 黃金百萬兩, 不如一敎子. 황금백만냥, 불여일교자.
>
> (국립민속박물관 소장)

이 유묵의 문구는 황금 백만 냥도 한 명 잘 가르치는 것만 못하다는 의미이다. 이 문구는 『명심보감』에서 인용한 것이다. 이것은 또한 『한서(漢書)』를 인용한 것이기도 하다. 즉 "황금이 가득 있어도, 자식에게 한 줄 경서를 가르치는 것만 못하다. 자식에게 천금을 주어도, 한 가지 기술을 가르치는 것만 못하다."[23]라는 내용이다. 이것은 인재 양성의 중요성을 일깨워주는 문장이다. 인재교육이 이루어졌다면, 그다음은 인재를 활용하는 것이다. 인재교육은 사회적 차원에서의 주장이다. 그에 대한 안중근의 생각은 다음의 유묵에서 나타난다.

庸工難用, 連抱奇材. 용공난용, 연포기재.

(국립중앙박물관 소장)

이는 "서투른 목수는 좋은 재목이라도 제대로 다룰 수 없다."는 의미이다. 이 문구는『자치통감』에서 인용한 문구이다.[24] 공적 목적의 달성을 위해서는 그에 맞는 능력을 가진 인재의 양성이 필요하고, 그런 인재가 갖춰진다면 그를 적재적소에 배치해야 한다. 그리고 능력만 갖추었다고 훌륭한 인재는 아니다. 나아가 거시적이며 원시적인 안목으로 공적 임무를 수행해야 한다. 그리하여 안중근은 다음과 같은 유묵을 남겼다.

人無遠慮, 難成大業. 인무원려, 난성대업.

(숭실대학교박물관 소장)

이 문구는 "사람이 멀리 생각하지 않으면, 대업을 이루기 어렵다."라는

---

23 黃金滿盈, 不如敎子一經; 賜子千金, 不如敎子一藝.『漢書』
24 子思曰: 苟變爲官. 苟能以其材用其職, 則能用連抱之材矣. 苟不能以其材用其職, 則不能用連抱之材矣.

뜻으로, 『논어』「위령공」의 "사람이 멀리 생각하지 않으면, 반드시 가까운 근심이 생긴다.(人無遠慮, 必有近憂.)"라는 문구에서 인용한 것이다. 인재교육, 그리고 그 활용은 사회적 대의를 위해 이루어져야 한다. 그것을 안중근은 '대업'이라는 말로 표현했다. 안중근의 대업은 우선은 대한독립이겠지만, 궁극적인 목적은 동양평화이다. "가까운 근심"과 "멀리 내다보는 생각"은 곧 그 둘을 의미한다. 이런 포부를 가진 사람을 안중근은 '대장부(大丈夫)'라는 말로 표현했다.

2) 국가의 위기와 대장부 정신

안중근 유묵에는 유가 정신을 실천하는 주체로서 대장부 정신을 보여주는 글이 다소 있다. 『맹자』「등문공」에 등장하는 대장부가 실천하고자 하는 유가의 도(道)는 인(仁)과 의(義)이다. 안중근의 대장부는 어려움에 굴복하지 않고, 국가의 위기를 위해 몸과 마음을 바치는 살신성인의 인간이다. 그러므로 대장부는 맹자에게나, 안중근에게나 개인의 이익을 위해 고군분투하는 인간이 아니다. 대장부는 사회나 국가를 위해 일하지만, 그에 멈추지 않고 나아가 천하, 즉 세계에서의 도의 실현을 위해 일하는 존재이다. 그런 대장부 정신이 안중근 유묵에 잘 드러나 있다.

> 丈夫雖死, 心如鐵. 장부수사, 심여철.
>
> (국립민속박물관 소장)

이 문장은 명대 왕발(王紱)의 「송영가조유선지북경사창(送永嘉趙惟善之

北京司倉)」이라는 시에서 가져온 것이다. 시구의 전문은 다음과 같다: "장부의 마음은 쇠와 같이 단단해야지만, 강남의 매화는 군주를 위해 꺾인다.(丈夫要使心如鐵. 江南梅花爲君折.)" 여기에 담긴 의미는 맹자의 대장부 정신이다. 맹자는 다음과 같이 말했다.

> 천하의 넓은 곳에 거처하고, 천하의 바른 자리에 서며, 천하의 큰 도를 행한다. 뜻을 얻으면 백성과 같이 하고, 뜻을 얻지 못하면 홀로 그 도를 행한다. 부귀도 [그를] 미혹하지 못하고, 빈천도 [그를] 바꾸지 못하며, 위압도 [그를] 굴복시키지 못한다. 이것을 '대장부'라고 한다.[25]

'대장부'는 "유가적 인간형인 대인(大人)의 의미에 실천적 추동력을 지닌 현실 인간형"을 말한다.[26] 즉 유가의 도를 실천하는 사람을 말한다. 대장부가 되기 위한 세 가지 덕목은 "천하의 넓은 곳" 즉 '인(仁)', "천하의 바른 자리" 즉 '예(禮)', 그리고 "천하의 큰 도" 즉 '의(義)'이다. 이것은 곧 개인적 이익만을 생각하는 것이 아니라 천하의 이익, 즉 공적 이익을 생각하는 자세를 의미한다.

> 國家安危, 勞心焦思. 국가안위, 노심초사.

---

25 居天下之廣居, 立天下之正位, 行天下之大道; 得志與民由之, 不得志獨行其道; 富貴不能淫, 貧賤不能移, 威武不能屈. 此之謂大丈夫. 『孟子』「滕文公(下)」
26 윤대식, 「『맹자』의 새로운 정치적 인간으로서 대장부와 덕목으로의 용(勇)」, 『글로벌 정치 연구』 ol.9, 2016, 27쪽.

(안중근의사숭모회 소장)[27]

이는 국가의 안위를 위해 노심초사한다는 의미로, 사마천의 『사기』에서 인용한 문구이다. 『사기』「하본기(夏本紀)」에는 다음과 같은 글이 있다. "우(禹)는 아버지 곤(鯀)의 공이 이루어지지 못하고 죽임을 당한 것을 애통해하여, 노심초사했고, 13년을 집밖에 머물렀으며, 집 앞을 지나가면서도 집에 들어가지 못했다."[28]

爲國獻身, 軍人本分. 위국헌신, 군인본분.

(서울역사박물관 소장)[29]

나라를 위해 몸을 바치는 것이 군인의 본분이라는 의미이다. 이 또한 대장부의 임무를 보여주는 글이다. 그러나 이것은 군인이라면, 혹은 나라를 사랑하는 사람이라면 무조건적으로 나라가 시키는 일을 하라는 의미는 아니다. '진정으로' 사회, 국가, 세계를 사랑하는 사람이라면, 인의예지(仁義禮智)와 같은 가치를 실현하는 것을 목표로 삼아야 한다. 그것이 군자이

---

27 1910년 3월 옥중에서 쓴 행서 글씨로 자신을 취조했던 여순검찰청 검찰관 야스오카 세이지에게 써준 글이다. 야스오카가 딸에게 물려주었는데, 그 후 1976년 안중근의사 숭모회에 기증되었다.

28 禹傷先人父鯀功之不成受誅, 乃勞心焦思, 居外十三年, 過家門不敢入.

29 안중근이 재판을 받으러 다닐 때 경호했던 일본 헌병 치바 도시치 간수에게 써준 글이다. 이 글은 치바의 부인과 조카딸이 보관하다 1980년 안중근의사숭모회에 기증되었다. 사이토 타이켄(齋藤泰彦)이 쓴 『내 마음의 안중근』이라는 책에 의하면, 이 문구는 치바에게 '생명의 불가사이함'에 대해 얘기하면서 생명을 주신 부모에게 잘 하라는 당부와 함께 써주었다고 한다. 사이토 타이켄 2002, 173쪽.

고, 대장부이다. 그러므로 안중근이 사형을 언도받았을 때 다음과 같이 말했다.

> "나는 과연 대죄인이다. 나의 죄는 다른 것이 아니다. 나의 인(仁)이 부족한 것은 한국 국민된 죄이다."[30]

이런 정신은 다음의 유묵에도 나타난다.

> 志士仁人, 殺身成仁. 지사인인, 살신성인.
> (안중근의사숭모회 소장)[31]

이 유묵의 문구는 뜻이 있는 선비와 어진 이는 몸을 죽여 인을 이룬다는 의미이다. 이 문구는 『논어』 「위령공」에 "뜻이 있는 선비와 어진 이는 삶을 구하여 인을 해침이 없고, 몸을 죽여 인을 이룸이 있다(志士仁人, 無求生以害仁, 有殺身以成仁)"라는 구절에서 인용한 것이다. "뜻이 있는 선비"는 대장부를 의미한다. 맹자의 대장부는 천하의 도를 행하는 사람이다. 즉 개인적 이익이 아니라 천하의 이익을 위해 일하는 사람이다. 천하의 이익을 위한 가장 중요한 가치가 바로 '인(仁)'이다. 안중근은 천하의 이익, 즉 평화를 위해 목숨을 바치고자 했다는 것을 알 수 있다. 그것은 다음의 유묵

---

30 나카노 야스오, 『동양평화의 사도 안중근』, 양억관 옮김, 하소, 1995, 76쪽.
31 안중근 공판을 지켜봤던 일본인 기자 고마쓰 모토코(小松元吾)에게 써준 것으로, 그의 후손이 보관하고 있다가 2016년 안중근의사숭모회에 기증했다.

에서도 알 수 있다.

見利思義, 見危授命. 견리사의, 견위수명.

(동아대학교 박물관 소장)

이것은 이익 앞에서 의로움을 생각하고, 위기 앞에서 목숨을 던진다는 의미이다. 이 문구는 『논어』「헌문」에서 인용한 것이다. 공자는 "이익을 보면 의를 생각하고, 위기를 보면 목숨을 바치며, 시간이 오래되어도 평생의 약속을 잊지 않으면, 또한 성인이 될 수 있다."[32]고 했다. 이것은 대장부의 정신을 지키기 위해서는 인내와 용기가 필요하다는 것이다. 안중근 유묵 속에서 의가 강조되는 이유는 인의 실천을 위해 반드시 필요하기 때문이다. 그런 이유로 내면의 덕인 인과 외면의 덕인 의의 결합은 도덕적 인간성과 대장부의 실천성으로 발현된다. 안중근 유묵에서 보여주는 대장부 정신은 이렇듯 인과 의의 통일적 실천을 통해 사회, 국가, 세계의 평화를 지향하는 유가적 도를 반영한다.

3. 안중근 유묵의 평화정신

안중근은 동양의 평화가 실현되지 못했음을 안타까워했다. 이렇듯 안중근은 단순히 한반도의 평화만을 추구하지는 않았다. 안중근의 이러한

---

32 見利思義, 見危授命, 久要不忘平生之言, 亦可以爲成人矣.

사상적 지향은 『대학』의 "수신(修身), 제가(齊家), 치국(治國), 평천하(平天下)"의 정신이 반영된 것이라고 볼 수 있다.

> 東洋大勢思杳玄, 有志男兒豈安眠, 和局未成猶慷慨, 政略不改眞可憐.
>
> 동양대세사묘현, 유지남아기안면, 화국미성유강개, 정략불개진가련.
>
> (숭실대학교박물관 소장)

이 유묵의 문구는 "동양의 대세가 암담하다고 생각하니, 뜻있는 남아가 어찌 편안히 잠을 잘 수 있겠는가? 평화의 시국이 여전히 이루어지지 않아 안타깝고, 정략이 바뀌지 않았으니 참으로 슬프구나!"라는 의미이다. 안중근은 동양의 평화가 위협받는 상황을 안타까워했다. 그리고 동양의 평화를 위해 노력하는 것이 대장부의 임무라고 보았다.

> 欲保東洋, 先改政略, 時過失機, 追悔何及.
>
> 욕보동양, 선개정략, 시과실기, 추회하급.
>
> (단국대학교 석주선기념박물관 소장)

이 유묵의 문구는 "동양을 지키려면, 우선 [일본의] 정략을 고쳐야 하는데, 시기가 지나 기회를 놓치면 후회한들 무슨 소용이랴."라는 뜻이다. 안중근은 일본의 침략 정책을 비판하고, 그것이 동양의 평화를 위협한다고 보았다. 그리고 그러한 정책이 하루빨리 바뀌기를 바랐다. 이 유묵을 통해 안중근의 정치적 이상이 단순히 대한제국의 독립을 위한 것만은 아니었다는 점을 알 수 있다. 일국의 독립도 요원한 상태에서, 동양 전체의 평화를 실현한다는 것은 더욱 실현하기 어려운 일일 수 있다. 그러므로 그것을 실현하기 위해서는 더 많은 인내가 필요할 것이다. 그러한 안중근의 뜻은 다음의 유묵에서 엿볼 수 있다.

百忍堂中有泰和 백인당중유태화

(개인 소장)

이는 많이 참으면 큰 평화가 온다는 의미이다. 이것은 『자치통감』에 나오는 일화에서 연유한 문구이다. '백인당'은 중국 당나라 때 장공예(張公藝)라는 사람의 화목한 가정을 이르는 말이다. 장공예의 집안은 9대가 함께 살았지만, 언제나 화목했는데, 그 비결이 참는 것(忍)에 있었다. 이것은 인내의 중요성을 일깨우는 것이면서도, 그 결과물인 평화를 지향하는 것이기도 하다. 공자는 "예를 사용할 때, 화합을 중요시 한다. 선왕의 도는 그것을 좋게 여겼다.(禮之用, 和爲貴. 先王之道, 斯爲美.)"(『논어』「학이」)고 하며, 평화(和)를 중시했다. 그 평화를 이루기 위해 공자는 인내를 제시했다. "작은 것도 참지 못하면, 큰 계획을 망친다.(小不忍, 則亂大謀)"(『논어』「위령공」)고 보았기 때문이다.

또한 "백인당중유태화"은 "일근천하, 무난사(一勤天下, 無難事)"라는 문구와 대구를 이룬다. 후자의 뜻은 열심히 한다면, 천하에 하기 어려운 일은 없다는 것이다. 한 가정에서도 개인의 욕구 충족만을 중시한다면 욕구 간의 충돌이 불가피하고 평화는 이루어질 수 없다. 이것은 사회, 국가, 지역, 세계 모두에 적용할 수 있다.

이런 맥락에서 안중근은 '인심결합론'을 주장했다.

우리 동포들아! 모두 '불화' 두 자를 깨뜨리고 '결합' 두 자를 굳게 지켜 자녀들을 교육하며, 청년 자제들은 결심하고 속히 우리 국권을 회복한 뒤에 태극기를 높이 들고 가족과 함께 독립관에 서로 모여 한마음 한뜻으로 전 세계가 울리도록 대한독립 만세를 부를 것을 약속하자.[33]

 안중근은 동아시아 지역의 평화를 위해서 한 사람, 한 사회, 한 국가, 한 지역만 인내한다고 평화가 이루지는 것은 아니라고 본 것이다. 동아시아 사람 모두의 마음이 평화라는 하나의 목표를 이루고자 해야 한다. 그리고 안중근을 비롯하여 당시 지식인들은 동아시아 삼국이 경제적 협력을 통해 공동 번영할 수 있다고 생각했다.[34]

 구체적으로 안중근이 동양평화를 위해 제안한 것은 다섯 가지로 요약될 수 있다.[35] 첫째, 일본이 지배하고 있던 뤼순을 중립지역으로 삼아 한중일 삼국이 공동으로 관리하는 군항으로 만들고 그곳에 삼국이 대표를 파견하여 동양평화회의를 조직한다. 둘째, 삼국이 공동으로 은행을 설립하고, 공동의 화폐를 발행한다. 셋째, 삼국의 청년으로 구성된 군대를 만들고, 그 청년들에게 2개국 이상의 언어를 배우도록 한다. 넷째, 일본의 지도를 받아 한중 양국의 상공업을 발전시킨다. 다섯째, 삼국 대표가 로마교황청을 방문하여 협력을 맹세한다.

 이것은 삼국의 "정치, 경제, 군사, 외교적으로 국가연합에 가까운 공동

33 안중근, 『동양평화론(외)』, 범우사, 2015, 20쪽.
34 현광호, 「안중근의 동양평화론과 그 성격」, 『아세아연구』 제46권 3호, 2003, 180쪽.
35 국가보훈처 · 광복회, 『21세기와 동양평화론』, 국가보훈처, 1996, 54~57쪽.

체"[36]를 제안한 것이다. 이것은 이토 히로부미가 얘기한 동양평화론[37]과는 성격이 다르다. 그것은 동양평화를 위해서라기보다는 일본의 자위를 위한 것이 사실상의 목적이었기 때문이다. 이토의 동양평화론은 한반도에서는 러시아와 청나라 세력의 영향력이 사라지고 일본이 강점한 상태를 의미한다.[38] 그런데 이토의 동양평화론은 '극동평화론'이라고 불리는데,[39] 그것은 한반도에서의 일본의 식민 지배의 성공을 만주로 확장하여 적용하기 위한 것이었다. 그런 점에서 일본이 말하는 동양평화와 안중근의 그것은 분명하게 구별해야 한다. 그것은 한 나라만을 위한 것이냐, 아니면 동양 삼국 모두의 평화를 위한 것이냐는 차이가 있다.

4. 맺으며

안중근은 테러리스트인가 평화주의자인가? 흔히들 사람들은 안중근에 대해 이런 질문을 많이 한다. 그러나 그 질문보다는 오늘날 평화의 문제와 관련해서 우리는 이제 그가 민족주의자인가, 세계주의자인가를 물어야 할 것이다. 그것은 지금 세계에서 민족주의와 세계주의가 충돌하고 대

---

36 이재봉, 「20세기의 동양평화론과 21세기의 동아시아 공동체론」, 『평화학연구』 제12권 1호, 2011.

37 金正明 編, 「伊藤特派大使謁親翰奉呈始末」, 『日韓外交資料集成 6(上)』, 東京: 巖南堂書店, 1964, 15쪽.

38 신운용, 「안중근의 '동양평화론'과 伊藤博文의 '극동평화론'」, 『역사문화연구』 제23집, 2005.

39 〈극동평화론〉, 《만주일일신문》, 1909.11.04.

립하고 있는 시기이기 때문이다. 그리고 안중근의 동양평화론이 오늘날 관심을 끌고 있는 것도 대립보다는 화해와 공생을 위해서이기 때문이다.

안중근은 이토 히로부미 암살 후 살해 동기를 묻는 검사에게 그 이유를 열 다섯 가지로 설명했다. 그 중 하나가 바로 "동양평화를 파괴한 죄"이다.[40] 그러므로 안중근은 심문을 받는 과정에서 "나는 한국을 위해, 나아가서는 세계를 위해 이토를 죽인 것이지, 명예를 위해 행한 것은 아니다"[41]라고 반박했다. 그는 이렇듯 재판과정 내내 한국의 독립과 동양의 평화를 위해 암살을 시도했다고 주장했다. 이런 주장으로 인해 안중근을 심문한 미조부치 검찰관도 안중근을 단순한 암살범이 아니라 '동양의 의사'라고 칭한 것이다.[42]

그러므로 안중근의 사상을 김경일은 "열린 민족주의"라고 표현하였다.[43] 윤경로 또한 안중근이 "기본적으로 평화주의자"[44]라고 보았으며, 강동국은 안중근의 동양평화론이 민족주의와 지역주의의 결합을 통해 제국주의에 대항한 견해[45]라고 보았다. 안중근이 이토 히로부미를 암살한 동기로 제시된 15가지를 살펴보면, 그의 사상은 민족주의, 지역주의가 혼재

40 안중근, 『안응칠역사』, 페이퍼문, 2016, 93쪽.

41 이기웅 편, 『안중근 전쟁 끝나지 않았다』, 열화당, 2000, 85쪽.

42 안중근, 『안응칠역사』, 페이퍼문, 2016, 93쪽.

43 김경일, 「동아시아의 맥락에서 본 안중근과 동양평화론: 열린 민족주의와 보편주의로의 지평」, 『한국학』 통권 117호, 2009.

44 윤경로, 「안중근의거 배경과 「동양평화론」의 현대사적 의의: 동아시아의 평화와 미래를 전망하며」, 『한국독립운동사연구』 36, 2010.

45 강동국, 「동아시아의 관점에서 본 안중근의 동양평화론」, 안중근의사기념사업회 엮음, 『안중근과 그 시대: 안중근 의거 100주년 기념연구논문집 1』, 경인문화사, 2009, 412쪽.

되어 있다. 그리고 그 바탕에는 인권을 바탕으로 한 평화사상이 깔려 있다.

그러나 안중근의 사상에는 세계주의적 일면도 보인다. 안중근은 동양평화를 달성하기 위해 일본이 세계 각국의 신용을 얻고, 평화를 정착시키기 위해 노력해야 하며, 세계의 지지를 얻어야 한다는 제안을 하였다.[46] 안중근 평화론의 세계주의적 일면은 무엇보다도 그의 유가사상적 배경에서 그 원인을 찾아볼 수 있다. 유가사상에서 완성하고자 하는 도덕적 인간상은 사적인 이익(私)뿐만 아니라 공적인 이익(公)을 추구하는 인재이며, 그 바탕에는 '인(仁)'사상이 깔려 있다. 그가 유묵으로 남긴 "貧而無諂, 富而無驕. (빈이무첨, 부이무교)", "一日不讀書, 口中生荊棘. (일일부독서, 구중생형극)", "戒愼乎, 其所不睹.(계신호, 기소부도)", "言忠信, 行篤敬, 蠻邦可行.(언충신, 행독경, 만방가행)", "喫蔬飮水, 樂在其中.(끽소음수, 낙재기중)", "不仁者, 不可以久處約.(불인자, 불가이구처약)", "歲寒然後知松栢之不彫.(세한연후지송백지부조)", "孤莫孤於自恃(고막고어자시)", "博學於文, 約之以禮.(박학어문, 약지이례)" 등은 개인적 차원에서의 도덕적 수양을 장려하는 글귀이지만, '인' 사상을 바탕으로 하고 있다. 그것은 "黃金百萬兩, 不如一敎子.(황금백만량, 불여일교자)", "庸工難用, 連抱奇材.(용공난용, 연포기재)", "人無遠慮, 難成大業.(인무원려, 난성대업)" 등 사회적 차원에서의 인재교육, 군자의 원시적 사고 등과 연관되어 있다는 점에서 알 수 있다. '인' 사상은 개인뿐만 아니라 이웃, 사회, 국가, 그리고 나아가 세계를 '공(公)'으로 인식한 것이다. 『대학』의 8조목인 "격물, 치지, 성의, 정심, 수신, 제가, 치국,

---

46 국가보훈처 · 광복회, 『21세기와 동양평화론』, 국가보훈처, 1996, 55쪽.

평천하"는 개인적 수양에서 비롯하여 사회적 차원, 나아가 세계적 차원으로의 도덕의 완성이라는 유가의 '인' 사상을 보여주는데, 그런 사상적·인식적 발전 과정을 여실히 보여준 것이 안중근의 유묵이다.

　그리고 안중근의 평화주의적이며 세계주의적인 사상적·이론적 인식을 실천할 인재가 바로 '대장부'라고 할 수 있다. "見利思義, 見危授命.(견리사의, 견위수명)"의 마음가짐을 지닌 안중근의 '대장부'는 맹자의 '대장부'의 연장선이면서 동시에 현대적 전환이기도 하다. 그것은 "國家安危, 勞心焦思.(국가안위, 노심초사)", "爲國獻身, 軍人本分.(위국헌신, 군인본분)" 등의 유묵에서 볼 수 있는 국가의 일원으로서 논의되고 있기 때문이다. 그러나 그에 머무르지 않고, 동양의 평화를 추구해야 하는 존재로 인식되고 있다. 그리고 나아가 안중근의 동양평화론은 당시의 시대적 상황 하에서 '동양'의 평화를 이야기했지만, 그 지향은 결국 세계일 수밖에 없는 것이다.

大韓國人
安重根

역사 자료의 교육적 가치와
평화적 이용

―류코쿠대학(龍谷大學) 보관 안중근 유묵(遺墨)을 중심으로

이수임(李洙任)

번역: 야규 마코토(柳生眞)·조성환

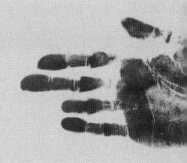

*   류코쿠대학 교직원 조합이 안중근의 유묵에 크게 관여한 것에 대한 감사의 표시로 이
    글은 조합 관계자들에게 바친다. 조합의 공헌에 대해서는 이 글의 제6절 "류코쿠대학
    안에서의 찬동과 반발" 이하의 내용을 참고하기 바란다.

** 이 글의 출전은 다음과 같다: 李洙任, 「龍谷大学保管の安重根の歴史資料とその
    平和利用」, 世界人権問題研究センター 編, 『研究紀要』 第28号, 2023年 6月 2日,
    pp.41~62. 원문은 아래 싸이트에서 다운로드 가능하다. https://khrri.or.jp/publication/
    docs/202306028003%281424KB%29.pdf

안중근이 남긴 유묵을 본 순간 나도 모르게 허리를 폈다. 그의 필적과 거기에 담긴 내용에서 안중근이라는 사람이 얼마나 자신에 대해 엄격했는지를 느낄 수 있었기 때문이다. 특히 "불인(不仁)한 자는 고통을 이겨낼 수도 없고 즐거움을 지속시킬 수도 없다."라는 유묵은 안이하고 방종하는 삶을 사는 나 자신을 책망하는 듯했다. 오늘부터는 이 말을 가슴에 새기고 몸가짐을 똑바로 하고 살아야겠다고 생각했다.

이 인용문은 내가 류코쿠대학에서 강의한 류코쿠대학 교양 특강 〈동아시아의 미래: 아시아공동체 창성(創成)을 위한 국민국가를 초월한 글로벌관(觀)〉을 수강한 학생이 쓴 것으로, "도서관에 전시된 안중근의 친필을 보고 무엇을 느꼈는가?"라는 질문에 대한 감상이다.

1. 들어가며

내가 교육자이자 연구자로 25년간(1996년 4월~2021년 3월) 근무한 류코쿠대학은 1639년 정토진종(淨土眞宗) 본원사파(本願寺派)[1] 승려를 육성하는 학료(學寮)로 창설되었고, 380년 이상의 역사를 자랑하는 아시아에서 가장 오래된 교육기관 중의 하나이다. 류코쿠대학은 그 오랜 역사적 배경에서 귀중한 역사 자료를 많이 보유하고 있다. 그중에서도 류코쿠대학의 지보(至寶)로 자리 잡은 것은 〈류코쿠대학도(龍谷大學圖)〉라고 불리는 세계 최고(最古)의 지도 〈혼일강리역대국도지도(混一疆理歷代國都之圖)〉이다. 줄여서 〈강리도(疆理圖)〉라고 불린다.

〈혼일강리역대국도지도〉는 1402년 조선 태종 때 만들어진 것인데, 이지도가 언제쯤 어떤 경위로 일본에 건너왔는지는 명확하지 않다. 정토진종 본원사파 제22세 법주(法主)인 오타니 고즈이(大谷光瑞)가 조선에서 사들였다는 설, 16세기 말 임진왜란 때 획득한 것을 도요토미 히데요시(豊臣秀吉)가 서본원사(西本願寺)에 주었다는 설 등이 있으나 정확한 입수 경로는 알려지지 않았다.[2] 입수된 경위는 불분명하더라도 정토진종 본원사와 한반도의 관계성을 말해주는 귀중한 자료라고 할 수 있다. 하지만 문화재 반환 소송과 전후 보상 문제와 맞물려서 이러한 역사 자료를 효과적으로 활용하거나 자료에 관련된 정보를 사회에 적극적으로 발신하기는 쉽지

---

1 [역자주] '정토진종(淨土眞宗) 본원사파(本願寺派)'는 일본어 발음으로 표기하면 '죠도 신슈 혼간지하'가 된다. 여기에서는 한글로 표기하기로 한다.

2 〈강리도〉는 류코쿠대학 이공학부 오카다 요시히로(岡田至弘) 교수를 중심으로 하는 〈류코쿠대학 고전적(古典籍) 디지털 아카이브 연구 프로젝트〉에 의해 디지털 공학에 기초한 지명(地名) 선명화(鮮明化)와 색소 · 소재 분석 등에 의한 복원 방법이 개발되어, 제작 당시의 원형이 충실하게 복원되었다. 덕분에 원도(原圖)의 문자 해독도 가능해졌다. 자세한 내용은 村岡倫 編, 『最古の世界地図を読む『混一疆理歷代国都之図』から見る陸と海(龍谷大学アジア仏教文化研究叢書)』, 京都: 法蔵館, 2020.03. 참조.

않다.

류코쿠대학에는 다루기 힘든 역사 자료가 하나 더 보관되어 있다. 그것은 바로 이 글의 주제인 '안중근이 휘호한 유묵'이다. 안중근은 1909년 10월 26일, 초대 한국 통감을 지낸 이토 히로부미를 러시아 제국이 권익을 가진 북만주의 하얼빈역 구내에서 습격하고, 러시아 관헌에게 체포된 뒤에 일본 관동도독부(關東都督府)에 인도되어 1910년 3월 26일에 뤼순형무소(旅順刑務所)에서 처형당한 인물이다. 여기까지는 역사 교과서에서 일본인들이 배우는 표층적인 안중근 관련 지식이다. 그러나 안중근이 왜 그토를 암살했는지 그 동기와 배경에 대한 해명은 말할 것도 없고, 안중근이 어떤 인물이었는지를 알 수 있는 기회는 일본의 교육 현장에서는 거의 전무하다고 할 수 있다. 오히려 그런 문제를 파헤쳐서 이해하려는 생각이 일본 사회에서는 금기시되고 있다고 해도 과언이 아니다. 이러한 정치적·사회적 사정으로 인해 안중근 유묵을 유효하게 활용하기 어려운 상황이라서, 류코쿠대학 도서관의 귀중서고에 류코쿠대학의 일부 교직원만이 그 존재를 아는 역사 자료로서 오랫동안 비밀리에 보관되어 있었다.

그런데 마치 안중근이 되살아나듯 류코쿠대학 유묵의 존재가 사회에 알려지게 되었다. 먼저 2008년 10월 25일에 〈한국병합(韓國倂合) 100년 시민 네트워크〉가 탄생했고 (이하 〈100년 네트워크〉), 그로부터 5년이 지난 2013년 5월에 류코쿠대학 사회과학연구소 부속기관인 〈안중근 동양평화 연구센터〉가 설립되었다. 하지만 류코쿠대학 직할의 독립된 연구센터로 하기에는 어려움이 있어서, 사회과학연구소 부속기관, 이른바 하부 연구기관으로 고고지성(呱呱之聲)을 올린 것이다. 참고로 나 역시 다른 많은 교직원들과 마찬가지로, 안중근 유묵의 존재를 오랫동안 모르고 있다가 〈100년 네트워크)의 활동에 참여함으로써 비로소 그 존재를 알게 되었다.

역사학자도 아닌 내가 이 센터를 매개로 분주해진 동기는 역시 안중근이라는 인물의 기개에 힘입은 바가 컸고, 안중근과 신뢰 관계로 맺어진 일본인 승려들과 간수들에게 깊은 감명을 받았기 때문이다. 안중근의 유묵을 평화적으로 이용하고 전문 분야의 경계를 넘어서 〈안중근 동양평화 연구센터〉를 창립하면서 복안적(複眼的)인 역사 인식 고찰과 미래를 위한 평화사상 구축을 실현하기 위해, 학내외의 다양한 연구자들에게 센터 연구원으로 참여해 달라고 부탁했다. 센터의 명칭은 안중근이 바랐던 '동양평화사상'에서 유래한다. 센터의 구체적인 목적은, 안중근이 힘껏 호소한 동양평화사상을 현대적 과제와 연결해서 사회와 직결되는 탄력적인 연구 활동을 하는 것으로 삼았다. 안중근이 세상을 떠난 지 100년이 지난 오늘, 전 세계적으로 내셔널리즘이 팽배하고 타자에 대한 반감, 배제, 혐오가 만연하며, 무엇보다도 상호이해의 바탕이 되어야 할 대화가 갈수록 단절되고 있다. 이런 암담한 시대이기에 더더욱 안중근의 유묵은 중요한 의미를 지닌다.

〈안중근 동양평화 연구센터〉에서는 역사적 · 정치적 · 경제적 · 문화적 고찰을 통해 미래의 100년을 위한 한일의 역사 · 경제 · 문화교류 사업을 전망함과 동시에, 가능한 범위에서 구체적인 사업을 전개해 왔다. 특히 시민적 시각을 견지한 민학공동(民學共同)의 추진을 중시함으로써 구체적인 과제 해결에 이바지하는 공동연구를 진행하였고, 그 성과를 사회에 환원해 왔다. 나를 비롯해서 안중근의 기개에 매력을 느낀 시민들이 많았던 점이 센터의 발전으로 이어졌다고 생각한다. 또한 류코쿠대학 도서관이 보관하는 안중근의 유묵을 효과적으로 이용하면서 연구 성과를 교육 분야에 실천하는 것도 본 센터의 중요한 활동 과제이다.

2. 소프트파워로서의 유묵의 효력

그 교육 분야 활동의 일부가 서두에서 소개한 류코쿠대학 교양과목 특별강좌인 〈동아시아의 미래: 아시아공동체 창성(創成)을 향해 국민국가를 초월한 글로벌관(觀)〉이다. 내가 2021년 3월에 류코쿠대학을 정년퇴직한 후에는 류코쿠대학 정책학부의 오쿠노 쓰네히사(奧野恒久) 교수와 농학부의 나카타 유코(中田裕子) 교수가 이 강의를 맡아줘서, 학생들에게 지지받는 인기 강좌가 되고 있다. 이 강좌는 〈원(One) 아시아재단〉(지금은 〈유라시아재단〉으로 명칭이 변경됨)으로부터 지원을 받아서 국내외 강사들의 강의 초빙, 학생들의 한국 스터디 투어 등을 실천했다.

내가 이 강의를 시작할 무렵 학생들을 위해 안중근의 친필을 열람하는 기회를 마련했다. 학생들이 유리 너머가 아닌 직접 눈앞에서 안중근의 친필을 볼 수 있는 자리를 마련한 것이다. 이 일은 한국 학생들조차 얻지 못한 귀중한 경험이 되었다. 친필의 영향력은 상상 이상이었고, 강연자와 학생들의 교류도 다른 강의에서는 볼 수 없을 정도로 활발한 수업으로 발전되었다. 그러나 최근 유묵의 상태가 나빠짐에 따라 한국의 〈안중근의사기념관〉이 류코쿠대학에 기증한 복제품을 류코쿠대학 도서관에서 전시하게 되었다(매년 3월과 10월 두번씩). 안중근의 친필은 그 어떤 강의나 뛰어난 교과서보다 학생들에게 강한 충격을 주었고, 학생들의 '공감력'과 '수용이해력'을 끌어올리는 데 성공했다. 나는 이 '친필의 힘'을 소프트파워로 규정하고 있다.

소프트파워는 경제력이나 군사력을 하드파워로 이해하고, 그것과 대비되는 힘을 지칭하는 개념이다. 이 개념은 미국의 클린턴 정권(1993~2001)

하에서 국가안전보장회의 의장과 국방차관보를 역임한 하버드대학원 케네디스쿨의 조지프 나이 교수에 의해 제창되었는데, 그는 국가가 군사력이나 경제력 등 대외적인 강제력에 의존하지 않고 자국의 문화나 정치적 가치관, 정책의 매력 등에 대한 지지와 이해, 공감을 받음으로써 국제사회로부터 신뢰와 발언력을 얻는 힘을 '소프트파워'라고 불렀다.[3]

세계화가 진척되고 세계가 축소된 오늘날에는 외교도 새로운 국면을 맞이하고 있다. 일본 외무성에서도 『외교청서 2007』에서 '공공외교(public diplomacy)'라는 새로운 전략을 내세우면서 소프트파워를 중시하고 있다. 외교는 총력전으로, 이제는 군사나 경제의 힘에만 의존할 수 없다고 하면서, 소프트파워는 자기가 원하는 것을 상대방도 원하도록 만드는 힘이라고 말한다. 부언하면 소프트파워란 "공공외교를 수월하게 추진할 수 있는 환경을 조성하는 힘"이다.[4]

조지프 나이와 일본 외무성이 말하는 소프트파워 개념은 자국의 매력을 다른 나라에 과시하는 힘으로 해석돼 일방통행적인 인상을 준다. 나는

---

3 Joseph S Nye Jr, *Bound to Lead, The Changing Nature Of American Power*, New York: Basics Books, 1990(일본어 번역서는 ジョセフ S.ナイ Jr., 『不滅の大国アメリカ』, 久保伸太郎 訳, 東京: 読売新聞社, 1990)에서 '소프트파워(Soft Power)' 개념이 소개되었다. 이어서 *Soft Power: The Means to Success in World Politics,* New York: Public Affairs, 2004(일본어 번역서는 ジョセフ S. ナイ, 『ソフト・パワー: 21世紀国際政治を制する見えざる力』, 山岡洋一 訳, 東京: 日本経済新聞社, 2004)라는 저서를 출간하여 1980년대의 미국 쇠퇴론에 이의를 제기하였다.

4 外務省HP「Magnetism of Japan~日本のソフト・パワーを追って~」(広報文化交流部, 山本忠通と一橋大学 1年生, 野村麻有との対談インタビュー) 기사 작성은 노무라(野村)에 의함. 시민이 이해할 수 있는 외교전략으로 외무성(外務省)이 일본의 소프트파워의 힘을 설명하고 있다. https://www.mofa.go.jp/mofaj/annai/listen/inter)iew2/int)_01.html (접속일자: 2023년 1월 15일).

류코쿠대학이 보관하고 있는 안중근의 유묵을 강력한 소프트파워로 자리매김하면서, 고정화된 역사 인식을 순식간에 불식시킬 정도의 영향력을 기대했다. 과연 그 효과는 학생들의 댓글에서 크게 실감할 수 있었다.

안중근은 뤼순형무소에서 처형당한 1910년 3월 26일까지 5개월이라는 짧은 수감 기간 동안에, 200여 점 정도의 유묵과 자서전을 통해서 한국의 독립과 동양평화에 대한 용솟음치는 열망을 남겼다. 현재까지 국내외에서 확인된 유묵은 62점으로, 그중 26점이 대한민국 국보로 지정되어 있고, 그중 4점(3폭과 액자 1점)은 류코쿠대학이 보관하고 있다. 오카야마현(岡山縣) 가사오카시(笠岡市)의 정토진종 본원사파 정심사(淨心寺)에서 1995년에 기탁한 3점의 유묵은 손으로 뜬 화지(和紙) 2장을 이은 세로 1.5m, 가로 40cm의 크기이고, 표구되어 있다.

2015년 10월 22일, 기존의 3폭에 더하여 새롭게 종교법인 원선사(顯舩寺)로부터 '獨立(독립)'(액장(額裝) 1면)이 류코쿠대학에 기탁되었다. 액자로 되어 있는 이 글씨가 류코쿠대학 소장 유묵 중에서도 특별한 것은 자국의 독립을 바라는 안중근의 강한 애국심이 느껴지기 때문이다. 유묵의 왼쪽 아래에는 "대한국인(大韓國人) 안중근(安重根) 서(書)"라고 적혀 있다. 그리고 그 밑에는 약지가 잘린 안중근의 왼손이 수장인(手掌印=손도장)으로 찍혀 있다. 참고로 안중근은 왼손잡이로, 약지가 손상된 이 손 모양은 유묵이 안중근의 친필임을 확인할 수 있는 효과적인 수단이 되고 있다. 주지하다시피 안중근은 1909년에 동지 11명과 함께 '단지동맹(斷指同盟)'을 맺어 대한독립에 헌신할 것을 다짐하면서 손가락을 잘랐다. 서울에 있는 안중근의사기념관의 안중근 동상 뒤에는 11명의 잘린 손가락에서 흘린 피로 쓴 '대한민국'이라는 글씨가 걸려 있다.

액자 「독립」(류코쿠대학 도서관 제공)

이하는 안중근의 유묵에 나오는 문구의 해설이다. 유묵을 열람한 학생들의 '공감력' 넘치는 댓글도 같이 소개하고자 한다.

不仁者, 不可以久處約. 불인자, 불가이구처약.

이것은 『논어』 「이인(里仁)」에 나오는 말로, "어질지 못한 자(不仁者)는 언제까지나 곤궁한 삶을 살게 해서는 안 된다(틀림없이 나쁜 일을 저지르게 될 테니까). 반대로 오랫동안 부귀를 누리게 해서도 좋지 않다(안락한 삶에 익숙해져서 타락할 테니까). 어진 자(仁者)는 자신의 삶에 만족하고, 지혜로운 자(智者)는 자신의 삶을 사회에서 살린다."라는 뜻이다.

敏而好學, 不恥下問. 민이호학, 불치하문.

『논어』 「공야장(公冶長)」에 나오는 말이다. 자공(子貢)이 물었다: "공문자

(孔文子)는 왜 '문(文)'이라는 시호를 받았습니까?" 선생님께서 말씀하셨다: "똑똑하면서 학문을 좋아하고 아랫사람에게 묻기를 부끄럽게 여기지 않았다. 그래서 '문(文)'이라 한 것이다." 쉽게 말하면 "모르면 조속히 찾아보고, 신분이나 나이에 상관없이 자기보다 아랫사람에게 묻는 것을 수치로 생각해서는 안 된다."라는 의미이다.

　　戒愼乎其所不睹. 계신호기소부도.

　『중용』 제1장에 나오는 말로, "군자는 (항상 도를 생각하여 공명정대하며 모호하게 숨김이 없이) 자기 내면을 삼가고 닦는다."라는 뜻이다. 쉽게 말하면 "군자는 항상 겸허한 자세로 일을 대해야 한다."라는 의미이다.

학생들의 소감

　1) 저는 안중근의 유묵 중에서 "敏而好學, 不恥下問(민이호학 불치하문)"이라는 말이 가장 인상에 남았습니다. "똑똑하면서 학문을 좋아하고 아랫사람에게 묻는 것도 부끄럽게 여기지 않는다"라는 것은, 지금 그리고 앞으로 우리가 학문하는 데 있어 중요하다고 생각합니다. 저는 이 말의 의미를 적극적으로 배우고, 자신의 무지를 인정하며, 절대로 교만해지지 않고, 앎을 탐구하는 자세가 중요하다고 해석하고, 앞으로 학문을 하는 동안 계속해서 마음속에 담아두어야겠다고 생각했습니다.

　2) 개인적으로 "敏而好學, 不恥下問(민이호학 불치하문)"이라는 말을 좋아한

다. 나는 초등학생 때 『논어』를 읽을 기회가 있어서 조금 공부한 적이 있다. 그래서 이 말을 들은 적이 있다. 그러나 뜻까지는 몰랐다. 나는 나보다 어린 사람에게 묻거나 가르침을 받는 것을 별로 좋아하지 않는다. 자존심인지 뭔지는 모르겠지만, 젊은 사람보다는 나이 많은 사람에게 가르침을 받고 싶다. 하지만 똑똑하면서 학문을 좋아하는 사람일수록 "누구한테나 상관없이 자존심이 상하지 않고 질문할 수 있구나"라는 생각이 들어서 나 자신이 약간 한심하게 느껴졌다.

3) "戒愼乎其所不睹(계신호기소부도)", 즉 "군자는 남들이 보지 않는 곳에서도 항상 자신을 삼가고 두려워한다." 이 말은 이토 히로부미에 대한 메시지가 아닐까 생각했다. 맞는 해석인지는 모르겠지만, 안중근에게는 당시 권력을 가졌던 이토 히로부미의 방식(국민을 이용해서 식민지화를 추진해 나간 것)에 대해 분노뿐만 아니라 연민도 있었던 것이 아닐까 생각한다. 그걸 엮은 것 같다. 다만 만약 이것이 이토 히로부미에 대해서 한 말이라면 그것은 동시에 이토 히로부미를 군자로 표현한 데서 나름대로 인정도 했던 것이 아닐까 싶다.

4) 나에게 가장 인상에 남은 것은 "戒愼乎其所不睹(계신호기소부도)"이다. 남들이 보지 않는 곳에서 삼간다, 즉 다른 사람이 없이 혼자 있을 때에도 근신한다는 뜻이다. 안중근은 감옥에서 동양평화론에 대해 혼자 생각했다고 강의에서 배웠는데, 혼자서 이만큼의 평화론을 생각할 수 있는 것은 이 말을 실천했기 때문에 가능했던 것이 아닐까 생각했다.

5) 맨 먼저 눈에 들어온 것은 약지와 새끼손가락의 길이가 같은 부자연스러운 손도장이었다. 역시 실물을 보니(물끄러미 쳐다보니 혹시 복제인가 싶기도 했는데, 아니라면 대단한 실례이다. 죄송하다) 손가락을 자를 정도의 그의, 그리고 그를 비롯한 의병들의 강한 의지가 전해져 왔다. 과장이 아니라 뒤로약간 물러설 정도의 박력까지 느꼈다. 그와는 반대로 글씨는 품격이 있다고나 할까, 그런 느낌을 받았다. 이 일련의 강의를 듣기 전에 내가 가졌던 "사람을 암살한 테러리스트"라는 이미지에서는 좀 더 거칠고 난삽한 글을썼으리라 생각했다. 그러나 실제로는 고요한 힘이 글씨의 뒤에서 묻어나오는, 반듯하고 아름다운 유묵이었다. 강의에서 배운 그의 인간적인 훌륭함과 위대함이 그대로 드러나 있었다. 유묵의 내용에서 그의 높은 지력, 아름다운 마음, 숭고한 생각이 절절히 느껴졌다.

다른 날, 안중근을 모르는 태국인 유학생 친구를 데려갔다. 그녀는 일본에서 고등학교를 다녔기 때문에 일본어에는 아무런 불편이 없다. 태국에서는 안중근에 대해서 전혀 배우지 않았다고 한다. 하지만 일본의 고등학교에서 일본사 시간에 안중근에 대해 배웠다는 말을 듣고는 "아차!" 싶었다. 하지만 이토 히로부미를 하얼빈에서 죽인 사람으로만 알고 있는 것 같아서, 진정한 의미에서는 안중근을 모른다고 할 수 있다. 이렇게 생각하고 그녀에게 설명했다. 그녀 역시 유묵 앞으로 데려가자마자 첫마디가 "앗! 이사람 손가락 잘랐어?"라고 말했다. 모든 상황을 설명하자, 그녀는 "안중근은 대단하네. 그냥 이토 히로부미를 죽였다고만 알고 있었는데 이미지가많이 바뀌었어."라고 말했다. 화요일의 그룹 토론에서 나온 의견도 내 생각과 같았다. 역시 일본의 교육에서는 안중근을 제대로 가르치지 않는구나, 과거에 눈을 감고 있구나, 라는 것을 절감했다. 덧붙여 말하면 태국도 일본과 마찬가지로 자국의 역사교육에서는 과거에 눈을 감는 경향이 있는 것 같다. 과거에 있었던 반反정부 데모를 제대로 가르치지 않거나, 외국으로부터의 시각이 아닌 태국의 시각만 가르치고 있는 것 같다. 어디까지나 그녀의 의견이기는 하지만 -.

일본의 대학생들은 '배움'에 관해서는 강사의 강의에 치우치고 일방통행적인 지식주입형 수업이라, 독자적인 사고를 발전시키는 경우가 많다고 할 수는 없다. 하지만 이 강의에서는 안중근의 실제 유묵을 열람하고, 그 후 온라인상의 플랫폼에서 의견을 교환하게 함으로써 서로의 의견을 알 수 있는 기회를 마련했다.[5] 참고로 온라인상의 플랫폼을 사용하는 이 수업은 내가 류코쿠대학에 부임한 1996년부터 시작한 것으로, 코로나 사태를 계기로 긴급 대책 수업 방식으로 시작한 수업 형태가 아니었음을 부언하고 싶다. 학생들이 자기 의견을 갖는 힘은 타자에게 설명하는 장면을 늘림으로써 강화될 수 있다. 학생의 의견 5)의 예에서 알 수 있듯이, 안중근의 유묵을 친구와 함께 도서관에 가서 보고, 수업에서 배운 기초지식(인풋)을 학생의 독자적인 가치관과 연계해서 친구(타자)에게 설명함으로써

---

5 李洙任,「学習者が「学び」に対して責任を担う教育環境: Team Based Learning(TBL)とICTの活用事例」,『龍谷大学学修支援・教育開発, センター長受賞報告書』, 2021.03. 교육의 원리는 소크라테스나 플라톤 시대부터 '대화'이다. 학생들은 자기가 집단 속에 매몰되어 있다고 느낄 때 배움의 질은 떨어진다. 그래서 ICT를 구사해서 개인으로 존중받는 교육환경을 가능하게 하고, 대학에서 익히는 교양(Liberal Arts)이란 "인생의 족쇄를 걷어내는 힘, 즉 자립력을 기르는 것"임을 학생과 교사가 함께 재인식하는 교육매니지먼트를 실천했다. 이것은 코로나 사태를 경험한 지금이야말로 필요한 점이다. 그리고 "스마트폰을 능숙하게 사용하는 학생들에게: 이 험난한 시대야말로 PC 문해력과 교양력을 높이는 시기다!"라는 메시지를 전달했다.

2021년 1월 19일의 나의 마지막 강의. 안중근 유묵을 배경으로

(아웃풋) 배움이 자기 힘이 되어 가는 중요한 과정임을 자각하는 것을 목표
로 하는 수업이다.

3. 1990년대 일본 사회와 미디어의 영향

류코쿠대학은 1995년에 정토진종 본원사파에 속하는 오카야마(岡山)의
정심사(淨心寺)로부터 세 폭의 안중근 친필 유묵과 관련 사진을 기탁받았
다. 안중근의 유묵이 류코쿠대학에 기탁된 배경에는 당시의 정치적 사정
이 있었다. 당시(1995년)의 무라야마 도미이치(村山富市)는 중국 및 한국과
의 관계를 정상화하기 위해 최대한 노력하고 행동한 총리로 알려져 있다.
현직 총리로는 처음으로 루거우차오(盧溝橋)와 중국인민항일전쟁기념관(中
國人民抗日戰爭記念館)을 방문했다. 그리고 「역사를 교훈으로 평화에의 결의를 새롭게 하는 결의(不戰決議)」가결을 실현시켰다. 또한 「재단법인 여성을 위한 아시아 평화 국민기금」(아시아여성기금)을 발족시켜 형식뿐인 사죄가 아니라 마음이 담긴 성의 있는 사죄의 태도를 보인 최초의 총리였다.

무라야마 총리가 이웃 나라에 보인 성의 있는 태도는 일본에 대한 인상을 변화시켰을 뿐만 아니라, 정치의 분위기가 일변함으로써 일본 사회의 의식이 변화하는 계기가 되기도 했다. 이 변화에 제일 먼저 민감하게 반응한 것은 언론이었다. 인터넷이 오늘날처럼 보급되지 않은 일본 사회에서 미디어 중에서도 고정된 역사 인식을 바로잡은 최초의 매체는 출판업계였다. 그리고 연구자 수준에 필적하는, 혹은 그 이상의 조사를 한 것은 논픽션 작사들이었다.

먼저 1994년 양장본으로 『이토 히로부미를 쏜 사나이: 혁명의사 안중근의 원상(原像)』(時事通信社)을 세상에 내놓은 인물은 사이토 미치노리(齋藤充功)이다. 사이토는 다른 취재 목적으로 정심사를 방문했을 때 우연히 안중근 유묵의 존재를 알게 된다. 정심사 헛간에서 너덜너덜해진 양철통 속에 돋보기와 함께 사진과 두루마리, 그리고 안중근의 친필이 세 장 둘둘 말려있는 상태로 발견된 것이다. 당시 82세였던 쓰다 야스미치(津田康道) 주지 스님은 "유묵을 발견했을 때는 정말 놀랐다."라고 흥분하면서 인터뷰에서 말했고, 사이토는 논픽션 작가로서 안중근에 대한 호기심을 고조시켰다.

1990년대의 일본 사회는 아직 인터넷이 보급되기 전이어서 TV가 매체로서 최강의 힘을 발휘하고 있었다. 1995년에 안중근과 일본인 간수들의 관계를 다큐멘터리로 찍은 TV아사히의 《놀라운 20세기(驚きももの木20世紀)》에서 〈이토 히로부미를 쏜 사나이〉라는 제목의 프로그램이 방영되었

다. 이 프로그램에는 몇 명의 게스트와 코멘테이터가 출연했는데, 그중 한 사람이 사이토 미치노리였다. 그리고 또 다른 게스트였던 아세아대학 명예교수 나카노 야스오(中野泰雄)는 "진실이란 그냥 죽지 않는다."라고 말했고, 나카노의 발언에 이어 극적인 음향을 배경으로 안중근의 유묵 세 점이 TV 화면에 크게 비쳐졌다. 안중근의 힘찬 글귀가 소프트파워로 기능하듯 시청자들로부터 '공감성'과 '수용가능성'을 얻을 수 있었던 프로그램이었다. 안중근이라는 인물은 "단순한 테러리스트가 아니었다"라는 해설에서 알 수 있듯이, 안중근의 실상에 다가서려는 제작자의 의도를 분명히 알 수 있는 다큐멘터리였다. 당시 최강의 미디어였던 TV라는 매체를 사용해서 교과서에서 공적으로 배우는 역사 인식과는 다른 시각으로 대중에게 어필하려 한 것이었다. 그것은 단순한 테러리스트가 아니라 인격적으로 고결하고 자국을 사랑하는 군인이었던 안중근의 어린 시절을 소개하고, 그가 양반이라는 귀족과도 같은 높은 지위에 속하는 조선인이었다는 내용을 담고 있었다. 또 안중근에 대한 나레이션은 당시의 조선 문화와 사람들의 삶 자체를 편견 없이 이해할 수 있는 것으로, 당시의 풍요로운 문화도 소개했다. 안중근의 높은 교양과 인격의 숭고함 때문에 뤼순 감옥 간수(看守)들이 안중근을 숭모했다는 이야기는 TV프로그램 제작자의 의도대로 시청자의 마음을 사로잡았다. 프로그램 구성은 안중근을 '암살자'나 '테러리스트'로 잘라 말하는 자세에서 벗어나서 화해를 위한 첫걸음인 듯했다. 안중근과 이토 히로부미 두 사람을 둘러싼 당시의 정치적, 경제적 그리고 사회적 요인을 냉정하고 객관적으로 분석하면서 시민의 마음에 와닿는 내용으로 만드는 힘은 프로그램 제작자의 역량을 설명하는 것이

라 할 수 있다.[6]

사이토 미치노리에 더해서 또 다른 논픽션 작가인 사키 류조(佐木隆三)
도 안중근에 큰 관심을 보였다. 사키도《놀라운 20세기》에서 인터뷰하는
인물로 등장했다. 사키는 1951년에 『복수는 나의 것(復讐するは我にあり)』
으로 제74회 나오키상(直木賞)을 수상하고, 『승리에 이르러(勝ちを制するに
至れり)』, 『사형수 나가야마 노리오(死刑囚永山則夫)』 등을 내놓은 인기 작
가였다. 1910년 3월에 간행된 『안중근 공판 속기록(安重根公判速記錄)』(滿
洲日日新聞社)의 복사본이 『문예춘추(文藝春秋)』의 니시나가 다쓰오(西永達
夫)와 출판부 오카자키 마사타카(岡崎正隆)를 통해 사키에게 전달됐다. 사
키는 책의 말미에서, 이 『공판 속기록』은 이토 히로부미의 손자인 이토 마
스오(伊藤滿洲雄)가 제공했다는 사실을 밝히고 있다. 그리고 『공판 속기
록』이 줄 바꾸기도 안 된 상태로 되어 있었기 때문에 사키는 직접 현대어
로 변환하는 작업을 했다. 이 현대어 번역 작업을 통해 블라디보스토크에
서 하얼빈에 이르는 안중근의 계획과 행동 등이 사키의 머릿속에 새겨지
게 되었다. 나아가서 하얼빈에서의 초기 수사에서부터 공판을 거쳐 뤼순
감옥서에서의 사형 집행에 이르기까지, 일관되게 통역 임무를 맡았던 소
노키 스에키(園木末喜)에 관한 자료를 입수하지 못하고 있다가, 소노키의
손녀딸인 후쿠오카 히로코(福岡博子)를 알게 되면서 귀중한 자료를 빌릴
수 있었다고도 책에서 밝히고 있다. 사키의 조사는 철저하여서, 이토 히로
부미에 관한 자료를 수집하려고 이토가 총에 맞았을 때 입었던 피 묻은 속

---

6   자세한 내용은 李洙任, 「安重根の遺墨と和解に向けての越境的対話」, 『龍谷大学社会
    科学研究所年報』 第46号, 2015, 129-139쪽 참조.

옷의 업자를 알아내기 위해 전문가에게 의뢰까지 할 정도였다.

사이토 미치노리는 어떤 일본 미술상이 안중근 친필의 〈경천(敬天)〉 유묵을 2,000만 엔에 팔고 있다는 소식을 접하게 되는데, 그 뉴스가 방영된 다음 날이 김영삼(제14대 대통령, 1993~1998)이 일본을 처음 방문하는 날인 것도 우연이 아니라고 느꼈다. 게다가 사이토는 "안중근은 과연 이 〈경천〉 유묵을 누구에게 선물했을까?" 라는 의문을 가졌다. 왜냐하면 이 글씨에서 사서오경을 몸에 익혔던 안중근의 높은 교양뿐만 아니라 '경천'에 담긴 의미에 놀랐기 때문이다.

사이토는 '경천'의 의미에 대해서, 메카다 마코토(目加田誠)의 『시경(詩經)』 해석을 다음과 같이 소개하고 있다: "조정(주나라)은 하늘을 대신하여 땅에 법을 베풀고 만민을 양육해야 하는 책임을, 하늘을 향해서 자각하지 않으면 안 된다. 천명의 무정(無情)함을 알고, 하늘의 노여움을 두려워하며, 천명이 바뀌는 것을 경계했다." 즉 천자(天子)가 하늘의 법칙에 따라 백성을 기르면 백성은 저절로 천자에게 심복한다는 뜻으로, 백성을 착취하기만 하는 왕조는 백성이 외면하고 나라가 망한다는 교훈을 담고 있다. 상대에 따라 문구를 달리하여 붓을 든 안중근이었기에 '천자'에 해당하는 대상은 법원, 감옥 또는 경찰 관계자가 아니었을까 라고 사이토는 묻는다. 상대가 마나베(眞鍋) 법원장이라면 실로 엄청난 아이러니였다고 하면서 사이토는 더욱 안중근에 깊은 관심을 가지게 되었다.

이처럼 사이토와 사키가 안중근의 실상을 알리고 한 열의는 어디에서 나온 것일까? 그들의 열성적이고 진지한 취재에 한국인들도 감명을 받았고 취재를 받은 사람들은 아낌없는 협조를 하였다. 안중근은 대한의군(大韓義軍) 중장(中將)이었으므로 한국에서는 '안중근 의사(義士)'라고 불린다.

일본제국주의와 싸웠기 때문에 한국, 중국 그리고 북한에서 영웅화되는 반면에, 일본에서는 "안중근은 테러리스트나 암살자"로 묘사되고 있다고 여겨지기 쉽지만, 사실은 그렇지 않다는 것을 사이토와 사키는 알아차린 것이다. 일본 역사 교과서에서는 "이토 히로부미를 암살한 인물", "한국의 안중근이 총독부 초대 통감이었던 이토 히로부미를 사살했다", "안중근은 이토 히로부미를 사살했으므로 일본에서는 암살자로 알려져 있다"라는 식으로 적혀 있지만, '테러리스트'나 '범죄자'라는 표현은 전혀 쓰고 있지 않았다. 또한 주목해야 할 점은 안중근에게 사살된 이토 히로부미의 공묘소(公墓所)[7]에는 "러일전쟁 후 일본은 대한제국의 외교권을 빼앗고 한국의 외교를 관장하는 권리를 획득한다. 히로부미는 초대 한국 통감에 임명되었지만, 1909년에 한국의 독립운동가 안중근에게 암살당하고 68세의 생을 마감했다."라고 적혀 있다.

4. 정치적으로 이용되는 안중근의 이미지

일본은 당대 총리의 사상과 행동에 따라 역사에 대한 인식과 이웃 나라와의 관계가 크게 영향받는다. 1985년 8월 15일, 나카소네 야스히로(中曾根康弘)가 총리의 자격으로 야스쿠니 신사(靖國神社)를 처음으로 공식 참배했다. 이웃 나라들의 비판이 높아짐에 따라 그후 재임 중에는 참배를 보류했으나, 2006년에 고이즈미 준이치로(小泉純一郎) 총리가 야스쿠니를

---

7 도쿄도(東京都) 시나가와구(品川區)에 위치해 있다.

공식 참배했다. 일본에서는 1990년대 후반 이후 〈새로운 역사 교과서를 만드는 모임〉과 같이 과거에 일으킨 전쟁을 침략전쟁으로 보는 시각에 대해 '자학사관(自虐史觀)'이라고 비난하는 움직임이 거세졌는데, 그것을 '일본판 역사 수정주의'라고 부르기도 한다. 역사 수정주의자들은 1931년 중국 동북 지역의 침략전쟁 개시 이후, 일본이 중국 대륙과 동남아시아 태평양 지역에서 일으킨 전쟁을 '자존자위(自存自衛) 전쟁', '아시아 해방을 위한 전쟁'으로 정당화하려 한다.[8]

그리고 2012년 아베 신조(安倍晋三) 정권의 부활로 역사 수정주의가 강화되어 갔다. 2015년의 아베 담화는 그전까지의 총리 담화와 유사해 보이지만 본질적인 점이 다르다. 야노 다카시(2012년)가 지적한 바와 같이,[9] "한 마디로 아시아에 대한 사과는 끝내겠다"라는 것이 본심으로 "반성과 사과"의 구체적인 문언은 어디에도 찾아볼 수 없다. 그러나 한편으로 일본 사회에서는 아베 담화에 대한 칭찬도 적지 않아 국민 여론은 결코 한결같다고 할 수 없는 것이 일본의 실정이다. 그것은 아베 담화에 대한 다음과 같은 시민들의 소감을 보면 알 수 있다.[10]

8　歴史学研究会 編, 『歴史における'修正主義'』, 東京: 青木書店, 2001; 高橋哲哉, 『歴史／修正主義』, 東京: 岩波書店; 山田朗, 『歴史修正主義の克服』, 東京: 高文研, 2005.

9　谷野隆, 「首相談話から見えて来る: この国の歴史認識」, 『共同研究安重根と東洋平和東アジアの歴史をめぐる越境的対話』, 龍谷大学社会科学研究所叢書 第116巻, 2017.03.24. 164-179쪽.

10　비영리 싱크탱크, 언론NPO, 「日中韓3ヵ国 有識者調査結果 : 日中韓の有識者は「安倍談話」をどう見たか」, 2015년 8월 25일. https://www.genron-npo.net/world/archi)es/5925-2.html(접속 일자: 2023년 1월 15일)

일본어와 영어 번역 양쪽을 숙독했습니다. 아주 잘 되어 있는 것 같아요. 국가의 가장 큰 목적은 국민의 생명과 재산을 지키는 것입니다. 지금 세계는 제2차 대전 종결 이후 미증유의 위기에 직면해 있다고 생각합니다. 테러 위협에 의한 무차별적인 살육, 러시아나 중국 등의 무모한 팽창주의, 북한과 같은 불량국가 등 이루 셀 수 없을 정도의 위기 속에 우리는 살고 있습니다. 아베 씨의 담화에서 가장 눈여겨보아야 할 점은 지금까지와 같은 사죄의 반복을 자식이나 손자 세대에게 떠넘겨서는 안 된다고 명언한 점입니다. 반대하거나 비판하는 사람들은 왜 자신들의 의견도 없이 무책임하게 비판만 하는 건가요? (남, 60대, 자영업)

2014년 1월 20일, 초대 한국 통감인 이토 히로부미를 암살한 안중근 의사의 기념관이 중국 북동부의 하얼빈역에 개관된 것에 대해 일본의 스가 요시히데(菅義偉) 관방장관(官房長官)은 기자회견을 열고 "매우 안타깝고 유감스럽다."라며, "안중근은 우리나라 초대 수상을 살해한 범죄자이며 사형 판결을 받은 테러리스트"라는 도발적인 발언을 했다. 중국에 안중근 기념관이 건립된 것에 불쾌감을 나타낸 스가 관방장관의 발언은 [아베 담화와] 상이한 역사 인식에서 나온 것이 아니다. 중국(시진핑 국가주석)이 한국(박근혜 대통령)과 공조할 자세를 강화하고 안중근이라는 인물을 역사 인식의 상징으로 잡았기 때문에 아베 정권이 반발한 것에 불과하다. 이후 스가 요시히데가 총리에 취임했을 때 한국 언론에서는 "안중근을 '테러리스트'라고 부른 인물"이라고 새 총리를 소개하였다.[11]

---

11 「菅義偉新首相誕生に韓国が騒然…"安重根はテロリスト"発言が再燃, 日韓関係

5. 안중근 유묵과 시민운동

　TV 보도를 통해 소개된 안중근 유묵의 존재는 일본 사회에 커다란 충격을 주었다. 프로그램 제작자가 의도한 바와 같이 크게 공감한 시청자도 많았지만, '메이지의 원훈(元勳)'인 이토 히로부미를 암살한 안중근이라는 인물이 남긴 유묵에 대해 반감이 커진 시청자도 있었다. 발견 당시 정심사에서 안중근의 유묵을 전시한 영향도 있었는지, 한국에서는 반환을 요구하는 사람들이 정심사에 몰려들었고, 이와 동시에 거세게 비판하는 사람들의 비난 전화와 팩스도 쏟아졌다. 결국 정심사의 주지 스님은 사찰의 안전을 위해 안중근의 유묵을 정심사에서 다른 곳으로 옮겨야만 했다. 정심사가 류코쿠대학에 보관을 의뢰한 이유는, 대학에서 보관하면 안전하고, 연구 자료뿐만 아니라 교육에도 활용할 수 있으리라고 츠다 야스미치 주지 스님이 판단했기 때문이다.

　이러한 경위로 류코쿠대학에서 유묵을 보관하게 되었는데, 어찌 된 일인지 소수의 대학 관계자 이외에는 그 존재가 알려지지 않았고, 거의 '사장(死藏)'에 가까운 상태였다. 이 귀중한 역사적 자료의 존재를 사회에 알리기 위해 노력한 인물 중 한 사람이 도츠카 에츠로(戸塚悦朗)였다.[12] 도츠

悪化懸念も」. 2020년 9월 14일 Business Journal, https://biz-journal.jp/2020/09/post_179618.html (접속 일자: 2023년 1월 15일)

12 [역자주] 도츠카 에츠로가 쓴 두 권의 책이 한글로 번역되어 있다. 도츠카 에츠로, 『위안부가 아니라 성노예이다』, 박홍규 옮김, 소나무, 2001; 도츠카 에츠로, 『한일 관계 위기, 어떻게 극복할 것인가: 식민지배 책임문제』, 김창록 옮김, 지식산업사, 2022. 이외에도 원광대학교 동북아시아인문사회연구소에서 발간하는 《동북아로》 제10호 (2024.03)에 인터뷰 〈한일의 화해는 '인식의 간극'을 인식하는 것에서부터 출발해야〉

카는 전 세계에 종군위안부 문제에 대한 이해를 구하고, 이것을 한일 관계의 문제로만 한정시키지 않고 여성에 대한 성폭력과 전쟁의 관계를 밝히는 데 중요한 역할을 한, 종군위안부 문제에 있어서는 국내외적으로 지대한 영향을 끼친 변호사이자 연구자이다. 고베대학(神戶大學) 교수를 거쳐, 2003년부터 2010년까지 류코쿠대학 로스쿨 교수로 교편을 잡았다. 도츠카는 류코쿠대학과 안중근의 유묵에 대해 어떻게 대응해 왔는지를 논문에 밝혔다. 일련의 논문들에서 "대응하기 곤란한 안중근의 유묵"의 존재를 사회에 알리려 했던 도츠카 자신의 노고, 그리고 그것을 사장(死藏)시키고 있는 류코쿠대학과의 갈등과 간극의 경위를 시간 순으로 분명하게 기록했다.[13]

도츠카가 안중근 유묵의 존재를 알게 된 것은 2005년 11월 5일에 개최된《류코쿠대학 직원조합 창설 40주년 기념 심포지엄: 동아시아의 평화와 인권 - 일본의 과제》를 통해서이다. 이 심포지엄에서 보고자 중 한 사람으로 도츠카가 초빙되어, 「아시아와의 화해의 계기를 어떻게 만들 것인가: 전쟁 시기 성적(性的) 강제피해자 문제의 입법 해결의 노력을」이라는 제목으로 강연을 했다. 이 심포지엄에 참가했던 류코쿠대학의 교직원 조합원이었던 경영학부 미시마 린파치(三島倫八) 교수가 토츠카에게 류코쿠대학 도서관에 보관되어 있는 안중근 유묵의 이야기를 했고, 토츠카는 처음으로 그 존재를 알게 되었다. 한국 측에서도 문화재 반환 운동이 거세지

가 실려 있다(http://nead.or.kr/board_SZDe65/73169).

13 戸塚悦朗, 「龍谷大学における安重根東洋平和論研究の歩み：100年の眠りからさめた遺墨(上・下)」, 龍谷大学社会科学研究所, 『社会科学研究年報』 第44号, 2014.

는 가운데, 류코쿠대학 교직원 조합은 안중근 유묵 문제를 해결하는 데 중요한 역할을 했다. 2010년에 한일병합 100주년을 맞이하여 안중근의 유묵에 주목할 필요가 있다는 의견이 조합원으로부터 나오면서, 도츠카는 경영학부의 츠노오카 겐이치(角岡賢一) 교수에게 안중근 유묵의 소재에 대한 조사를 의뢰하였고, 그것을 통해서 츠다 가이준(津田海純) 스님이 정심사에 가지고 돌아간 유묵이 류코쿠대학 도서관에 기탁된 사실을 알게 되었다.

도츠카가 처음으로 안중근 유묵 등을 직접 열람한 것은 2007년 10월 25일로, 2003년 4월에 류코쿠대학 법학부에 부임한 지 4년 반 뒤였다. 1997년에 오카야마의 정심사로부터 류코쿠대학에 기탁된 유묵에 관해서 학내에서도 그 존재를 알고 있는 사람은 학부장 역임자 등 소수에 불과하였고, 귀중한 역사 자료인 만큼 엄중하게 관리되고 학내외를 불문하고 사람들의 눈에 띄는 일은 없었다. 도츠카는 류코쿠대학을 배려해서인지 안중근 유묵은 '희귀한 존재'라고 표현했는데, 매우 다루기 힘들고 사회에 공개하기 어려운 역사 자료였다. 참고로 나는 1996년 4월에 류코쿠대학에 부임했는데, 2008년에 설립된 〈100년 네트워크〉의 활동을 통해 안중근의 유묵이 류코쿠대학 학내에 전시되면서 비로소 그 존재를 알게 되었다.

6. 류코쿠대학 내에서의 찬성과 반발

도츠카는 류코쿠대학이 보관하고 있는 안중근 유묵의 존재를 알게 되자, 한국에 '기증'하거나 그것이 불가능하다면 류코쿠대학 박물관에서 상설 전시할 것을 대학에 강력하게 제안했다. 하지만 도츠카가 소속된 법학부 교수회에서 관심을 보이거나 찬성하는 교수는 거의 없었다. 관심이 없었다기보다는 입을 다문 교수들이 많았다. 이에 도츠카는 유묵을 류코쿠대학 박물관에 전시하자고 제안했다. 도츠카는 유묵 문제에 크게 관심을 가지기 전에 종군위안부 문제를 법학부 교수회에서 논의하기 시작했는데, 동료 교수로부터 "이 문제를 되풀이하면 손해를 본다."는 경고성 조언을 받았다고 나에게 고백한 적이 있다. 2011년에 오픈할 예정이었던 류코쿠대학 박물관에 관한 학내 논의에서 토츠카는 유묵을 상설 전시할 것을 강력히 요청했으나, 이토 히로부미를 쏜 인물의 역사 자료를 류코쿠대학에서 사회에 발신하는 것에 대한 저항이 커서, 토츠카는 학장과 면담할 수도 없었고, 이 제안은 전혀 진전되지 않았다.

반면에 류코쿠대학을 향해서 '사장죄(死藏罪)'라고 엄하게 비판하는 목소리가 학내외에서 높아지고, 학내에서도 반환을 주장하는 교원들이 적지 않았다. 도츠카가 류코쿠대학 안에서 아무런 진전을 보지 못하고 있을 때, 서울에 있는 안중근의사기념관 관장이자 역사학자인 김호일(당시 중앙대학교 명예교수)과 면담하는 과정에서 안중근 유묵을 한국에 빌려주는 방안을 제안했다. 토츠카를 후원하고 지원한 것은 류코쿠대학 외부에 설립된 〈100년 네트워크〉였다.

〈100년 네트워크〉는 류코쿠대학 교직원 조합에 가입한 류코쿠대학 경영학부 교원뿐만 아니라 수많은 연구자와 시민이 중심이 되어 설립된 조직이다. 공동대표에 이름을 올린 류코쿠대학 교수는 도츠카 에츠로(법학부 로스쿨), 미시마 린파치(경영학부), 다나카 히로시(田中宏, 경제학부), 그리고 사무국장에 취임한 시게모토 나오토시(重本直利, 경영학부)였다. 시게모토가 사무국장으로서 뛰어난 조직 운영 능력을 발휘하여, 제3자 기관으로서의 〈100년 네트워크〉 측과 계속 '사장'해 두고자 하는 대학 당국과의 힘든 교섭을 진전시켜 나갔다. 〈100년 네트워크〉는 학술연구자들만이 아니라 시민 활동가와 일반 시민들도 많이 참여한 점이 특징으로, '한국병합'의 역사적 경위와 식민지 정책의 기만성을 고찰하고, 일본 사회가 알지 못하는 역사적 사실을 시민의 힘으로 알리고, 동아시아 지역, 나아가서 전 세계에 평화를 실현하는 것을 목적으로 출발하였다. 말하자면 학술연구를 시민운동과 연계시켜서 탄력적인 연구 활동을 만들고자 한 것이다. 과연 〈100년 네트워크〉의 대응은 서서히 류코쿠대학의 자세에도 영향을 미치기 시작했다.

7. 학술 분야를 뛰어넘은 연구 활동

미시마 린파치 공동대표, 다나카 히로시 공동대표, 시게모토 사무국장, 그리고 도츠카 교수, 이상 네 명이 교섭자가 되어 당시 류코쿠대학 총장인 와카하라 도쇼(若原道昭), 그리고 도서관장인 히라타 아츠시(平田厚志)를 상대로 교섭을 진행했다. 류코쿠대학 관계자들만으로는 교섭이 진전될 가능성이 없었는데, 외부단체인 〈100년 네트워크〉가 촉매 역할을 한 것이다. 〈100년 네트워크〉의 운영자들은 다른 대학 교원들의 참여를 독려하고, 조직에 얽매이지 않고 종횡무진으로 사회에 발신함으로써 많은 일반 시민을 끌어들이고 관심을 고조시켰다.

2009년 3월 28일, 류코쿠대학 후카쿠사(深草) 캠퍼스에서 〈100년 네트워크〉의 3월 기획으로 '왜 안중근은 이토 히로부미를 쏘았는가?'라는 제목의 한일 국제평화 심포지엄[14]이 개최되었다. 나도 이 행사에 참석했는데, 이때 처음으로 안중근 유묵의 존재와 역사적 의미의 크기를 알게 되었다. 이날 한일 국제평화 심포지엄에서는 안중근이 뤼순형무소에서 집필을 하다만 「동양평화론」에 착안하여, 그것을 철학적으로 고찰한 호세이대학(法政大學)의 마키노 에이지(牧野英二) 교수가 「한일 역사의 새로운 발자취를 위하여: 안중근 의사와 역사 기억의 장」이라는 제목의 강연을 통해, 안중근의 「동양평화론」을 서양 근대철학의 뼈대를 구축한 18세기 철학자 임마누엘 칸트(1724~1804)의 전쟁 위협에 맞선 「영구평화를 위하여」와 비교하는 참신한 접근을 하였다. 이에 더해서 도츠카는 "검찰관과 법원이 재판소가 재판관할권의 근거로 삼은 1905년 한국보호조약은 체결되지 않았으므로(가령 체결됐다고 하더라도 절대적으로 무효였으므로), 법원에는 관할권을 확립할 수 있는 법적 근거가 없었다. 이 재판은 관할권이 없는 불법 재판"이라고 하는 충격적인 강연을 했다. 민사재판에서 '처형'이라는 판결을 내린 안중근 재판의 부당성을 법학적 시각에서 비판한 것이다. 도츠카가 안중근에 대한 재판을 법학적 시각에서 탐구하는 계기가 된 것은 한국의 역사학자 이태진과의 만남이었다. 〈100년 네트워크〉 주최로 2009년 3월 26일부터 4월 1일까지 〈안중근 100주기 한일 국제평화 심포지엄〉이 개최

---

14 이 날의 발표자와 발표 제목은 다음과 같다: 김호일(안중근의사기념관 관장, 중앙대학교 명예교수) 「安重根の夢: 大韓独立と東洋平和(안중근의 꿈: 대한독립과 동양평화)」, 마키노 에이지(호세이대학 교수, 일본칸트학회 회장) 「日韓の歴史の新たな歩みのために: 安重根義士と歴史の記憶の場(한일 역사의 새로운 발걸음을 위하여: 안중근 의사와 역사 기억의 장)」, 도츠카 에츠로(류코쿠대학 법과대학원 교수) 「安重根裁判の不法性と東洋平和(안중근 재판의 불법성과 동양평화)」.

되었는데, 토츠카와 이태진은 발표자로 함께 참가했다. 이태진은 대일본 제국이 러일전쟁의 승리를 배경으로 대한제국에 강요한 조약의 문제점에 관한 연구에서 안중근은 피해갈 수 없는 존재라고 지적했다.[15] 이 국제심 포지엄의 후원에는 류코쿠대학, 주오사카(駐大阪) 대한민국 총영사관, 류코쿠대학 교직원 조합이 이름을 올리고, 동아시아 영구평화의 기원을 담아서 안중근 유묵을 일반에 공개하였다. 공개된 유묵은 식민지 지배의 의미를 일반 시민들이 이해하는 하나의 매개체가 되었고, 참가자 수는 300명 이상으로 늘어났다. 국내에만 머물지 않고 한국과의 화해를 위한 대화의 가교 역할이 기대되면서, 유묵을 한국에 빌려주자는 기운이 류코쿠대학 내부에서도 높아졌다. 시민의 힘이 대학을 움직이고, 또 학술 분야를 초월한 연구로 발전해 나갔다.

8. 유묵을 매개로 한 연구자들의 교류

류코쿠대학에 서울서예박물관 등으로부터 의뢰가 왔다. 한국에서 미공개된 안중근 유묵을 「안중근 유묵전」(2009년 10월 26일~2010년 1월 24일)에 보내 달라는 것이었다. 류코쿠대학이 보관하는 유묵 3점과 관련 자료 88점 중 사진 패널 27점을 보내어, 류코쿠대학 귀중 자료의 첫 번째 해외 공개가 되었다.

---

15 李泰鎮/安重根ハルビン学会 編著, 勝村誠/安重根東洋平和論研究会 監訳, 『安重根と東洋平和論』, 東京: 日本評論社, 2016.

유묵전에는 한국 내외에서 23,000여 명이 찾아와서, 100년 전의 안중근의 생애와 사상, 인간적인 면이 드러난 절필을 흥미 깊게 감상하는 등, 성황리에 유묵전은 막을 내렸다. 서울서예박물관 기획전 책임자인 이동(李東) 학예부장은 "만약 류코쿠대학의 자료가 없었다면 이만큼 크고 깊이 있는 전시회는 열 수 없었다."라고 평했다.[16]

이 최조의 해외 공개에 이르기까지의 여정은 쉽지 않았다. 류코쿠대학 교직원들은 강력한 반대 의견을 표명했는데, 그 이유는 한번 한국으로 가져가면 다시 반환하지 않을 것이라는 우려와 함께 분실이나 손상이 발생했을 경우 누가 어떻게 보상할 것인가 라는 것이었다. 그래서 유묵에는 고액의 보험을 가입했고, 그 비용은 전부 한국의 안중근의사기념관이 부담했으며, 대학의 고문 변호사가 와카하라 도쇼 총장이 동석하여 계약서를 교환했다.

도서관장 히라타 아츠시와 총장 와카하라 도쇼는 이 유묵 대출을 계기로 한국 관계자들과의 교류를 적극적으로 확대해 나갔다. 와카하라 총장은 개인적으로 한국의 안중근기념관을 방문하고, 안중근연구회에도 참석하는 등 총장으로서의 공적인 업무 이상의 평화 교류를 실천하였다. 또한 히라타 아츠시 도서관장도 안중근에의 관심을 키우면서 교회사(敎誨師)로 뤼순 감옥에서 안중근과 접촉한 나가오카 가쿠쇼(長岡覺性)와 츠다 가이준에 대한 연구를 시작했고, 그 성과가 「뤼순 감옥에서의 안중근과 두 일

---

16 『龍谷』, 2010, No. 69. https://www.ryukoku.ac.jp/about/pr/publications/69/11_museum/index.htm(접속일자: 2023년 2월 1일)

본인 교회사」[17]라는 논문으로 결실을 맺었다.

히라타는 츠다 가이준이 어떻게 안중근과 만났는지에 대해 조사한 결과, 왜 츠다가 유묵을 일본으로 가져갔는지를 밝혀낼 수 있었다. 관동도독부(關東都督府) 뤼순 감옥이 설립된 1906년에 감옥의 초대 교회사로 취임한 이는 서본원사(西本願寺) 관동별원(關東別院)에서 파견한 류지마 유텐(龍島祐天)이었는데, 가이준은 류지마의 조수로 뤼순 감옥에서 근무하기 시작한다. 그리고 1908년 10월에 류지마가 사임하자, 같은 해 같은 달에 제2대 뤼순 감옥 교회사로 위촉받은 나가오카(재임 기간은 1908년 10월 3일부터 1913년 2월 6일까지 4년 4개월)의 교회조수(教誨助手)로 계속해서 근무했다. 따라서 츠다가 근무했던 기간은 안중근이 수용되었던 시기와 겹친다. 가이준은 상사인 나가오카와 함께 교화 업무를 맡은 것으로 보이므로 안중근과도 여러 번 만났을 것으로 추측된다. 다만 안중근은 간단한 대화는 할 수 있어도 복잡한 일본어는 알아들을 수 없었고, 뤼순 감옥에서 근무하던 일본인 대부분도 조선어를 몰랐기 때문에, 서로의 의사소통은 쉽지 않았을 것이다. 그런데도 안중근의 숭고한 정신에 일본인 모두가 감복했다면, 그것은 안중근이라는 인물의 인간적 매력에 압도되었기 때문일 것이다. 안중근의 유묵을 직접 받은 것은 나가오카였지만, 그가 조수인 츠다에게 일본으로 가져가라고 지시한 것이 아닐까라고 히라타는 추측했다. 하지만 아무리 상사의 지시라고 하더라도 안중근의 유묵을 일본으로

---

17 平田厚志,「旅順監獄における安重根と二人の日本人教誨師」, 龍谷大学社会科学研究所付属安重根東洋平和研究センター・李洙任教授退職記念刊行委員会,『安重根・「東洋平和論」研究 : 21世紀の東アジアをひらく思想と行動』, 東京: 明石書店, 2022, 제7장, 182-207쪽.

츠다 가이준 (류코쿠대학도서관 제공)

가져간다는 것은 매우 위험한 행위이며, 만약에 당국에 알려지기라도 하면 신변이 위험해질 수도 있었다. 옥중에서 안중근과 접한 일본인은 대부분 그의 숭고한 정신과 풍부한 인간성 그리고 불굴의 인간적 매력에 감복했으며, 그 중에서도 안중근을 특별한 심정으로 대한 일본인이 나가오카와 츠다였다.[18]

2011년 3월에는, 〈100년 네트워크〉의 후원도 있고 해서, 류코쿠대학 도서관과 서울의 안중근의사기념관이 학술연구 · 문화교류에 관한 협약서를 체결하기에 이르렀다. 아울러 체결을 기념하여 류코쿠대학 주최로 「한일교류, 새로운 시대로: 일본에서 안중근 관련 자료의 존재 의의」라는 주제로 강연회도 실시하였고, 협정에 근거한 교류 계획의 구체안을 한 걸음 내딛기 시작했다.

---

18 위와 같음.

9. 안중근의 근심: "국가안위 노심초사"

안중근의 유묵 중에 "國家安危勞心焦思(국가안위 노심초사)"라는 글씨가 있다. 지금 우리는 안중근이 살아있다면 마찬가지 생각을 했을지도 모르는 시대에 접어들고 있다. 안중근에 대한 일본의 해석은 시대에 따라 크게 변했다. 2014년에 중국에서도 안중근 역사기념관이 개관한 것에서 알 수 있듯이, 중국과 한국은 일본의 식민지 지배에 대한 반대라는 관점에서 안중근의 의거에 공감한다. 이에 대한 당시 아베 정권의 반응은 스가 관방장관이 안중근에 대해 '테러리스트', '범죄자'라고 단정한 사실에서 알 수 있듯이, 중국과 한국의 역사 인식 연대를 '도발'로 받아들이고, 도발에 대해 도발의 자세를 취한 것으로 보인다.

일본의 국력이 상대적으로 저하되고, 경제적으로 한국의 GDP 성장률이 일본을 앞질렀으며, 중국은 세계 제2의 경제 대국이 됨에 따라, 일본을 둘러싼 동아시아 지역의 국제 관계는 최근 10년 동안 크게 변화했다. 그리고 2022년 2월 24일에 러시아가 우크라이나 침공을 시작하면서 중국의 대만 침공 현실화가 논의되기 시작했고, 일본의 군사력 강화 논의가 가속화되고 있는 것이 오늘의 현실이다.

러시아가 우크라이나를 침공하면서 영토 확대주의가 다시 현저해지고, 동아시아 지역에서도 중국의 대만 침공이 우려되면서, 일본의 방위 정책도 크게 변경될 수밖에 없는 상황이 되었다. 안중근은 자신의 자서전『안응칠역사(安應七歷史)』를 1910년 1월 초에 집필하기 시작했고, 3월 18일경에는 거의 탈고했으며, 곧바로『동양평화론』집필에 착수했다. 그러나 열흘도 안 돼서 사형이 집행되어(3월 26일), 안중근의『동양평화론』은 미완으로 끝났다. 그가 품은 '동양평화론'은 동아시아 지역의 평화 구상으로, 아시아의 세 나라 한·중·일이 협력하고 연계해야 한다는 호소였다. 특히 삼국의 공동군대 배치나 공동 통화를 발행하는 은행 설치 방안 등은 오늘날의 유럽연합(EU)을 떠올리게 한다. 동아시아의 시민이라는 복합적 정체성은 일본인, 한국인, 중국인에게 요구되고 있다. 지구화 진행과 경제 격차의 확대, 저출산 고령화로 인해 일본과 한국이 공유하는 사회적·경제적 여건이 불안정 요인이 되면서 타자를 배제하는 사고가 강화되고 있다. 그 사례의 하나가 역사 수정주의의 대두이다. "국가안위 노심초사"라는 마음에서 우러나온 안중근의 외침은 오늘의 일본에도 통하는 바가 있다.

위에서 소개한 TV 프로그램《놀라운 20세기》의 출연자 중에 만화가 쿠로가네 히로시(黑鐵ヒロシ)가 있었다. 구로가네는 "피해자는 현재진행형으로 기억하지만, 가해자는 과거완료형으로 기억하기 일쑤이다."라고 말하면서, "이것을 뒤집으면 품위 있는 관계가 이루어지지 않을까?" "안중근은 낭만적인 인물"이라고 마무리하며 일본의 고착화된 역사 인식을 비판했다. 그러나 그로부터 24년이 지난 2019년 7월 19일, TV아사히 계열의《오오시타 요코(大下容子) 와이드! 스크램블》에 출연한 구로가네는 "징용공 문제와 종군위안부 문제로 대립하는 한일 관계"라는 주제를 논하면서, 두 차례나 조선에 출병한 도요토미 히데요시(豊臣秀吉)의 그림을 그린 다음, 그 옆에다 '단한(斷韓)'이라고 썼다. 구로가네를 취재한《석간(夕刊) 후지》의 기자가 갈수록 악화하는 한일 관계에 대해 거듭 묻자, "조선시대부터 저 나라는 늘 똑같다."라고 대답했다.[19] 쿠로가네의 발언이 이렇게 변

---

19 「黒鉄ヒロシ氏が真相激白!! テレ朝情報番組で「断韓」発言直後に韓国語? スタ

한 이유는 프로그램 제작자의 의도를 눈치챘기 때문이어서인지, 쿠로가네 히로시 본인의 생각인지 물어보고 싶은 것은 나만은 아닐 것이다.

10. 맺으며

1932년에 식민지 지배하의 경성(현 서울)에, 이토 히로부미를 기리는 보리사(菩提寺)로 '박문사(博文寺)'가 창건되었다. 그로부터 7년 뒤인 1939년 10월, 하얼빈사건 30년 후에 히로부미의 아들 이토 분기치(伊藤文吉)와 안중근의 아들 안준생(安俊生)이 함께 박문사를 찾아가서 '화해'의 말을 나누는 총독부 주도의 의식이 거행되었고, 이 내용은 신문 매체에서 일본 국민에게 대대적으로 보도되었다. 미즈노 나오키(水野直樹)는 「'박문사의 화해극'과 그 후일담: 이토 히로부미와 안중근 아들들의 '화해극' 비망록」[20]에서, 이 화해의 순간은 총독부가 식민지 통치의 성과를 선전하기 위한 행사로 안중근의 아들 안준생을 최대한 이용했음을 알 수 있다고 지적했다. 당시 일본 국민이 입수할 수 있는 유일한 정보원은 신문 매체였다는 점을 감안하면, 이 보도는 '화해'를 통해 '내선일체(內鮮一體)'를 각인시키는 효과에 있어서, 일본뿐만 아니라 한국을 포함한 이웃 나라에 절대적인 영향력을 끼쳤을 것이다. 일본의 우위성을 국민의 뇌리에 새겨놓음으로써 그

ジオで何が…」, 《zakzak》, 2019.07.24. https://www.iza.ne.jp/article/20190724-K5G2BO2IONKU7CDRT6NITCQ4EU/

20 水野直樹, 「『博文寺の和解劇』と後日談：伊藤博文 安重根の息子たちの『和解劇』・覚え書き」, 『人文学報』 第101号, 京都大学人文科学研究所, 2011.03, 81~101쪽.

것은 사람들의 의식에 공통 인식으로 심어지게 된다.

한편, 정부의 팽창 확대 노선에 반대하는 지식인들도 안중근을 매개로 그들 나름대로의 사상 신조를 사회에 발신하여 저항하고 있었다. 박문사가 창건된 바로 그 해《중앙공론(中央公論)》1931년 4월호에 당시의 유행작가였던 하세가와 가이타로(長谷川海太郎)가 『희곡 안중근(戲曲安重根)』을 발표했다. 하세가와 가이타로가 『희곡 안중근』을 집필한 것은 만몽문제(滿蒙問題)를 둘러싸고 국론이 들끓는 가운데, 19세기 말부터 계속되는 일본제국의 팽창주의, 군국주의, 타민족 억압에 대한 혐오 의식이 하세가와에게 있었기 때문이었던 것 같다고 도노무라 마사루(外村大)는 추측하고 있다.[21]

또한 이토 히로부미 암살 사건이 보도되던 당시의 일본 거주 중국인 유학생의 생각을 알면, 이 사건의 중층성을 알 수 있다.[22] 1909년 10월 26일에 이토 히로부미가 안중근의 총에 맞았다는 소식을 듣고 메이지대학(明治大學)에서 재학 중인 중국 유학생이 『청국인 일본 유학 일기(清國人日本留學日記)』[23]를 남겼다. 거기에는 "이토의 죽음에 대해서 한국은 사기가 올라갈 것이고, 일본의 입장에서는 손실이라고 말할 수 있겠으나, 중국으로서는

---

21 外村大, 「日本における安重根への関心と評価：強権的帝国主義批判とその思想的継承」, 『社会科学研究年報』 第51号, 2021.05, 7쪽. [역자주] 이 논문은 이 책 제1부 제2장에 수정보완된 형태로 수록되어 있다.

22 자세한 내용은 田中宏, 「問われる日本の歴史認識と戦後責任」, 2014년 4월 26일 류코쿠대학 사회과학연구소 부속기관 안중근동양평화연구센터 학술심포지움 기조 강연. (개최: 龍谷大学) 田中宏, 「日本人の戦争観・アジア観についての私的断想」, 『アジア太平洋研究センター年報』, 2016~2017, 2~7쪽을 참고하기 바란다.

23 黃尊三, 『清國人日本留學日記 1905~1912年』, 実藤恵秀/佐藤三郎 譯, 東京: 東方書店, 1986.

안도의 한숨을 내쉬는 일이다. 그렇다 하더라도 안중근은 영원히 빛을 발할 것이다."라고 적혀 있다.[24] 이런 내용의 일기를 쓰는 것은 오늘날이라면 그리 어렵지 않겠지만, 이토가 암살된 다음 날 정부에 대한 두려움을 무릅쓰고 자기 뜻을 일기에 남긴다는 것은 대단한 용기가 필요한 일임에 틀림없다. 이 학생은 신문의 호외(號外)를 읽고, 다음날 메이지대학 수업에 들어갔을 때의 일을 다음과 같이 일기에 썼다.

> 교사가 "이토 공의 죽음은 일본제국의 일대 불행이다. 하지만 제군들은 공이 죽었다고 해서 낙심하지 마라. 제군은 분발해서 이토 공처럼 스스로 힘쓰고, 또 이토 공의 뜻을 자기 뜻으로 삼는다면 비록 이토 공이 죽더라도 일본의 발전은 공이 생존했을 때보다 훨씬 더할 것이다."라고 말했다. 나는 이 말을 듣고 몹시 화가 났다. 일본인의 침략주의가 사람들의 마음속 깊이 잠겨 있음을 알 수 있다.

한 중국인 유학생이 예언했듯이 100년 이상이 지난 지금, 안중근은 영원히 빛을 내기 시작하면서 '일본인의 마음'이 어떤 상태인지 묻고 있다.

---

24 1909년 10월 26일자 「이토 사살 사건의 호외 기사(伊藤射殺の事件の号外記事)」에는 "한인으로 보이는 자(韓人と覚しきもの)"라고 되어 있고, 다음 날 10월 27일 자 기사에서도 "한인(韓人)"이라고만 되어 있다. 일본 신문에서 '안중근'의 이름이 명시되기 시작한 것은 12월 13일부터이다. 따라서 중국인 유학생의 이 일기는 12월 13일 무렵에 쓰여진 것이라고 생각된다.

大韓國人
安重根

안중근의
한·중·일 경제협력 구상의
의의와 시사점
─동북아시아 평화공생을 위한 경제협력 방안

조정원

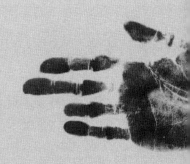

* 이 글은 2024년 2월 20일에 류코쿠대학의 오오미야캠퍼스에서 열린 원광대 동북아시
아인문사회연구소와 류코쿠대학 안중근동양평화연구센터의 공동학술대회 《안중근
의 동양평화사상과 동북아시아의 미래공생》에서 발표한 원고 「안중근의 동북아 경제
협력 구상의 의의와 시사점」을 보완한 것이다.

1. 들어가며

이 글에서는 안중근의 동양평화를 위한 한중일 경제협력 구상의 주요 내용과 의의를 소개하고 그의 한중일 경제협력 구상이 현재의 한중일 경제협력에 그대로 적용하기 어려운 이유를 설명하고자 한다. 이와 함께 한중일 삼국이 동북아시아 역내 국가들 간의 경제협력과 평화공생에 공헌하고 삼국이 함께 이익을 창출할 수 있는 방안을 제언하고자 한다.

안중근은 한국, 중국, 일본이 공동 은행과 각국의 주요 지역의 지점 설립, 한중일 공용화폐 발행을 제안하였다. 한중일 공동은행의 삼국 주요 지역의 지점 설립은 국가뿐만 아니라 각국의 지역을 경제적으로 연결하고자 하는 구상이었다. 또한 그는 한중일 삼국의 자본주의 시장경제 발전을 위한 일본의 선도적 역할을 중시하였는데 이는 동북아시아 경제통합의 중심을 일본으로 상정한 것이기도 하다.

안중근의 한중일 경제협력 구상은 한국과 중국의 경제, 산업 발전에 따른 한중일 간의 산업별 경쟁 구도 강화로 인해 현재의 한중일 삼국 간의 경제협력에 그대로 적용시키기는 어려울 것으로 예상된다. 그리고 한국, 중국의 경제 규모가 커지고 한국, 중국에 국제 경쟁력을 갖춘 기업들이 늘어났기 때문에 한중 양국이 일본과 공동의 화폐를 사용하면서 단일 경제

권으로 함께 할 필요성도 안중근이 경제협력 구상을 제안했을 때보다 훨씬 줄어들었다. 그러나 한국, 중국, 일본은 수소 에너지, 환경과 같이 삼국 국민들의 삶의 질을 개선할 수 있는 산업에서 함께 협력할 수 있는 수요가 있고 실제로 중국은 한국, 일본과 양자 산업협력 프로젝트들을 진행하고 있다. 한중일 삼국 모두 내수에만 의존해서는 기업들의 지속적인 발전, 청년들의 일자리 창출에 어려움이 있기 때문에 동북아시아에서 새로운 시장을 개척할 필요가 있다. 이를 위해 한중일 삼국은 자본과 기술, 지식과 경험을 활용하여 동북아시아의 개발도상국들의 경제 발전을 지원해야 한다. 한중일과 지리적으로 인접해 있지만 경제적으로 낙후되어 있는 몽골의 사회간접자본 구축, 태양광과 풍력, 수소 에너지 보급 사업을 한중일 삼국 정부, 기업 간의 공조 하에 진행하는 것도 유익할 것이다. 그리고 북한이 경제개방을 선택하게 되면 북한의 사회간접자본과 산업 기반 구축을 위해 한중일 삼국이 협력하여 삼국의 기업들과 청년들이 북한 시장에 진출해서 활동할 수 있게 해야 할 것이다. 이와 함께 한국, 중국, 일본의 중앙정부와 주요 경제 단체들이 매년 정기적으로 만나서 삼국 간의 경제협력 수요를 논의하고 실질적인 경제협력 방안을 수립 및 추진하게 된다면 동북아시아 역내 국가들의 경제발전과 평화공생을 추구하는 데 도움이 될 수 있을 것이다.

2. 경제학자들의 『동양평화론』 연구

안중근의 저작 『동양평화론』은 1909년 10월 26일 하얼빈에서 이토 히로부미를 저격한 후 일본에 의해 사형선고를 받고, 1910년 3월 26일 사형 집행장으로 세상을 떠나기 전까지 1장인 서, 2장인 전감까지만 작성된 미완의 상태로 남아 있다. 그의 동양평화론, 안중근과 히라이시 우진토(平石氏人) 뤼순(旅順) 고등법원 원장과의 문답의 내용이 담긴 면담록을 살펴보면 한국과 일본, 중국 간의 구체적인 경제협력 구상이 제시되어 있다. 한국에서는 안중근에 대한 연구가 독립운동사를 연구하는 역사학자들과 국제정치를 연구하는 정치학자들을 중심으로 진행되어 왔다.[1] 반면에 한국의 경제학계에서는 2000년대가 되어서야 안중근의 한중일 경제협력 구상에 대하여 주목하기 시작하였다. 한국의 경제학자들 중에서 안중근의 한중일 경제협력 구상을 소개한 최초의 연구 성과인 김영호 교수의 연구에서는 동북아개발은행 설립과 함께 동북아판 에너지, 정보기술(IT), 환경 그리고 물류의 공동 프로젝트를 추진하고 그것을 동아시아 공동통화와 동북아 군축 및 비핵지대화 구상과 연계하는 동북아시아의 공통의 안중근 플랜 추진을 제안하였다.[2] 2009년에 나온 문우식의 연구에서는 안중근

1   박영준, 「러일전쟁 이후 동아시아 질서 구상: 야마가타 아리토모(山縣有朋)의 전후 경영론과 안중근의 동양평화론 비교」, 『한국정치외교사논총』 30-2, 2009, 99~125쪽; 윤병석, 「안중근의 '同義斷指會'의 補遺」, 『한국독립운동사연구』 32호, 2009, 87~111쪽; 김수태, 「안중근의 독립운동과 신문」, 『진단학보』 119호, 2013, 113~148쪽; Kim, K. I, "East Asian Intellectuals and the Historical Context of Asianism," *Concepts and Contexts in East Asia*, 2, 2013, pp.5~36; 조은상, 「동북아시아에서의 인재 양성: 안중근의 동양평화론을 중심으로」, 『평화학연구』 17-3, 2016, 7~23쪽; 최종길, 「동양평화론과 조선인의 인식: 안중근의 국제 정세 인식을 중심으로」, 『사림』 55호, 2016, 109~138쪽; 박명림, 「안중근 사상의 해석: 세계시민, 아시아 지역통합, 그리고 근대적·공화적 영구평화」, 『동방학지』 189집, 2022, 259~298쪽; 유영렬, 「안중근의 독립운동과 그의 위상」, 『한국민족운동사연구』 113호, 2022, 33~71쪽.
2   김영호, 「안중근의 동양평화론과 동북아 경제공동체론」, 안중근 의사 95주년 기념 국

의 한중일 삼국의 공동은행 설립, 공동통화 발행 등의 금융협력 방안을 제시한 점을 높게 평가하였는데 그의 금융협력 제안은 안중근이 살았던 20세기 초 아시아의 통화제도가 실질적인 은본위 제도여서 한중일 삼국 간 통화를 같은 가격으로 쉽게 교환할 수 있어서 가능했던 것으로 분석하였다.[3] 채대석과 김미정의 2012년 연구에서는 안중근의 동양평화사상은 한국, 중국, 일본 간의 수평적 통합을 통한 지역무역협력체, 지역경제통합체를 지향하였으며, 이러한 지역무역통합이 재정동맹, 통화동맹 사상을 바탕으로 삼고 있었음을 지적하였다.[4] 또한 안중근의 경제협력 구상을 심층무역협정의 원리로 접근하면 안중근은 지역무역공동체를 수용하고 그가 주장한 재정금융 협력을 통한 경제협력은 최고 수준의 심층지역 협력체에 근접한 제안인 것으로 주장하였다.[5]

상술한 바와 같은 선행연구들이 나온 후에 한국, 중국, 일본 간의 경제협력 추진에 어려움을 겪으면서 한국에서 안중근의 한중일 경제협력 구상에 대한 연구는 찾아보기 어렵게 되었다. 그러나 안중근의 한중일 경제협력 구상의 주요 내용들을 분석하고 최근 한국, 중국, 일본 간의 경제협력에서 안중근의 경제협력 구상의 실현 여부와 안중근의 구상이 삼국 간의 경제협력에서 실현되기 어려운 원인을 살펴보는 것도 향후 한국, 중국, 일본을 중심으로 동북아시아 경제협력을 실질적으로 추진할 수 있는 방

제학술회의 자료집, 2004, 1~23쪽.

3 문우식, 「안중근의 동양평화론과 아시아 금융통화협력」, 『안중근기념연구논집』 4집, 2010, 25~48쪽.

4 채대석·김미정, 「심층무역협정을 통해 본 안중근의 동양평화론의 조명」, 『무역학회지』 37-1, 2012, 249쪽.

5 위의 논문, 248쪽.

안들을 모색하고 제안하는 데 도움이 될 수 있을 것이다.

이 장에서는 안중근의 동양평화를 위한 한중일 경제협력 구상의 주요 내용과 의의를 소개하고 그의 구상이 현재의 한중일 경제협력에 그대로 적용하기 어려운 이유를 설명하고자 한다. 이와 함께 현 시점에서 한중일 삼국이 동북아시아 역내 국가들 간의 경제협력과 평화공생에 공헌하고 삼국이 함께 이익을 창출할 수 있는 방안을 제언하고자 한다.

3. 안중근의 한중일 경제협력 구상

안중근은 한중일 삼국의 평화공영을 위한 경제협력 방안으로 공동은행 설립과 삼국의 거점 지역의 공동은행 지점 운영, 한중일 공동화폐 발행과 사용을 제안하였다. 그는 한중일 공동은행 설립과 삼국 거점 지역의 공동 은행 지점 운영의 실현을 위해 일본의 보다 전향적인 역할을 강조하였다. 그는 일본이 러일전쟁의 전리품으로 획득한 뤼순항을 중국에 돌려줄 것을 제안했다(김태식, 2009). 그리고 뤼순항은 일본, 중국(당시 청국), 한국이 공동 관리하는 군항으로 운영해야 하며 뤼순항을 돌려받은 청국은 뤼순항에 동양평화회의 본부와 한중일 공동은행 설립을 허용해야 한다고 주장했다.[6] 또한 안중근은 중국, 일본, 한국의 주요 지역에 은행지점을 설립하고 공용화폐를 널리 보급하여 산업 발전을 함께 추진해야 한다고 주장

---

6 윤경로, 「안중근 의거 배경과 「동양평화론」의 현대사적 의의: 동아시아의 평화와 미래를 전망하며」, 『한국독립운동사연구』 36집, 2010, 157쪽.

했다.[7]

이와 함께 그는 한중일 공동은행 운영에 필요한 재정확보를 위해 구체적인 방안을 제시하였다. 안중근은 뤼순에 동양평화회의체를 조직하고 삼국의 회원들을 모집하여 회원 1인당 회비로 1원씩을 모금할 것을 제안하였다.[8] 동양평화회의체에 회원으로 가입하는 삼국의 인민들의 자발적인 회비 모금을 통해 수억원이 모일 수 있을 것이고 이를 활용하여 공동은행을 설립하고 공통의 화폐를 보급하면 한국, 중국, 일본의 경제협력 네트워크 구축이 가능할 것으로 예상했던 것이다. 그는 한중일 공동은행 설립 및 운영, 삼국의 공통 화폐 보급과 함께 한국, 중국, 일본의 청년들이 2개 이상의 외국어를 배우고 일본의 주도로 한국, 중국, 일본이 상공업의 발전을 추진할 것을 제안하였다.[9] 오늘날 각국 청년들의 교류와 비즈니스에서 서로의 언어의 이해와 활용이 중요한 역할을 수행하고 있다는 점, 제2차 세계대전이 끝난 후에 1960년대부터 1980년대에는 한국, 1978년 개혁개방 이후부터 2000년대까지는 중국이 일본의 산업 발전의 경험, 범용 기술을 활용하여 경제성장과 제조업을 비롯한 각종 산업의 진흥을 추진했던 점을 생각하면 안중근이 미래를 내다보는 혜안이 있었음을 알 수 있다.

상술한 바와 같은 안중근의 한중일 경제협력 구상은 국가 간의 협력을

7   김태식, 〈안중근은 블록 경제론 주창자〉,《연합뉴스》, 2009.06.18.
     https://www.yna.co.kr/〉iew/AKR20090618180800005 (검색일: 2024.03.12)
8   윤경로, 「안중근 의거 배경과 「동양평화론」의 현대사적 의의: 동아시아의 평화와 미래를 전망하며」, 『한국독립운동사연구』 36집, 2010, 158쪽.
9   조승우, 〈평화를 향한 안중근 의사의 외침 안중근 동양평화론의 고찰 및 현대적 재해석〉,《안중근 평화신문》, 2007.05.08. https://www.danji12.com/21 (검색일: 2024.05.23)

넘어서 삼국의 지역과 민간을 서로 연결하는 경제 네트워크의 구축을 제안했다는 데 의미가 있다.[10] 그리고 한중일 공동화폐 발행과 사용은 다른 지역과 인접 국가에서 어느 누구도 제안하지 못한 신선한 발상이었다.[11] 상술한 바와 같은 금융 협력은 한국, 중국, 일본 간의 신뢰가 있어야 가능한 것인데 안중근은 한중일 금융 협력을 통한 신뢰 구축의 중요성을 강조하였다. 그리고 일본이 한국, 중국과의 신뢰를 금융 협력을 통해 구축하게 되면 일본의 수출이 늘어나고 인도, 태국, 베트남도 안중근이 제안한 동양평화회의에 가입하면서 일본이 아시아의 주인공이 될 수 있다는 점도 강조하였다.[12] 안중근의 한중일 경제협력 구상은 유럽연합(EU)의 모태가 된 프랑스 외무장관 로베르 슈만의 '유럽석탄철강공동체' 제안보다 40년 앞선 선구적인 제안이었다.[13] 안중근은 이토 히로부미의 극동평화론은 제국의 패권 개념이며 약소국을 지배하려는 시도로 보았다.[14] 그러나 경제협력에 있어서는 당시 동북아시아에서 경제와 산업 발전 수준이 가장 높았

---

10 박명림, 「안중근 사상의 해석: 세계시민, 아시아 지역통합, 그리고 근대적 · 공화적 영구평화」, 『동방학지』 189집, 2022, 259~298쪽.

11 이태진, 〈'지식인' 안중근, 한 · 중 · 일 평화공존 사상 싹 틔웠다〉, 《중앙 SUNDAY》, 2023.10.21.
    https://www.joongang.co.kr/article/25201085#home (검색일: 2024.01.08.)

12 채대석 · 김미정, 「심층무역협정을 통해 본 안중근의 동양평화론의 조명」, 『무역학회지』 37-1, 2012, 234쪽.

13 고명섭, 〈안중근의 동양평화론〉, 《한겨레》, 2019.07.03.
    https://www.hani.co.kr/arti/opinion/column/900331.html (검색일: 2024.01.07)

14 전병근), 「안중근의 「동양평화론」을 왜 지금 고쳐냈나: 안재원 서울대 인문학연구원 연구교수 인터뷰」, 『출판N』 5권, 2019.07.
    ttps://nzine.kpipa.or.kr/sub/inside.php?idx=167&ptype=)iew (검색일: 2023.01.07.)

던 일본의 선도적인 역할을 강조하였다.[15]

4. 한중일 경제협력의 장애 요인

안중근의 한중일 경제협력 구상은 2013년부터 한국, 중국, 일본이 자유무역협정 협상을 시작하면서 그 혜안을 평가받기 시작하였다. 그러나 한중일 FTA 협상은 현재까지 접점을 찾지 못하고 있다. 이는 2000년대부터 한국과 중국이 제조업과 정보통신 산업의 기술 수준이 향상되면서 일본과의 경쟁이 치열해지고 중국의 농업이 베이다황을 비롯한 농업 기업들과 지역별 협동조합들을 중심으로 저렴한 가격의 농산물을 대량으로 생산, 수출하게 되면서 한국과 일본이 대중국 농업 시장 개방을 주저하고 있기 때문이다. 그럼에도 불구하고 한국은 2022년 2월 1일에 중국, 일본과 동남아시아 국가들의 지역연합인 ASEAN 회원국들(베트남, 캄보디아, 라오스, 태국, 브루나이, 싱가포르, 말레이시아), 호주, 뉴질랜드와 함께 역내 포괄적 경제동반자 협정(Regional Comprehensi)e Economic Partnership; 이하 RCEP)에 참여하면서 안중근이 예측했던 대로 아시아 국가들 간의 협력의 틀을 확립하고 일본과는 플라스틱과 합성수지, 중국과는 의료기기, 영상기기 부품, 반도체 제조용 부품 개방의 혜택을 얻게 되었다.[16] RCEP 참여

---

15 박명림, 「안중근 사상의 해석: 세계시민, 아시아 지역통합, 그리고 근대적 · 공화적 영구평화」, 『동방학지』 189집, 2022, 286쪽.

16 연합뉴스, 〈RCEP 수혜 품목은 日 플라스틱 · 中 의료기기 · 아세안 문화콘텐츠〉, 《한국무역협회》, 2022.01.28.

국들의 무역 규모는 2021년 기준 5조 6,000억 달러(2021년 전세계 무역 비중의 31.9%), GDP 26조 달러(2021년 전세계 GDP의 30.8%), 인구 22억 7,000만 명(2021년 전세계 인구의 29.7%)에 달하기 때문에 한국, 중국, 일본은 유례를 찾아보기 어려운 대규모 자유무역협정에 참여했다고 볼 수 있고 한국, 중국, 일본이 아시아태평양 국가들과의 협력을 통해 자유무역의 범위를 확대했다는 데 의의를 찾을 수 있다.

그렇지만 안중근이 제안한 바와 같이 한중일 경제협력에서 일본의 선도적인 역할을 요구하기에는 한국과 중국의 경제력과 위상이 향상되어 세 나라가 동등한 입장에서 협력을 논의해야 하는 상황에 직면해 있다. 안중근이 한중일 경제협력 구상을 제안하였을 때 일본과 서구 열강의 이권 침탈의 대상이 되었던 중국은 2022년 기준 명목 GDP 총액 17조 9,632 달러(세계 2위), 2022년 기준 상품 수출입 총액 6조 2,000억 달러(세계 1위)의 경제 대국이 되었다(〉OA 뉴스 2023.12.25). 삼국 중에서 경제 규모가 제일 작고 낙후되었던 한국은 2021년 기준 GDP 총액 세계 10위, 2022년 기준 1인당 GDP 32,423달러(OECD 회원국 중 22위), 2022년 기준 무역액 1조 2,596억 달러(세계 8위)를 기록하였고 반도체, 디스플레이, 가전, 조선, 철강, IT 등의 산업에서 국제 경쟁력을 갖춘 경제 강국으로 자리매김하고 있다(이민후 2023.12.25).[17] 일본은 2022년 기준 명목 GDP 총액 4조 2,601억

https://www.kita.net/board/totalTradeNews/totalTradeNewsDetail.do;JSESSIONID_KITA=4B4803D5F3B8FB9CEC338ECC2BCC9CE4.Hyper?no=66920&siteId=1(검색일: 2024.01.09.)

17 이민후, 〈'日 따라잡았다고? 꿈 깨'…韓 GDP 그래도 추월 못 했다〉, 《SBS BIZ》, 2023.12.25.
https://biz.sbs.co.kr/article/20000149983 (검색일: 2024.01.07)

달러(세계 3위), 1인당 GDP 34,064달러(OECD 회원국 중 21위)를 기록하였고 자동차, 기계, 부품, 소재 산업의 국제 경쟁력을 세계적으로 인정받고 있다.[18] 그러나 일본 기업들은 각종 부품과 소재 산업에서 한국, 일본의 기업들에 비해 비교우위를 유지하고 있지만 철강, 디스플레이, T〉, 스마트폰을 비롯한 제조업의 여러 분야에서 한국 기업들과 중국 기업들의 약진에 고전하고 있다.[19]

한국과 중국의 산업과 기업들의 경쟁력이 향상되면서 한국과 중국, 일본이 공동으로 미래 산업 육성을 위해 협력을 추진하는 데도 어려움이 커지고 있다. 이는 삼국 기업들 간의 업종별 기술 연구개발 경쟁이 치열해지고 기업이 연구개발한 기술이 업종의 경쟁의 판도를 바꾸는 상황이 되풀이되면서 삼국의 기업들과 연구 기관들이 미래 산업 육성을 위한 연구개발 협력을 제안하고 논의하기가 쉽지 않은 상황이 지속되고 있기 때문이다. 그리고 일본 기업들과 한국 기업들 모두 제조업과 정보통신산업의 각 분야에서 꾸준히 기술 수준을 끌어올리고 있는 중국 기업들의 특허 출원과 신제품 출시가 지속되면서 중국 기업들과의 협력의 범위를 제한하고 있다. 세계지적재산권기구(WIPO, 이하 WIPO)가 2022년 11월 22일에 공개한 2021년 국가별 특허출원 건수에 따르면 중국은 158만 5,000건으로 1위를 기록한 반면에 일본은 28만 9,000건으로 미국(59만 1,000건)에 이어서

---

18 위와 같음.
19 2015년 12월 11일에 딜로이트글로벌과 미국경쟁력위원회가 공동으로 발표한 '글로벌 제조업 경쟁력 지수 보고서'에 나온 글로벌 제조업 경쟁력 순위에서 중국은 1위, 일본은 미국, 독일에 이어서 4위, 한국은 5위를 기록하였다. 김태호, 〈한국 제조업 경쟁력, 4년후 인도에도 밀린다〉, 《한국경제》, 2015.12.12, A1.

3위, 한국은 23만 7,000건으로 4위를 기록하였다.[20] WIPO의 2022년 국가별 국제 특허출원 건수에서도 중국은 70,015건으로 1위를 차지했고 일본은 50,345건으로 미국(59,056건)에 이어서 3위, 한국은 22,012건으로 4위를 차지하였다(우훈식, 2023.03.03). 중국은 2011년부터 2022년까지 세계 특허출원 1위를 기록하고 있는데 이는 중국이 세계 최대의 외환보유고와 중앙정부와 주요 행정 구역들의 지방정부들의 막대한 재정 수입을 활용하여 국내 주요 국립대학들의 자연계, 이공계 연구개발과 이를 안정적으로 이끌어갈 우수한 교수진, 연구진의 육성에 투자를 아끼지 않고 있은 결과이다. 화웨이(华为)와 비야디(比亚迪), 중싱(中兴)을 비롯한 유명 기업들도 연구개발에 지속적이고 적극적인 투자를 진행하면서 제품과 서비스의 품질을 꾸준히 향상시키고 있다. 그로 인해 한국, 일본의 기업들과 연구 기관들은 중국의 과학기술의 약진에 위협을 느끼게 되었고 중국의 기업, 연구기관과 수소자동차, 수소경제 분야를 제외하고는 미래 산업 육성을 위한 연구개발과 시장 형성을 위한 실질적인 협력을 논의하는 데 어려움을 겪고 있다. 게다가 한국, 중국, 일본의 제2차 세계대전 기간의 역사에 대한 기억과 인식의 합의점을 찾지 못함으로 인하여 삼국 간의 공동은행과 공동화폐 운영, 공동시장 구성을 통한 경제통합에 대한 논의는 기대하기 어려운 분위기가 지속되고 있다.

20 정영인, 〈작년 세계 특허 출원 건수, 3년 만에 사상 최대치 경신…한국은 4위〉, 《이투데이》, 2022.11.22. https://www.etoday.co.kr/news/〉iew/2195092 (검색일: 2024.01.09.)

5. 한중일 경제협력 방안에 대한 제언

안중근의 한중일 경제협력 구상은 삼국 간의 공동은행을 설립하고 삼국의 거점 지역에 공동은행의 지점을 운영하며 공용화폐 발행을 통해 상호 신용을 구축하고자 하였다. 이는 동북아개발은행이나 아시아통화단위(ACU) 구상의 단초적 형태라 할 수 있다.[21] 그리고 공동은행과 공용화폐 운영을 통해 상호 신뢰를 구축하여 경제통합의 단계에 도달하는 방식은 유럽연합이 실행하고 있는 경제통합 방식과 유사하다고 볼 수 있다. 또한 경제협력과 관련해서 안중근이 활동했을 당시 동북아시아에서 경제와 산업의 발전 수준이 가장 높았던 일본의 주도적인 역할을 강조하였다. 제2차 세계대전이 끝난 후의 한국, 중국의 경제성장 과정에서의 일본의 역할을 생각하면 안중근의 제안은 몽상이 아니라 동북아시아에서 일본이 경제사회발전과 산업 진흥에서 가장 앞서 있다는 현실에 근거한 것임을 알 수 있다. 1980년대부터 1996년까지의 한국의 경제성장, 1990년대부터 2008년까지 중국의 연평균 8% 이상의 경제성장은 미국과 영국, 프랑스, 독일 등 서방 선진국들의 역할도 중요했지만 메이지 유신 이후 산업 발전과 경제성장, 기업들의 자본과 양질의 인적 자원의 축적에서 가장 앞서 있었던 일본 정부의 원조, 일본 기업들의 투자와 범용 기술 이전도 양국의 전후 경제성장에 도움이 될 수 있었다.

그러나 한국과 중국의 경제성장과 산업발전으로 인하여 한국, 중국의

---

21 김영호, 〈북유럽에서 본 안중근〉, 《경향신문》, 2009.08.03.
   https://www.khan.co.kr/article/200908031755025 (검색일: 2024.01.07.)

개별 기업들의 역량이 강화되고 일본과 경쟁하는 업종이 많아지면서 한중일 경제협력의 필요성에 대한 논의는 적극적으로 진행되지 않고 있다. 2000년대 이후에 일본이 한국, 중국에 대하여 확실하게 비교우위를 확보하고 있는 분야는 소재, 부품, 장비이고 그 외의 제품들은 한국, 중국 기업들에 비해 비교우위를 갖고 있지 못한 경우가 많아졌다. 그로 인해 안중근의 한중일 경제협력 구상을 실현하기 위한 삼국의 정부 차원, 민간에서의 논의는 활발하게 진행되지 못하고 있다.

안중근의 한중일 경제협력 구상이 실현이 어려운 원인은 2차 세계대전 기간의 역사에 대한 한국, 중국, 일본 간의 견해 차이가 존재하고, 한국, 중국의 제조업, IT 산업에서의 성장과 기술 수준 제고로 인하여 한국, 중국, 일본 간의 산업 간의 경쟁이 지속되고 있기 때문이다. 그리고 중국의 저가, 대량 생산 농산물이 자유무역협정을 통해 무관세 혹은 낮은 관세로 한국 시장과 일본 시장에 수입될 경우 한국과 일본의 농업 기반이 흔들릴 수 있는 우려도 한중일 경제협력의 심화를 어렵게 만들고 있다. 또한 동북아시아를 비롯한 아시아 지역의 개발금융 분야에서는 중국이 주도하는 AIIB와 일본, 미국이 주도하는 ADB가 경쟁하고 있다. 그리고 중국은 몽골을 비롯한 아시아의 개발도상국들의 사회간접자본 구축 사업에 필요한 금융지원을 자국의 정책 금융기관인 중국국가개발은행, 중국수출입은행의 자금을 활용하여 진행하고 있다.[22] 반면에 중국, 일본, 한국 간의 아시아 지역의 개발도상국들의 사회간접자본 구축을 비롯한 개발금융 협력방

22　조정원, 「중국의 일대일로와 카자흐스탄의 누를리 졸의 연계: 산업 협력을 중심으로」, 『슬라브학보』 35-4, 2020, 287~288쪽.

안에 대한 논의는 진행되지 않고 있다. 그로 인해 별도의 동북아시아 개발은행을 설립하는 것도 쉽지 않은 상황이 계속되고 있다.

이러한 어려움을 완화하려면 단기적으로는 한중일 삼국의 정부 차원에서 논의되는 경제협력 사업에서 안중근의 이름을 사용하는 방안을 논의하는 것부터 포기할 필요가 있다. 일본의 집권당 자민당 소속의 스가 요시히데(菅義偉) 전 총리는 2013년 11월 19일 안중근 표지석 설치에 대한 한국과 중국의 협력에 대하여 안중근은 범죄자이기 때문에 안중근 표지석이 한일 관계에 도움이 되지 않는다는 입장을 공개한 바 있으며 2014년 1월 하얼빈의 안중근 기념관 개관에 대해서는 일본의 초대 총리 이토 히로부미를 살해하여 사형판결을 받은 테러리스트라 언급한 바 있다.[23] 일본의 자민당 중심의 국내 정치 구조가 바뀌지 않는 한 안중근에 대한 일본 정계의 인식에 변화가 생기기는 어려우며 이는 한중일 경제협력의 범위를 확대하는 데 어려움으로 작용할 것이다.

그리고 한중일 삼국 모두 내수에만 의존해서는 기업들의 지속적인 발전, 청년들의 일자리 창출에 어려움이 있기 때문에 동북아시아에서 새로운 시장을 개척할 필요가 있다. 이를 위해 한중일 삼국은 자본과 기술, 지식과 경험을 활용하여 아시아의 개발도상국들의 경제 발전을 지원해야 한다. 한중일과 지리적으로 인접해 있지만 경제적으로 낙후되어 있는 몽골의 사회간접자본 구축, 태양광과 풍력, 수소 에너지 보급 사업을 한중일 삼국 정부, 기업 간의 공조 하에 진행하는 것도 유익할 것이다. 북한이 핵

---

23 고은빛, 〈일본 유력 차기 총리 스가의 한 마디…"안중근은 범죄자"〉, 《한국경제》, 2020.09.02. https://www.hankyung.com/article/2020090262817 (검색일: 2024.01.09)

무기를 포기하지 않고 있고 조선노동당 중심의 정치체제 유지에 초점을 맞추고 있어서 단기적으로 경제개방을 선택할 가능성이 높지 않아 보인다. 그러나 언제가 되었든 북한이 경제개방을 선택하게 되면 북한의 사회간접자본과 산업 기반 구축을 위해 한중일 삼국이 협력하여 삼국의 기업들과 청년들이 북한 시장에 진출해서 활동할 수 있게 해야 할 것이다. 이와 함께 한국, 중국, 일본의 중앙정부와 주요 경제 단체들이 매년 정기적으로 만나서 삼국 간의 경제협력 수요를 논의하고 실질적인 경제협력 방안을 수립 및 추진하게 된다면 안중근이 제안했던 한중일 삼국 중심의 공동은행의 설립의 필요성도 공감하게 될 것이고 동북아개발은행 설립과 운영에 합의할 수 있는 계기도 마련될 수 있다.

한국과 중국, 일본 간의 경제협력의 확대와 심화의 걸림돌로 작용하고 있는 제2차 세계대전 기간의 역사 문제는 삼국의 교육부, 역사교육 전문가들 간의 공동의 역사교육에 대한 협의를 통해 삼국의 어린이와 청소년들이 초등학교, 중학교, 고등학교 역사교육에서 전쟁의 참상을 느끼고 평화의 중요성을 깨닫는 역사교육을 시행할 수 있는 방안을 도출하고 시행함으로써 해결해야 한다. 한국, 중국, 일본의 교육부가 삼국의 역사교육 전문가들이 집필하고 삼국의 초등학교, 중학교, 고등학교에서 사용하는 근대사, 현대사 교과서의 견해 차이를 연구하고 삼국 간의 접점을 찾는 공동연구를 진행함으로써 삼국의 초등학교, 중학교, 고등학교에서 함께 쓸 수 있는 근대사 교과서, 현대사 교과서의 편찬과 출간, 교육을 추진하는 것도 필요하다. 삼국의 후속 세대들이 공통의 근대사, 현대사 교육을 통해 전쟁을 예방하고 평화를 위한 경제협력의 필요성을 공유해야만 안중근이 제안했던 한중일 경제협력 구상에서의 금융협력을 시행하는 데 어려움을 줄일 수 있다.

안중근의 한중일 경제협력 구상에서 강조되었던 일본의 선도적 역할은 한국, 중국의 경제발전과 양국 기업들의 기술진보, 자본의 축적으로 인해 쉽지 않게 되었다. 그러나 한중일 삼국이 공통으로 직면한 지역 인구 감소와 고령화 사회에 대한 대응에서는 일본의 중앙정부와 지방정부의 정책과 경험이 도움이 될 수 있다. 한중일 삼국이 정부 차원에서 인구가 감소하고 있는 지역의 근로가능 인구 유입을 위한 산업 정책, 해외직접투자 유입 정책을 수립 및 실행하고 고령화 사회 대응을 위한 보건의료협력, 산업협력을 추진하는 데 일본의 정부와 기업의 노하우를 공유하는 것도 삼국의 경제협력을 지속가능하게 하는 데 유용하다고 생각한다.

이러한 방안들은 동북아시아 역내 국가들의 경제발전과 평화공생을 추구하는 데 도움이 될 수 있을 것이다.

문학에 나타난 안중근

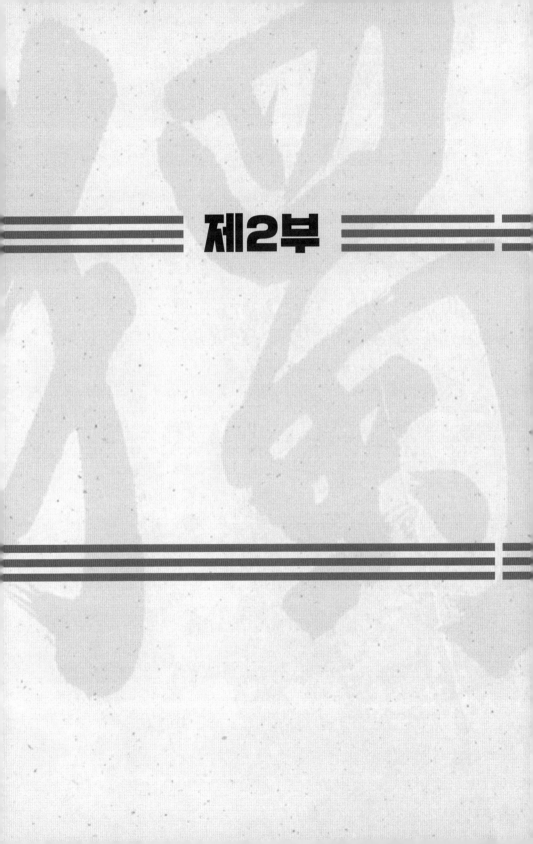

제2부

大韓國人
安重根

안중근을 노래하다

―안중근 관련 한국시가 연구

박병훈

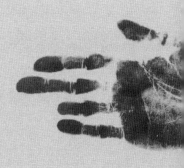

*   이 글의 출전은 다음과 같다: 박병훈, 「안중근을 노래하다: 안중근 관련 한국 시가 연
구」, 『국문학연구』 49집, 2024, 5~36쪽. 이 논문은 2024년 2월 20일에 류코쿠대학의
오오미야캠퍼스에서 열린 원광대 동북아시아인문사회연구소와 류코쿠대학 안중근
동양평화연구센터의 공동학술대회《안중근의 동양평화사상과 동북아시아의 미래공
생》에서 발표한 동명의 원고를 수정한 것이다.

"그의 正大한 義擧를 노래삼아 부르고자 하니…"

(『萬古義士 安重根傳』)

1. 들어가며

1909년 10월 26일 안중근이 이토 히로부미를 하얼빈에서 저격한 의거는 국내외의 많은 이들에게 깊은 인상을 주었고, 이는 소설, 전기를 비롯하여 연극, 시가 등으로 다양하게 문학적으로 형상화되었다. 그러나 기존 안중근 연구는 한국인 창작 시가에 대해서 주목하지 못하였다.

최형욱은 안중근 관련 중국 시가 연구에서 가장 왕성한 성과를 내었는데, 선행연구의 중국시가 관련 논의들을 망라하여 소개하고,[1] 『晩淸期刊

---

1   양귀숙 외, 「양계초 시문에 나타난 조선문제 인식」, 『중국인문과학』 제26집, 2003; 이등연·양귀숙, 「중국 근대 시기 시가에 나타난 조선 문제 인식」, 『중국인문과학』 제29집, 2004; 김진욱, 「안중근 의거를 통한 중국 지식인의 조선 인식 연구」, 『중국인문과학』 제30집, 2005; 장효군, 「중국 근대문학 속의 안중근 형상 연구」, 전남대학교 석사학위논문, 2009; 문대일, 「중국 현대 韓人題材詩歌에 나타난 '항일'과 '독립' 양상 연구」, 『세계문학비교연구』 제59집, 2017; 뉴린제·탕전 「동아시아 현대문학 속의 한국 항일영웅 서사」, 『아시아문화연구』 제45집, 2017 등을 소개하였다. 최형욱, 「안중근 의사를 제재로 한 중국 시가 연구 II: 특별한 타자 및 제삼자적 인식과 감정의 표현을 중심으로」, 『중국어문학논집』 137, 2022, 168쪽, 각주 2번.

全文數據庫(1833-1911)』와『民國時期期刊全文數據庫(1911-1949)』등의 데이터베이스, 박은식의『安重根傳』(1912), 鄭沆의『安重根』(1917), 鄭洧의『安重根傳』등의 안중근 전기문, 金宇鍾·崔書勉의『安重根-論文·傳記資料』(1994), 華文貴의『安重根研究』(2009), 金柄珉·李存光의『中國現代文學與韓國資料叢書』(2014), 李存光·金宰旭의『中國現代文學與韓國文獻補編』(2020) 등의 안중근 연구 및 중국 현대문학 자료 총서를 활용하여 49편의 자료를 제시하였다.[2] 그리고 그 내용으로 첫째, 안중근의거에 대한 찬양과 순국에 대한 애도, 둘째, 속국으로서의 한국 인식 및 제삼자적 입장에서의 복잡미묘한 소회[3] 등을 꼽았다. 그리고 시가 속에서 형상화된 안중근의 인물 형상화에 활용된 인물로 첫째, 자객(刺客)·협사(俠士)로 규정할 수 있는 인물, 둘째, 영웅(英雄)·지사(志士)로 규정할 수 있는 인물 유형으로 꼽아 분석하였다.[4] 이외에도 양계초(梁啓超)의 안중근 관련 시문을 집중적으로 탐구하기도 하였다.[5]

한국인 창작 안중근 관련 시가 연구로는 다음과 같은 논문이 있다. 박환은 러시아 연해주에서 안중근에 대한 추모 열기를 다루며, 그중 안중근 관련 시가의 현황과 수용에 대해 밝혔고,[6] 신운용은 러시아뿐 아니라 미

2　최형욱, 위의 논문, 171~172쪽.

3　위의 논문, 170쪽.

4　최형욱,「안중근 관련 중국 시가 중의 인물 형상 연구」,『동양학』93, 2023.

5　최형욱,「량계초(梁啓超)의「추풍단등곡(秋風斷藤曲)」탐구: 안중근 의거를 찬미한 중국 근대 대표 지식인의 노래와 그 속내」,『동아시아 문화연구』49, 한양대학교 동아시아문화연구소(구 한양대학교 한국학연구소) 2011; 최형욱,「량치차오 시문 중의 안중근 형상 연구: 조선 황실 및 지도층 인물과의 대비를 포함하여」,『동아시아문화연구』82집, 2020.

6　박환,「러시아 연해주에서의 안중근」,『한국민족운동사연구』30집, 2002.

국, 중국 등에서의 안중근 추모 및 유지 계승 운동으로서의 연극, 사진 전시 등의 활동을 밝히면서 창가의 창작과 보급 사항도 개관하였고,[7] 러시아에서 안중근을 추모하기 위한 노래가 '안중근 의가(義歌)', '대한의사 안중근씨 추도가', '안중근 추모가' 등등의 이름으로 불리기도 하였다고 밝히고 있다.[8] 한편 송영순은 기존 이광수의 장시 〈옥중호걸〉과 〈곰〉이 사실은 안중근에 대한 시임을 새로이 밝혔다.[9] 그러나 이는 직접적으로 한국인 창작 안중근 관련 시가를 전면적으로 다룬 연구들은 아니다. 한국의 전통적 시가 장르는 한시(漢詩), 가사(歌辭), 시조(時調) 등으로 다양하며, 이는 개화기, 일제강점기를 거쳐 변용을 겪는다. 또한 창가(唱歌)라는 새로운 형식이 들어오며 인기를 끌었다. 이들 가운데 한시, 가사, 창가 세 장르에서 안중근 관련 시가를 알아보고자 한다.[10] 각각의 한 장르만 집중적으

7   신운용, 「안중근 의거에 대한 국외 한인사회의 인식과 반응」, 『한국독립운동사연구』 28집, 2007.
8   신운용, 위의 논문, 114쪽.
9   송영순, 「이광수의 장시와 안중근과의 연관성: 「옥중호걸」과 「곰」을 중심으로」, 『한국시학연구』 35집, 2012.
10 시조는 안중근을 다룬 작품수가 적어 제외하였다. 자유시 등의 장르도 고려 대상이 될 만하나 이는 보다 더 집중탐구가 필요하다고 생각되어 역시 제외하였다. 참고 삼아 안중근 관련 時調는 소개해 둔다. "영웅의 흘닌피가, 덤덤이 썩지안코. / 황금산의 비가 되며, 빅두산의 구름 되여. / 원혼을, 쾌히씨슬 재섯지, 오락가락." 「영웅혈」, 『대한매일신보』, 1910.03.29.
    "三千萬 우리 同胞 忠臣烈士 누구누구 / 閔忠正公 血竹이며 李俊 先生 割腹은 千萬古의 웃듬이라 將하도다 安重根 義士는 哈濱驛頭에서 拳銃一聲에 伊藤博文을 업세 치우고 膽大하다 尹奉吉 義士는 上海 紅口에서 一聲霹力 白川를 破骨하야 韓國이자 드러낫다 / 우리도 烈烈한 정신을 바다 國土를 死守하세"(『金聲玉振(국립한글박물관본)』에는 총 159수의 시조 사설이 수록되어 있는데 그중 155번이다. 권순회, 「신발굴 시조창 가집 三題」, 『고전과 해석』 21, 2016, 18쪽 참조.)

로 서술해도 벅찰 터이기에, 이 글은 우선적으로 일제강점기[11] 안중근 관련 시가 자료 개관에 초점을 맞춰보고자 한다. 여기서 안중근 관련 시가는 안중근이 직접 지은 시는 제외되며, 안중근 및 안중근의 의거와 관련한 시가를 지칭하는 것이다. 안중근 관련 내용이 몇 구절에 그칠지라도 안중근 관련 시가로 포함하여 다루도록 한다.

안중근 스스로도 「장부가(丈夫歌)」를 짓기도 하였고,[12] 유묵(遺墨)으로도 시를 남겼다.[13] 계봉우는 그의 시적 재능에 감탄하였고, 시신(詩神), 시선(詩仙), 시왕(詩王)으로까지 추켜올리기도 하였다.[14] 이 글에서는 일제강점

---

11 정확히는 1909년 10월 26일 안중근 의거 이후부터 1945년 해방 이전까지의 시기이다.

12 안중근은 한시로 우선 짓고 한글로도 옮겼다. 〈장부가〉는 다음 논문에서 원전비평 및 그 의미가 분석되어 있어 큰 도움이 된다. 최원식, 「동양평화론으로 본 안중근」, 『민족문학사연구』 41집, 2009. 안중근이 직접 지은 한시는 본 논문의 주제에서 벗어나기에 다루지 않는다.

13 여순 옥중에서 남긴 유묵으로 현재는 국가 보물(569-5)이다. 숭실대학교 기독박물관에 소장되어 있다.
  "東洋大勢思杳玄　동양대세 생각하니 아득하고 어둡나니
  有志男兒豈安眠　뜻있는 사내, 편한 잠을 어이 이루리오
  和局未成猶慷慨　평화정국 못이룸이 이리도 슬픈지고
  政略不改眞可憐　침략정책 고치지 않으니 참으로 가엽도다"
  안중근 유묵 관련하여 다음의 논문이 자세하다. 도진순, 「안중근의 근배 유묵과 사카이 요시아키 경시」, 『한국근현대사연구』 104집, 2023.

14 "철천지 원수되는 이등박문(伊藤博文)을 죽이려고 채가구(蔡家溝)로 가던 전날 밤에 동지 우덕순(禹德淳)으로 더불어 비분격렬하게 서로 화답하여 노래한 글을 들어보라. 어떻게 격분하며 어떻게 장쾌하며 어떻게 충직하던가. … 우리는 이 글을 노래할 때마다 노한 털이 관을 찌르는도다. 뜨거운 눈물이 옷깃을 적시는도다. 1폭 지도와 3척 비수로서 천만세 무궁토록 살려던 진시황을 찔러 죽이려고 역수가(易水歌)를 노래하던 다대한 아해 형경(荊卿)이 "바람이 슬렁거림이여 역수가 차도다. 장사가 한 번 감이여 다시 돌아오지 못하도다" 함이 우리 훗 사람으로 하여금 깊이 동정의 눈물을 흐르게 한다마는 공의 시가(詩歌)에 비교하면 일의 성패는 고사하고 남을 위하여 원수를

기를 중심으로 전통 시가 장르인 한시와 가사 및 당시 새로 발달하기 시작한 창가 장르를 중심으로 안중근 관련 시가를 제시하고, 해당 장르의 전통이 안중근의 추모 및 의지 계승에 어떤 식으로 영향을 미치는지를 보려 한다. 이는 기존 소설, 전기, 연극 등에 주로 이뤄졌던 안중근 관련 문학 연구의 범위를 확장하는 한편, 시가(詩歌)가 안중근을 추모하고 항일 정신을 고취하는 데 있어서 갖는 특성을 밝히는 의의를 지닌다. 곧 안중근이라는 항일의 한 아이콘을 통해, 일제강점기의 항일문학을 다시금 생각해 보는 계기를 마련할 수 있다.

2. 안중근 관련 한국 한시

구한말 일제강점기의 식자층들에게는 여전히 한시에 대한 소양이 요구되었고 또 대체로 이를 갖추고 있었다. 한문을 아는 유학자로서 당대의 현실에 대한 우환의식(憂患意識)을 내비치는 경우도 있었다. 예컨대 매천(梅泉) 황현(黃玹, 1855~1910)은 식자층의 책임을 통감하며「절명시(絶命詩)」를 짓고 순국하기도 했던 것이다. 서양의 신학문이 대두되어 기존 유학(儒學)을 비판하는 일제강점기 동안에도 한문 문해력을 갖추고 한시를 창작하는 지식층들은 굳건하였고, 한시 장르의 생명력은 유지되었다. 이

갚음에 그 시가다운 가치가 없나니라. ... 공은 태백산 배달나무 아래에 강림하온 시신(詩神)이라 할지며 동해상 봉리방장에 내왕하는 시선(詩仙)이라 할지며 무궁한 이 세상에 첫째가는 시왕(詩王)이라 할지니라." 윤병석, 『안중근전기전집』, 국가보훈처, 1995, 518쪽.

들은 막 유입되어 널리 퍼지기 시작한 근대 매체인 신문·잡지에 한시를 기고하는가 하면 조선 시기와 마찬가지로 개인 문집을 펴내기도 하였다.[15] 안중근 관련 한시들은 신문·잡지에서보다는 개인 문집에 산재해 있다. 문집은 저자의 사망 뒤에 문중에서 엮는 경우가 많기에 그 편찬 시기는 상당히 늦어지는데, 아래 문집의 간행 연도는 일제강점기부터 해방 이후까지 걸쳐 있다.

〈표1〉 개인문집 속 안중근 관련 한시[16]

	한시제목	작자	문집명
①	聞安義士重根殺伊藤博文	琢窩 鄭機淵 (1877~1952)	『琢窩文集』(1954) 권1, 22a
②	聞哈爾濱消息 以詩弔安重根義士	正谷 成煥孚 (1870~1947)	『正谷遺集』(1976) 권2, 32a
③	聞安義士重根殺邦讐 三首	菊圃 鄭宅中 (1851~1925)	『菊圃遺稿』(『菊圃處士晉陽鄭公遺稿』, 1987) 19a(전1책)
④	聞十三日報 效朱子七首詩意 次其韻	心齋 曹兢燮 (1873~1933)	『巖棲集』(미상) 권4, 5b-6b
⑤	聞義兵將安重根報國讐事 三絕	滄江 金澤榮 (1850~1927)	『韶濩堂集』[17] 권4, 21a-b
⑥	讀安義士重根傳	立巖 南廷瑀 (1869~1947)	『立巖集』(1955) 권2, 35a
⑦	讀安烈士重根傳爲題 三首	澤齋 柳潛 (1880~1951)	『澤齋集』(1977) 권2, 226

---

15 다음의 논문은 일제강점기 동안 간행된 문집이 조선시대 전시기에 걸쳐 간행된 문집 총량을 능가했다는 사실을 통해 일제강점기에도 여전히 한글과 한문이 공존하고 있었음을 잘 보여준다. 황위주·김대현·김진균·이상필·이향배, 「일제강점기 전통 지식인의 문집 간행 양상과 그 특성」, 『민족문화』 제41집, 2013.

16 대구가톨릭대 안중근연구소에서 발간한 다음의 책을 주로 참고하여 작성하되, 문집의 면수 및 간행년도를 찾아 밝혔다. 한편 해방 이후 및 중국인 창작 한시는 제외하였다. 박주 편, 『새로 발굴한 도마 안중근 의사 추모시』, 대구가톨릭대 출판부, 2019.

17 『韶濩堂集』 간행 관련 사항은 각주 29번 참조.

⑧	讀安義士傳	靜軒 郭鍾千 (1895~1970)	『靜軒文集』(1975) 권1, 12b-13a
⑨	題安重根傳後	蔡圃 姜柄旻 (1844~1928)	『蔡圃遺集』(1941) 권1, 1b
⑩	讀金滄江誄安重根詩 因次其韻	河鳳壽(?~?)	『柏村先生文集』(1959) 권1, 34a
⑪	歎安義士重根 二首	是菴 李直鉉 (1850~1928)	『是菴文集』(미상) 권1, 37b-38a
⑫	悼安義士重根 二絶	老柏軒 鄭 載 圭 (1843~1911)	『老柏軒先生文集』(미상) 권3, 22a-b
⑬	輓安義士重根	懼齋 崔鶴吉 (1862~1936)	『懼齋先生文集』(1939) 권1, 45a-b
⑭	挽安義士	菊圃 鄭宅中 (1851~1925)	『菊圃遺稿』, 19b(전1책)
⑮	哭安義士重根 二絶	石愚 黃柄瓘 (1869~1945)	『石愚遺稿』(1978) 권1, 1b
⑯	(十哀詩)安應七重根	韓齋 鄭奎榮 (1860~1921)	『韓齋集』(1943) 권3, 40b
⑰	挽安義士應七重根	訥菴 李之榮 (1855~1931)	『訥菴集』(1962) 권1, 47a
⑱	挽義士安重根	癡齋 徐翰基 (1857~1926)	『癡齋遺稿』(1939) 권1, 5b-6a
⑲	追挽安烈士重根	巨山 姜天秀 (1863~1951)	『巨山遺稿』(1991) 권1
⑳	嗚呼賦	滄江 金澤榮 (1850~1927)	『韶濩堂集』 권6, 28b-29b

1909년 10월 26일 의거 이후, 일제강점기 당시 문인들은 이들 안중근 관련 신문 기사 및 안중근 전기들을 읽고 그와 관련하여 자신의 감회를 한시로 짓기도 하였는데, 이 한시들은 일제강점기라는 시대 상황상 대외적으로 공표되기는 어려웠을 것으로 보이며, 주로 사후 혹은 해방 이후 개인 문집 발간을 통해 이러한 시문들이 지금까지 남게 되었다.

이 한시들은 안중근을 추모하고, 애도하며, 그의 죽음에 탄식하는 내용이다. 이는 한시 작가층의 우환의식과도 맞닿아 있다. 이 한시들 가운데

신문 혹은 전기가 창작의 동기로 작용한 경우가 있다. ①[18]「聞安義士重根殺伊藤博文」(鄭機淵), ②「聞哈爾濱消息 以詩弔安重根義士」(成煥孚), ③「聞安義士重根殺邦讐」(鄭宅中), ④「聞十三日報 效朱子七首詩意 次其韻」(曺兢燮), ⑤「聞義兵將安重根報國讎事」(金澤榮)와 같은 한시들은 제목에 '聞'이라는 표현을 써서 안중근에 대한 소식을 들은 뒤 일어난 순간적인 감회를 시로 썼음을 나타내고 있는데, 1909년 안중근 의거에 주로 초점이 맞춰져 있다. 조긍섭(曺兢燮)의 ④「聞十三日報 效朱子七首詩意」는 제목에 "13일의 소식을 듣고(聞十三日報)"[19]란 표현을 써서, 이 한시가 의거 직후의 신문 보도를 본 뒤에 쓰였다는 것을 알게 한다. 각각의 시들은 문집으로 묶여 나오기에 한편 한편의 작성 시기를 알기 어렵지만 대체로 의거 당시로 추정해 볼 수 있을 것이다.

한편 안중근 의거 이후 그에 대한 열렬한 관심에 부응하는 수많은 안중근전기들이 집필되었고,[20] 이중 박은식의 『안중근』(1914)[21]은 가장 많은 인

---

18 편의를 위해 표1의 연번을 한시 제목 앞에 표기한다.
19 의거일인 1909년 10월 26일은 양력이다. 음력으로는 1909년 9월 13일이 된다.
20 『安重根傳』(金澤榮, 1910), 『大韓偉人 安重根傳』(哀汕子 洪宗杓, 1911), 『三韓義軍參謀中將 安重根傳』(白山逋民, 1913), 『安重根』(滄海老紡室, 1914-15), 『만고의사 안중근전』(桂奉瑀, 1914), 『安重根傳』(李建昇, 1910년대). 이외에도 해방 이전 중국인에 의해 안중근 전기가 간행되었다. 『安重根傳』(葉天倪), 『安重根』(鄭沅) 윤선자, 「중국인 저술 안중근 전기 연구」, 『교회사학』 9, 2012, 252쪽 참조.
21 중국 상해의 대동편집국이 1912년 출간한 『동서양위인총서(東西洋偉人叢書)』에 실린 뒤, 서문, 제사 등이 추가되어 '창해노방실(滄海老紡室)'란 저자명으로 같은 대동편집국에서 재간되었다.

기를 끌었는데, 『신흥학우보』[22] 및 『독립신문』[23]에 연재될 정도였다. 일제 강점기의 문인들은 단편적 신문기사 외에도 안중근의 전기를 읽고 감발하여 한시를 짓기도 하였다. 곧 ⑥「讀安義士重根傳」(南廷瑀), ⑦「讀安烈士重根傳爲題」(柳潛), ⑧「讀安義士傳」(郭鍾千), ⑨「題安重根傳後」(姜柄昺) 등의 한시는 안중근 전기들의 영향을 제목에서부터 직접적으로 드러낸다. 특히 郭鍾千의 ⑧「讀安義士傳」은 시를 시작하며 "가을날 등불아래 안공(安公)의 전기를 크게 소리 내어 읽으니 / 사람으로 하여금 생각나고 감동하여 비분강개(悲憤慷慨)하네"[24]라 하여 안중근 전기의 영향을 단적으로 보여준다.

한시 작자 중 김택영을 눈여겨볼 필요가 있다. 김택영은 1905년 한국을 떠나 상해 인근의 남통(南通)에 정착하며 저술·출판에 매진하였는데, 안중근에 대해 각별히 관심을 보였다. 곧 「擬祭安海州文」(1910)라는 안중근을 기리는 제문을 쓰고,[25] 「嗚呼賦」(1910)에서 국망을 탄식하면서도 안

---

22   신흥학우단에서 1913년 창간한 잡지로, 신흥학우단은 1913년 서간도 유하현(柳河縣) 삼원포(三源浦)에서 조직된 독립운동단체이다. 『신흥학우보』 2권 1호(1916.10.) ‐ 2권 2호(1917.6.). 이 뒤로도 실렸는지는 확실치 않다. 신운용, 「안중근 의거에 대한 국외 한인사회의 인식과 반응」, 『한국독립운동사연구』 28, 2007, 124쪽, 각주 90번 참조.
23   중국에서 한국인이 발간한, 대한민국임시정부의 기관지다. 1920년 6월 10일부터 4회 간 연재하였다.
24   "秋燈大讀安公傳, 令人懷感多慨慷"
25   본 글은 제문을 본뜬 擬祭文인데, 직접 제전에 바치거나 그 죽음을 슬퍼하기보다는 멀리서 추모하며, 그 장렬한 죽음을 기려 작가를 포함한 산 자의 의식을 깨우치기 위한 의도가 강하게 드러나는 양식이다. 이은영, 「애제문의 특징과 변천과정」, 『동방한문학』 31집, 2006, 32-33쪽. 이러한 의제문 역시 목적의식 면에서 볼 때 본고에서 다루는 장르들과 궤를 같이 한다. "구한말의 제문은 나라가 위기에 봉착했을 때 민족정신이나 애국심을 고취하고 국권 회복의 결의를 다지는 글로, 그리고 마음대로 드러낼 수 없

중근을 거론하며 희망을 찾기도 하며,[26] 「書安明根事」(1916)에서 안중근의 사촌동생 안명근을 다루었다. 또한 『滄江稿』(1911)에 「安重根傳」을 실어 이른 시기에 안중근 전기를 간행하였으며,[27] 이후 박은식의 『安重根』(1914)을 참조하여 이전 본의 오류 등을 수정하여 『소호당집(韶濩堂集)』(1916)에 「安重根傳」을 수록하였다.[28]

그의 시문집 『소호당집』은 크게 6개의 간본, 총 14종으로 개정되어 출간된 바 있는데[29] 이의 초간본(1911) 중 시집(詩集) 부분은 창작 연도별로

는 내면의 통한을 표출하는 글로 시대적 역할을 수행하였다." 이은영, 앞의 글, 35쪽.

26 "... 아 슬프다, 이제는 그만이라 / 嗚呼哀哉已矣兮

　내 귀신에 어쩌겠으며 내 천명에 어쩌겠는가 / 吾其無如鬼而無如天

　오직 조종조가 선비를 숭상하여 / 獨祖宗之崇儒兮

　마침내 의사 안중근 한 사람을 내었다오 / 其終也得一義士安重根

　늠름한 기상이 저렇듯 생생하니 / 彼生氣之凜然兮

　나라가 다 망했다고 누가 말하리오 / 孰云國之盡圮

　바라건대 영령이시여 나를 보소서 / 庶英靈之顧我兮

　추란을 손에 쥐고 강가에서 기다리리라 / 搴秋蘭以竢乎江之涘"

　한일강제병합의 소식을 듣고 지은 시이다. 『韶濩堂詩集定本』권6, 賦, 「嗚呼賦 庚戌」 번역은 《고전종합DB》를 따랐다.

27 윤선자는 이 전기를 가장 이른 시기에 나온 전기라 하였다. 윤선자, 앞의 글, 251쪽.

28 이후 「안중근전」은 『소호당집』의 여러 차례 개간으로 인하여 약간씩의 변화가 있다. 최영옥, 「김택영의 안중근 형상화 검토」, 『동양한문학연구』 35, 2012, 366~367면. 한편 김택영의 「안중근전」 개작 과정과 그 방향에 대해서는 다음의 논문이 자세하다. 김종철, 「김택영(金澤榮)의 〈안중근전(安重根傳)〉 입전(立傳)과 상해(上海)」, 『한중인문학연구』 제41집, 2013.

29 『韶濩堂集』은 初刊本으로 『滄江稿』(1911·1912), 再刊本으로 『韶濩堂集』(1916), 『韶濩堂續集』(1919), 三刊本으로 『精刊 韶濩堂集』(1920), 『精刊 韶濩堂集補』(1921), 『韶濩堂三集』(1922), 四刊本으로 『合刊 韶濩堂集』(1922), 『合刊 韶濩堂集補遺』(1922), 『韶濩堂集續』(1924), 『借樹亭雜收』(1925), 五刊本으로 『重編 韶濩堂集精』(1924), 六刊本으로 『韶濩堂全集』(1925), 『韶濩堂全集補遺』(1925), 『韶濩堂續集』(1927)이 있다. 고

그가 지은 시들이 실려 있다. ⑤「聞義兵將安重根報國讎事」는 기유년 조에 소재해 있다. 곧 안중근이 의거한 해인 1909년 지은 시이다.

평안도 장사가 두 눈을 부릅뜨고	平安壯士目雙張
나라 원수 통쾌하게 죽이기를 양 죽이듯 하였다오	快殺邦讎似殺羊
죽기 전에 이 좋은 소식을 듣게 되어	未死得聞消息好
국화 옆에서 미친 듯 노래하고 춤춘다오	狂歌亂舞菊花傍
블라디보스토그항 하늘에 소리개가 맴돌더니	海蔘港裏鶻摩空
하얼빈역 앞에서 붉은 벼락 터트렸네	哈爾濱頭霹火紅
수많은 육대주의 호걸들이	多少六洲豪健客
추풍에 일시에 수저를 떨어뜨렸으리라	一時匙箸落秋風
예로부터 어느 땐들 망하지 않은 나라 있으랴만	從古何嘗國不亡
한결같이 어린애 같이 한심한 신하가 금성탕지를 무너뜨렸지	
	纖兒一例壞金湯
하늘을 떠받치는 이 솜씨를 얻도록 해서	但令得此撑天手
망한 이때 도리어 의거의 빛을 발하게 하는구나	却是亡時也有光[30]

전종합DB 정출헌 점필재연구소장,「『소호당집(韶濩堂集)』해제(解題)」참고.
30 본 시는『한국문집총간』수록『韶濩堂集』(1922년 간행한『合刊韶濩堂集』에 이후 간행된 4종 속편을 合附한 것) 권4에 실린 것을 인용하였다. '己酉稿' 번역은 한국고전종합DB를 따랐다. 박은식의『안중근』에「聞哈爾濱消息」이란 이름으로 실렸다.

해당 시는 한국뿐 아니라 중국에서도 안중근에 대해 알고자 하는 많은 이들이 열독한 박은식의 『안중근』[31]에도 실려 있어 더 의미가 있다. 하봉수는 이 시의 제2수를 차운(次韻)[32]하여 ⑩「讀金滄江誄安重根詩 因次其韻」을 짓기도 하였는데,[33] 이러한 차운의 행위는 원작(原作)과 차운시(次韻詩)와 떼려야 뗄 수 없는 관계를 형성하게 되며, 시인이 말하고자 하는 사상·감정을 더욱 선명하고 깊게 드러날 수 있게 해준다.[34] 하봉수는 당시 유행하였던 박은식의 『안중근』을 통해 김택영의 시를 접했을 것이며, 안중근의 의기(義氣)를 노래한 이 시에 깊은 감명을 받아 차운에까지 이르게 되었다. 이는 일종의 한시를 통한 정감공동체의 형성을 보여주는 것이다.

박은식의 『안중근』에는 주증금(周曾錦)의 시「讀安重根傳」도 함께 실려 있는데, 이 시는 사실 김택영의 부탁으로 중국인 주증금이 안중근에 대해 지은 시이다. 본래는 주증금의 『藏天室詩』에「韓國金滄江囑詠安重根烈士事」란 제목으로 실려 있는데, 박은식의 『안중근』에 와서 「독안중근전」이란 제목으로 바뀌어 실렸다. 이는 재간본 『안중근』을 위해, 김택영이 주증금에게 안중근에 대한 시를 부탁하였고, 자신의 시와 함께 주증금의 시를 보내 실은 것이다. 그렇기에 「독안중근전」이란 제목에서 언급하는 '안중근전'은 박은식의 안중근전기 『안중근』이 아닌 김택영의 「안중근전」이

---

31 朴殷植, 『安重根』, 大同編輯局(中國 上海), 1914년 추정.
32 次韻이란 和韻의 한 종류로 본래 시의 韻字를 순서까지 그대로 따르는 것으로, 步韻 혹은 踵韻이라고도 한다. 김보경, 「詩歌創作에 있어서 次韻의 效果와 意義에 대하여 ─蘇軾의 詩歌를 중심으로」, 『중국어문논총』 45, 2010, 46쪽 참조.
33 "滄溟冤氣歛蒼空 / 化出奇男寸血紅 / 瞥然哈爾濱頭火 / 百世滄溟共仰風"(『柏村先生文集』 권1, 34a)
34 김보경, 위의 글, 52쪽.

다.[35] 이와 같은 일화들은 당대 국내외를 넘나드는 한자문명권 지식인 네트워크의 존재를 다시금 일깨워준다.[36]

한시 관련하여 상해에서 열린 안중근 추도회를 간단히 언급하고 마치려 한다. 박은식은『안중근』에서 다음의 추도회와 관련한 부록을 실었다.

> 모년 3월 26일(안공의 순국일), 해외의 어떤 곳에서 추모대회를 개최하였다. 참석자들의 옷차림은 엄숙하였고 얼굴에선 피눈물이 흘러내리고 있었다. 이날은 쓸쓸한 찬바람에 비까지 쏟아지니 마치 하늘도 땅도 비감에 잠긴 듯했다. 그날의 추도문은 한글로 된 것이 많았다.[동인(同人), 가인(可人), 소앙(嘯卬), 복원(復源), 천오(天悟), 벽아(霹兒), 소창(少滄), 우혈(友血), 이초(李超), 학고(鶴皐), 박영(樸泳), 철한(鐵漢), 무녕(武寧), 진몽(秦夢), 예봉(銳鋒), 한일(漢一), 석린(石麟), 환동(桓童), 형원(亨媛) 등은 모두 한글로 추도문을 썼다.] 이곳에 한글 활자가 없으므로 골라 실을 수 없고 단지 한문으로 된 연(聯)과 시 몇수만을 부록으로 싣는다.[37]

---

35 김택영과 주중금과 관련한 해당 논의는 양설, 「김택영의 중국 망명기 교유시 연구: 장건과의 교유를 중심으로」, 서울대 석사학위논문, 2017, 144~146쪽 참조.

36 김종철은 김택영의 중국 망명 동안 안중근전 입전 과정에 대해 다루며, 동아시아 공동 문어(文語)인 한문(漢文)이 현지 교민, 고국 독자층, 그리고 이주국 국민에게 두루 소통될 수 있었다는 맥락을 짚는다. 김종철, 앞의 글, 24~25쪽.

37 尹炳奭,『安重根傳記全集』, 국가보훈처, 1995, 356쪽. 원문은 다음과 같다.『安重根』, 「追悼會附錄」"某年三月二十六日(安公殉國日), 由海外某所, 擧行追悼大會, 儀容莊嚴, 血淚淋漓, 是日也風凄雨苦, 天地爲悲, 當日誄詞, 韓文爲多(同人, 可人, 嘯卬, 復源, 天悟, 霹兒, 少滄, 友血, 李超, 鶴皐, 樸泳, 鐵漢, 武寧, 秦夢, 銳鋒, 漢一, 石麟, 桓童, 亨媛等 均有文詞, 演說, 悼歌) 此間無韓文印字, 未得選載, 只取漢字聯型與奧詩若干首錄于左"

이 추도회에 대해 윤병석은 안중근 순국 3주기인 1913년 10월 26일 상해에서 거행되었고, 박은식, 신규식(申圭植), 그리고 동제사(同濟社) 관련인이 참여하였을 것으로 추정하고 있다.[38] 한글 추도문의 경우는 아마 가사(歌辭) 같은 장르일 수도 있으나, 일반적인 추도문의 경우가 많을 것이다. 박은식은 중국에서 『안중근』을 간행하였고, 한글활자를 구할 수 없기에, 안중근을 추도한 시문 중 한시만이 부록으로 소개되었다. 이들 시는 동인(同人), 무명(無名), 삼강(三岡), 경농(警儂), 동성(東醒)의 연(聯), 그리고 성암(醒庵), 지산(志山), 창주(滄洲), 청령(靑齡), 일석(一石), 반오(般吾), 철아(鐵兒)의 한시 7수가 실려있다. 7수 중 추모에 대한 언급이 나타나는 청령과 반오의 한시만 소개해 본다.

큰 의로움과 절개와 충성은 해와 달처럼 밝고	大義貞忠日月明
육대주 건아들 영웅의 이름을 우러른다.	六洲健客仰雄名
장렬하도다, 안공 추모회	壯哉追慕安公會
모든 산하(山河)가 정성을 다 바치네.	水水山山盡獻誠[39]
당당한 의기는 추성(秋城)과 같고,	堂堂義氣似秋城
열사의 이름은 천추에 아름다우리	千載芳流烈士名
추모일, 한 차례 울고 한 차례 노래하며	一哭一歌追慕日

38 尹炳奭, 『安重根傳記全集』, 국가보훈처, 1995, 356쪽.
39 尹炳奭, 『安重根傳記全集』, 국가보훈처, 1995, 260쪽. 번역 필자.

내 끓는 피를 다하여 정성을 드러내네.   傾吾熱血表吾誠[40]

  안중근의 추모일을 맞이하여 안중근의 의로움을 해와 달에 빗대며 육대주의 사람들과 자연[水水山山]까지도 이름을 우러르고 정성을 바칠 것임을 강조하는가 하면, 울고 노래하며 자신의 끓는 피로 정성을 드러낸다 하여 추모일의 감정을 분출하고 있는 모습도 보여준다. 1913년 일제강점기 당시 항일의 의지를 다지며 한시를 통해 안중근을 추모하는 광경에서, 문학을 통한 항일운동의 측면을 다시금 확인할 수 있다. 이는 한편으로 한시 창작을 통해 안중근을 기리는 행위가 개인적 측면 외에도 공동체적 측면도 있음을 보여주는 것이기도 하다.

  한문 식자층은 한말 일제강점 하에서도 여전히 한시를 창작하며 식자층의 우환의식을 드러내었고, 안중근에 대한 애도는 그러한 우환의식의 한 작용으로 보인다. 동아시아 공동 문어인 한문 특성상 중국인들도 한시를 지어 안중근을 추모하였고, 중국에서의 추도회에서도 한시를 통해 안중근을 기렸다. 한시는 오랜 전통을 바탕으로 개인의 감정을 표출하는 데 있어 무척 적합한 장르였고, 안중근 관련 한시들은 식자층의 우환의식과 맞물리며 안중근에 대한 추모의 念이 잘 드러난다.

---

40 위의 책, 260쪽. 번역 필자.

3. 안중근 관련 한국 가사

가사는 조선기뿐만 아니라 일제강점기까지 필사본 등을 통해 활발히
창작 · 전파되었다. 한시 · 시조 · 가사 등의 전통 시가 장르는 그 익숙함
을 바탕으로 근대기 들어서도 여전히 그 힘을 발휘했던 것이다. 가사라는
옛 장르에 시대에 맞는 새로운 사상을 결합시켜 근대기에 불린 가사들을
계몽가사(啓蒙歌辭) 등으로 부르는데,『대한매일신보(大韓每日申報)』의 '사
회등(社會燈)' 코너에 실린 계몽가사에는 안중근의 이토 히로부미 저격에
대해 사죄단을 구성하여 친일행각을 하는 이들을 비판하는 등 당대 사회
인식을 가사라는 장르 안에 담아내기도 하였다.[41]

한편 안중근 관련 가사들은 주로 창의 가사에서 의병운동과 같은 항일
관련 여러 인물들을 언급하는 가운데 안중근을 항일의 기호로서 부분적
으로 소환하는 경우들이 많다.

---

41 〈時聞瑣錄〉(1909.11.11.), 〈社會燈〉(1909.12.24.), 〈社會燈〉(1909.12.29.), 〈社會
燈〉(1910.1.13.), 〈罪人處判〉(1910.1.15.), 〈社會燈〉(1910.4.2.), 〈社會燈〉(1910.4.14.),
〈小盜大盜〉(1910.4.27.) 등이다.『대한매일신보(大韓每日申報)』(1904년 7월~1910년 8
월)의 발행인이 영국인 베델이었기에 일종의 치외법권적 보호를 받아 러일전쟁 이후
의 일제의 언론 통제 가운데서도 검열을 피할 수 있었다.

	제목	작자명	출전	첫머리
1	慎痛歌	金大洛	『白下日錄 下』	우습고도 분통ᄒ다 無國之民 되단말가 우습고도 慎痛하다 離親去國 ᄒ단말가
2	大韓復讐歌	金斗滿	한국역대가사문학집성	대한천지 생장하야 츄로민락 유풍으로 송법 공자 제생니요 긍식 자양 후학니라
3	申議官倡義歌	申泰植	『韓末義兵資料集』	어와 세상 사람들아 검세형편 드러 보소 아 태조 창업하샤 오백여 년 나려올 제
4	無題(獄中歌)	미상	한국가사문학관	○○○○ ○○로다 ○○○헤 긔기셰로 천지망망 무가네라 우헤우헤 불넛스니
5	驚歎歌	鄭壽承	『萬世仙話』	鳳凰山下 미친손이 四海八方 周遊하여 寂寞江山 들어오니 水水山山 낯이설고

　우선 김대락(金大洛, 1845~1914)의 「분통가(慎痛歌)」[43]가 있다. 김대락은 안동에서 태어나 퇴계 이황의 학통을 이어받은 서산(西山) 김홍락(金興洛) 문하에서 수학하였고, 대한협회(大韓協會) 안동지부를 조직하여 주권수호 활동을 하였다. 1911년 1월 중국 간도로 망명하여 민족운동을 위해 투신하다가 1914년 69세 세상을 떠났다.[44] 그는 망명 이후의 삶을 일기로 남겼는데, 『西征錄』(1911)과 『白下日錄 上』[45](1912), 『白下日錄 下』(1913)이다.

42　독립기념관한국독립운동사연구소 편, 『한말의병자료집』, 독립기념관한국독립운동사연구소, 1989.

43　金大洛, 『白下日錄 下』(1913) 1913. 6월 4일자에 실려 있다. 「분통가」 창작의 이유를 다음과 같이 밝혔다. "국문으로 〈분통가〉 한 편을 지어, 그것으로 비통한 심정을 풀고, 부녀자들에게도 내가 전후로 겪은 곤란을 알도록 하였다. 대략 역사가의 필법을 본떴는데, 이 또한 나의 본령에 드는 것이다. 뒤에 이 글을 읽는 사람이 이를 보고 눈물을 훔치지 않을 수 있겠는가?"(김대락, 『국역 백하일기』, 안동독립운동기념관 편, 경인문화사, 2011.)

44　1990년 건국훈장 애족장이 추서되었다.

45　「白下日錄」에서 '白下'란 백두산 아래를 말한다.

「분통가」는 『白下日錄 下』에 실려 있는데, 개인적 정조를 노래한 작품이 아닌 민족 전체의 입장에서 식민지 체제에 대항하는 민족의식을 드러낸 가사라 하겠다. 이중 안중근과 관련한 다음 부분을 보도록 한다.

西小門外 處斬當튼 洪在鶴과 再拜하고
海牙談判 피흘리든 李俊氏를 痛哭하고
種樓거리 칼딜ᄒ던 李在明을 賀禮하고
哈爾濱을 바라보고 安重根에 酹酒하고
閔永煥딥 뒤구경과 崔益鉉의 返魂길에
上下千載 둘너보니 古今人物 다할손가

여기서 안중근과 함께 열거되는 이들은 안중근과 마찬가지로 자신의 안위를 생각하지 않고 항일운동에 투신했던 당대의 인물들이다. 홍재학(洪在鶴, 1848~1881)은 1881년 개화 정책을 이끌던 김홍집(金弘集)·이유원(李裕元)의 관료들과 나아가 국왕까지 비판하는 신사척왜소(辛巳斥倭疏)를 올렸고, 이로 인해 참형을 당하였다. 이준(李儁, 1859~1907)은 1907년 네덜란드 헤이그에서 개최된 제2회 만국평화회의에 특사로 파견되어 한국 독립에 대한 지원을 요청하였으나, 각국 대표들에게 공감을 사지 못하였다. 1907년 음력 7월 14일 순국하였다. 이재명(李在明, 1887~1910)은 1909년 이토 히로부미를 죽이려 평양역에 대기하다 안창호의 만류로 단념한 바 있는데, 같은 해 12월 명동성당 앞에서 을사오적의 한 사람인 이완용에게 중상을 입히고 체포되어 다음 해 1910년 9월 사형을 당하였다. 민영환(閔泳煥, 1861~1905)은 대한제국기 내부대신, 군법교정총재 등을 역임하였는데

1905년 을사조약의 강제 체결 이후 국민에게 각성을 요망하는 유서 등을 남기고 본가에서 자결하여 죽음으로 항거하였다. 그가 죽은 뒤 5개월 뒤 집 안에서 붉은 반점을 띤 대나무가 자라났고, 이를 '혈죽(血竹)'이라 하여 많은 사람들의 관심을 모았고, 민영환에 대한 추도 열기가 열화와 같이 일어났다. 최익현(崔益鉉, 1833~1906)은 을사조약 체결이후 항일의병운동을 일으켰다. 전북 태인에서 의병을 모집하였고, 순창에서 의병을 이끌고 일본군 및 관군과 싸웠으나 체포되어 일본 대마도에 유배되었고 1906년 순국하였다. 최익현의 시신은 일본에서 부산을 거쳐 본가인 충청도 정산(定山)으로 운구(運柩)되었는데, 장지로 가는 도중 그를 추모하는 인파가 몰려 보름이 걸릴 정도였다.

김대락은 죽음도 불사하고 일본에 항거한 이들 인물들의 이름을 열거하며 앞으로도 계속하여 이러한 인물들이 나올 것을 확신한다. 안중근은 이러한 항일민족운동의 상징으로 언급되며 결심을 다질 수 있게 하는 동력원으로 작동한다.

두 번째로 간우(澗愚) 김두만(金斗滿, 1872~1918)이 1918년 지은 「대한복수가(大韓復讐歌)」가 있다.[46] 이는 국권을 회복하고자 하는 창의가사(倡義歌辭)이다.

백동서당 면앙(俛仰)하니 일월정충 향산선생
칠일만에 아사했네 백이숙제(伯夷叔齊) 높흔 절개(節介)

---

46 이 가사는 당시에는 퍼지지 못하고 원본도 소실되었으나, 김두만의 재종제(再從弟)이자 문인인 자은(紫隱) 김두칠(金斗七)의 암송으로 남게 되었다. 『한국역대가사문학집성』(krpia) 「大韓復讐歌」 해제 참고.

우리 동방(東方) 다시 낫네 망배(望拜)하고 나려나서

영양(英陽)으로 도라보니 동해(東海) 백백(白白) 천장수(千丈水)에

불사충혼(不死忠魂) 김 도헌이 로중연의 백세고의

우리 동국(東國) 다시 볼쇠 니수 삼산 어대매양

영천 일처 바라보니 적수 공권 정한직니

부자구몰(父子具沒) 가련(可憐)하다 추상(秋霜) 갓탄 대장기(大將旗)에

짐망(朕望) 이자(二字) 거러 두고 출사미첩(出師未捷) 죽거시니

장사 영웅 눈물일쇠 이등박문 포살하든

안웅칠리 어대 갓노 장부렬기 늠늠(凜凜)하야

두우간(斗牛間)애 뻐쳐서라 수화불택(水火不擇) 최익현(崔益鉉)니

이역(異域) 귀신(鬼神) 되야시니 십연지절 북해상에

소중낭을 따라갓나 국가주석(國家柱石) 민영환(閔泳煥)니

견위수명(見危授命) 장(壯)할시고 살신성인(殺身成仁) 조흔 닐흠

천추(千秋) 사책(史冊) 삭아질가 혈죽(血竹)이 청청(青青)하야

새한(歲寒) 부조(不凋) 송백(松柏) 갓다 자결(自決)하신 조병식(曹秉世)니

사직동망(社稷同亡) 하잣더니 처자(妻子)조차 죽어시니 일가충렬(一家忠烈)

거록하다

이른 충렬 다 없시나 하대(何代) 무현(無賢) 옛말리라

동방(東方)니 편소(褊小)하나 사람조차 편소(褊小)하랴(「대한복수가」)

경술국치의 울분을 참지 못하고 단식에 들어가 1910년 10월 10일 순국한 향산(響山) 이만도(李晩燾, 1842~1910)부터, 경북 영양을 중심으로 의병을 일으켰다가 이후 스승 이만도(李晩燾)의 자결 뒤에 전국시대 제나라의

절의의 상징인 노중련(魯仲連)의 '도해(蹈海)' 고사를 본받아 유시를 남기고 동해에 들어가 도해순국(蹈海殉國)한 벽산(碧山) 김도현(金道鉉, 1852~1914), 고종의 밀지를 받고 의병을 일으켰고 아들 정용기(鄭鏞基)와 함께 순국한 경북 영천의 동암(東巖) 정환직(鄭煥直, 1843~1907)에 이어 안중근이 가사에 등장하고 있다("이등박문 포살하든 안응칠리 어대 갓노 장부럴기 늠늠(凜凜)하야 두우간(斗牛間)애 뻐쳐서라"). 이후 민영환, 조병세가 언급되고 있다.

세 번째로 도암(島庵) 신태식(申泰植, 1864~1932)의 「신의관창의가(申議官倡義歌)」가 있는데, 「창의가」라고도 한다. 이 역시 창의가사라 하겠는데, 독립운동가의 여러 가사 작품[47] 중 하나이다. 원본은 분실되었고, 후손 신승균이 필사한 것이 남아 있다.

> 흉턱한 이등박문 대조규 게도해씨여
> 만주 대만 투덕허고 조선황서 차자올 제
> 만국의 공포허고 자슈 독립 시긴다고
> 억조창생 선동시켜 감언어로 쉬우더니
> 통감이라 자칭허고 국권을 휘여잡고
> 간신을 요레허여 살림턴뙥 능탈허니
> 천침만육 압갑잔코 살지무석 맛당허다(…)

---

47 고순희는 공식 추서된 독립운동가의 가사 작품으로 「입산가」(이중린), 「분통가」(김대락), 「문소김씨세덕가」(김조식), 「중광가」·「이세가」(나철), 「뉴산일록」(김락), 「창의가」(신태식), 「세덕가」(김병윤), 「인곡가」(송기식) 등을 거론하고 있으며, 일제강점기 현실에 대한 개탄이 특징이라 하였다. 고순희, 「일제강점기 「옥중가」 연구」, 『한국시가문학연구』 43집, 2019, 129~130쪽.

국운이 불행키로 이럴 수가 잇단 말가

충의열사 몃몃치며 난신적자 몃몃친고

총명이 과인키로 역력히 다 말할손가

만고충신 최면암은 대마도의 아사하고

사군정충 리쥰씨는 만리 타국 의국 가서

만국공회 열좌 중의 간을 내여 피를 품고

민충정 누현각애 사절죽이 자싱일네

마디마디 충절일 뿐 엽엽이 잇짜 되고

생계 대장 원용팔은 원주 옥의 아사허고

백두 선생 안즁근은 수만여리 하리빈에

이덕방문 살회허고 여순구에 처고당코(〈申議官倡義歌〉)

이토 히로부미(이등박문)가 만주와 대만을 훔쳐 가져가고 조선에 찾아와 자주독립 시킨다고 감언으로 꼬여 국권을 침탈하였으니, 죽어도 안타까울 것이 없는 게 마땅하다고 노래하고 있다. 그리고 충의열사로 최익현, 이준, 민영환, 원용팔[48]을 언급한 뒤 하얼빈에서 이토 히로부미를 살해하고 여순구(旅順口)에서 처교(處絞) 당했다고 안중근을 거론하고 있다.

네 번째로 「옥중가」이다. 이는 가사문학관에서 소장되어 있는 가사[49]로 본래 제목이 없는데, 고순희의 명명에 따른 것이다.[50] 그는 「옥중가」에 대

---

48 元容八(1862~1907). 강원도 원주에서 의병을 일으켰다.
49 온라인 열람이 가능하다. www.gasa.go.kr UCI는 다음과 같다.
    G001+KR08-4850000101101.D0.)00003194
50 고순희, 위의 논문.

해 440구(4음보 1구)의 장편 가사로 1924년 대구 감옥에서 창작된 것이며, 작가를 안동 명문대가 출신의 40세 전후 독립운동가로 직접적으로는 조선독립운동후원 의용단 사건으로 체포된 이로 추정하였다. 그리고 독립운동가의 가사로 신태식의 「창의가」와 마찬가지로 독립운동가의 투옥 당시 및 감옥 생활을 다루고 있다.[51] 「옥중가」에서는 민영환과 이준, 그리고 안중근을 언급한다.

> 오디역이 탁난할데 을스됴약 통분ᄒ다
> 승상사당 푸른디는 엽엽히 호쇼ᄒ고
> 히아로 오는소식 천고렬스 비그럿네
> 합이빈두 벽역불에 자든눈을 번쩍씨니
> 국사무쌍 간곳업고 슈운첨첨 이러난다

작자는 을사오적[五大逆]으로 인한 을사조약이 맺어진 상황에 통분하고 있다. 그리하여 을사조약으로 인하여 자결한 민영환의 집의 푸른대[52]가 잎마다 호소하고 있으며, 을사조약의 부당함을 알리기 위해 네덜란드 헤이그에 개최된 만국평화회의에 특사로 파견된 이준 열사는 할복[53]하였다

---

51 위의 논문, 107~125쪽.
52 민영환의 자결 뒤 그의 옷과 단도를 보관한 협실에서 녹죽(綠竹)이 솟아났다 한다. 이를 혈죽이라고도 부르는데, 이를 보기 위해 모인 군중들로 인해 인산인해를 이루었다 한다.
53 할복은 사실이 아니나, 이명화는 이준의 죽음을 둘러싼 이야기는 독립운동의 정신적 기반이 되었다는 의미에서 중요하다고 지적하고 있다. 이명화, 「헤이그특사가 국외 독립운동에 미친 영향」, 『한국독립운동사연구』 29집, 2007, 60쪽.

고 하고, 안중근의 하얼빈 의거에 자던 눈도 번쩍 깨어났다고 하였다.

다섯 번째로「경탄가(驚歎歌)」가 있다.「경탄가」는『만세선화(萬世仙話)』 가사집에 수록되어 있는데,『만세선화』는 1910년부터 1914년에 걸쳐 정수승(鄭壽承)이 작성한 가사들의 모음집이다. 동학교단 운림교(雲林教)의 경전으로 사용되기도 하였다.[54] 일종의 신종교 가사인데, 당시의 시대상에 주목하고 있는 점이 이채롭다.「경탄가」에서는 최익현, 민영환, 안중근을 언급하고 있다.

> 萬古忠臣 崔勉菴은 第一功名 새겨놓고
> 當世忠臣 閔忠節은 第二等에 새겨놓고
> 萬古烈士 安重根은 烈士中에 第一이라
> 第一功名 새겨내야 名傳千秋 하여주세

「경탄가」는 경술년(1910) 음력 6월 작성되었는데, 한일강제병합 이전의 일본에 격렬히 맞서 순국하기까지 한 순국선열들인 최익현, 민영환, 안중근의 세 인물을 각각 만고충신, 당세충신, 만고열사로 부르고 있다. 최익현은 제일공명(第一功名)으로, 민영환은 제이공명(第二功名)으로 두고, 안중근은 열사중에 제일이기에 최익현과 마찬가지로 제일공명에 두고 그 이름을 천년 동안 전해야 할 것이라 강조하고 있다. 학계에 거의 알려지지 않은 신종교 교단의 가사에서도 안중근을 언급하여 그 열사의 업적을

---

54 자세한 사항은 다음의 논문을 참조하기 바란다. 박병훈,「동학가사『만세선화』연구」, 『종교와 문화』44집, 서울대 종교문제연구소, 2023.

드러내고 있는 점은 흥미로운 부분이다.

이외에도 영사류(詠史類)[55]의 권병석의 「대한오천년가사(大韓五千年歌史)」 등이 있으나 해당 작품은 1960년 성립하였기에 여기서는 생략한다.[56]

전반적으로 가사에서는 안중근 개인에 집중하기보다는 여러 항일 인물들 중 하나로 두고, 이들의 이름을 호명하며 사회적으로 항일 정신을 일으키는 사례들이 많다 하겠는데, 이는 한시가 개인의 내면에서 안중근을 추모하고 회고하는 것과는 일정한 차이가 있다. 곧 한시에 비해 가사에서는 안중근과 그 의거가 항일의식을 나타내기 위한 여러 인물 및 사건으로서 부분적으로 드러난다. 이는 안중근이 항일의 한 기호로서 작동하는, 아이콘화되어 가는 모습을 잘 보여준다는 의미가 있다. 한편으로 가사가 당시의 시대상을 바로바로 반영하는 신문 등에서 개화가사로 나타나거나, 신종교 경전 등에서 경전 내용이 일부로 나타나는 등 다양한 면모를 보인다는 점이 흥미롭다. 이는 가사가 전통에 머무르지 않고 계속해서 그 형식을 유지하면서도 새로운 사상을 담는 틀로서의 유연성을 지녔다는 점을 보여주는 지점일 것이다.

---

55 역사적 사실을 소재로 삼아 읊은 가사인데, 크게 보면 詠史, 詠史詩, 史詩 등으로 부르는 장르. 詠史文學에 대해서는 다음의 논문을 참조할 것. 최두식, 「韓國詠史文學硏究」, 건국대학교 박사학위논문, 1987.

56 내용은 다음과 같다. "아무게나 이등방문 우리들에 원수로다 / 북만주 시찰차로 만주 가는 소식듣고 / 우리의사 안중근이 우덕순 조도선과 / 유동하 함게가서 하루방 역두에서 / 이등방문 총살하니 사천이백 사십삼년 / 시월이십 육일이라 그후에 안이사는 / 일본놈에 잡혀가서 여순에서 사형하니…"

4. 안중근 관련 한국 창가

창가(唱歌)는 엄밀하게 형식에 따른 기준을 제시하기 곤란하지만, 개항과 함께 서양의 영향을 받아 창작되기 시작한 일종의 서양식 시가로 이해하는 것이 연구에 있어 효과적이다. 민경찬은 다음과 같이 창가를 포괄적으로 정의 내린다.

> 음악적 의미에서 창가란, 1945년 이전에 우리나라에 수입된 모든 서양의 노래와, 동요 · 대중가요 · 가곡 등으로 분화되기 이전에 우리 나라 사람들에 의해 만들어진 서양식 노래의 총칭이다. 그리고 창가의 범주에는 찬송가를 비롯한 서양의 노래뿐만 아니라 청일전쟁과 러일전쟁 때 들어온 일본의 군가와 식민지 정책을 통해 들어온 일본의 창가 등도 포함된다.[57]

이러한 창가는 곡조를 통해 노래로 불리며 한시, 가사와는 또 다른 정신의 감발을 일으켰다. 안중근과 관련하여 고려해야 할 창가는 항일 창가인데, 이는 민족의식과 항일의식을 고취하기 위해 반일 · 항일의 내용을 담아 창작되고 불린 창가이다. 항일창가는 일제당국으로부터 금지 · 탄압을 당할 수밖에 없었는데, 1915년 한영서원 발행 창가집을 경무부에서 적발한 사건에 대한 언급을 보자.

> 총독부 당국의 탄압에 의해 항일 창가는 표면상 사라졌지만 뜻 있는 사람

---

57 민경찬, 『한국창가의 색인과 해제』, 한국예술종합학교, 1997, 1쪽.

들의 손에 의해 몰래 책으로 만들어져 계속 불리었다. 가령 1915년 윤치호 가 경영하는 개성의 한영서원 발행의 창가집은 제1차로 40부, 제2차로 99 부가 발행되었는데 얼마 후 경기도 경무부에 적발되었다. 그 서문에는 다 음과 같은 글이 실려 있었다.

국가의 흥망 성쇠는 국민의 정신에 있다. 국민의 정신을 感發시키는 것은 가곡이 으뜸이다. 그런고로 歐米諸國에 있어서는 巨擘의 시인, 음악가의 미묘한 시조 및 가곡으로써 국민의 정신을 함양시켰다. 우리 海東의 조국 은 古來 가곡이 없지 않았으나 그 뜻이 대개 淫蕩放逸하지 않음이 없었으 니, 이는 卽 我 大韓 志士 仁人이 다 같이 유감으로 생각하는 바다. 然이나 현시 유식한 저작에 의한 미묘한 가곡이 적지 않다고 생각되나 각처에 散 材하여 통일된 것이 없다. 이에 있어 同志 서로 參詣하여 현재 諸大家의 가 곡 有餘種을 수집 편찬하고 이름지어 창가집이라 한다. (이하 생략)[58]

한영서원 발행 창가집은 서문에서 국가의 흥망성쇠는 국민의 정신에 있고, 국민의 정신을 감발(感發)시키기 위해서는 가곡이 으뜸이라 하여, 국민의 정신을 함양시키기 위해 여러 대가의 가곡을 수집 편찬하여 발행 한 창가집이라 밝히고 있다. 이는 당대의 창가의 작용, 목적에 대한 인식 을 단적으로 보여준다. 이러한 창가집들에 대한 탄압의 양상은 통제 법적 장치 마련, 음악교과서의 국정교가서화, 창가책 압수와 발매 금지, 가창 통제, 음반의 검열과 발매금지 및 압수, 불온창가의 단속 및 처벌 등으로

---

58 경기도 경무부 보고, 불온자 발견 처분 1건 警高機發 제527호, 1915년 11월 13일. 박찬 호, 『한국가요사』, 현암사, 1992, 50~51쪽.

나타났다.[59] 이러한 탄압은 동시에 음악을 통한 항일과 독립운동의 측면을 동시에 보여주는 것이기도 하다.[60]

이 같은 국내에서의 탄압으로 인해 창가집은 해외에서 제작될 수밖에 없었는데, 이의 대표적인 항일창가집들로는 『최신창가집 부악전(最新唱歌集 附樂典)』(1914)[61]과 『애국창가(愛國唱歌)』(1916)가 있다.[62] 북간도 광성중학교의 음악교재로 쓰인 『최신창가집』은 1915년 일제보고 문서에서만 존재가 알려지다가 1997년 국가보훈처에서 발굴, 출판하면서 비로소 내용이 알려진 항일창가집이다. 『애국창가』는 하와이 호놀룰루에서 1916년 67쪽으로 발행한 등사본이며, 77곡을 악보와 함께 수록하고 있다. 원본이 남아 있어 국가등록문화재로 2011년 8월 24일 지정되었고, 현재는 충남 천안시 독립기념관에 소장[63]되어 있다.[64] 이 두 창가집 중 안중근을 노래한 「영웅모범(英雄模範)」이 공통으로 실려 있다. 『최신창가집』에는 98쪽,[65] 『애국창가』에는 51쪽이다.[66] 우선 전체 노래를 소개한다.

---

59 김수현, 「일제강점기 음악 통제와 애국창가 탄압 사례: 신문기사를 통해」, 『한국음악사학보』 66집, 2021, 5쪽.
60 위의 논문, 8쪽.
61 이하 '『최신창가집』'으로 약칭한다.
62 이외의 항일・애국창가집으로는 손봉호 편 필사본 『창가』(1910), 안수산 소장본 『구한말 애국창가집』, 손승용 편 필사본 『창가집』, 명동학교 『신찬창가집』(1913) 등이 있다.
63 자료번호 3-008961-000.
64 인천 콘서트 챔버에서 23년 4월 송도 신도시 트라이보울에서 '한국 이민사 120주년 기념 음반 발매 공연-1916 하와이 호놀룰루 애국창가'를 개최하였고, 유튜브에 노래를 들을 수 있게 공개하였다.
65 국가보훈처에서 낸 자료집 쪽수로는 142쪽이다.
66 작품마다 매겨진 번호로는 51번이다.

1절: 계림나라 짐승중에 개와 돼지가 되어도 일본신하 안 되기로

　　죽기까지 결심한 박제상의 그 충성을 우리 모범하리라

2절: 일본나라 인군(人君)을 남자종 삼아 부리고 일본나라 왕후로서

　　여종삼기 작정한 석우로의 그 장기를 우리 모범하리라

3절: 주욕신사(主辱臣死) 중한 의로 금산에서 적을 칠 때 빈주먹에

　　싸움하며 하나없이 다죽인 조중봉의 칠백의사 우리 모범하리라

4절: 한산도의 영등포에 거북선을 타고서 일본군함 수천척을 하나없이

　　함몰한 이순신의 그 도략(韜略: 육도삼략·필자주)을 우리 모범하리라

5절: 홍의(紅衣)입은 천강장군 좌충우돌하면서 쥐와같은 왜놈군사

　　도처에서 싸워 죽이던 곽재우의 그 용맹을 우리 모범하리라

6절: 의병일으켜 싸우다가 대마도에 잡혀서 일본나라 물과 곡식

　　먹지 않고 죽으신 최익현의 그 절기를 우리 모범하리라

7절: 늙은도적 이등박문 하얼빈 당도할 때에 삼발삼중(三發三中)

　　죽인후에 대한만세 부르던 안중근의 그 의기를 우리 모범하리라[67]

「영웅모범」은 전체 7절로 되어 있는데 다소간 설명이 필요하다. 1절에서 박제상(朴堤上, 363~419)의 충성을 노래하였는데, ‘계림나라’는 신라를 말한다. 『삼국사기』에 따르면 일본으로 가 신라 눌지왕(訥祗王)의 아우 미사흔(未斯欣)을 신라로 도망치게 하였다. 일본왕은 박제상을 유배보낸 뒤불에 태우고 목을 베었다. 한편 『삼국유사』에는 김제상(金堤上)으로 나오

67　국가보훈처 편, 『最新唱歌集 附樂典』, 국가보훈처, 142쪽. 원문을 알아보기 쉽게 윤문하였다.

는데, 눌지왕의 아우를 도망치게 한 뒤, 일왕이 김제상에게 신하가 되면 큰 상을 내리겠다 하였으나 계림의 개·돼지가 될지언정 왜국의 신하는 될 수 없다 등등의 말을 하여 처참히 죽음을 당했다 한다. "계림나라 짐승 중에 개와 돼지가 되어도 일본신하 안 되기로 죽기까지 결심"하였다는 것은 이를 뜻한다. 2절에서는 신라 장군 석우로(昔于老)의 장기(壯氣)를 노래하였는데, 『삼국사기』 기록에 따르면 A.D. 253년 "조만간 당신네 국왕을 염전의 노비로 만들고, 왕비는 부엌데기로 만들 것이다.[早晚, 以汝王爲鹽奴, 王妃爲爨婦]"라고 일본의 사신에게 희언(戱言)을 하였는데, 이로 인하여 일본왕이 신라를 공격하였다. 석우로는 결국 책임을 지고 일본에 의해 장작더미 위에서 불타 죽었다. 3절에서는 임진왜란 때의 의병장 중봉(重峰) 조헌(趙憲, 1544~1592)의 700명의 의사(義士)를 노래하였는데, 조헌은 문인들을 이끌어 왜적과 맞서 청주성을 수복하였으나 1592년 8월 금산전투(錦山戰鬪)에서 7백 명의 의병들과 함께 전사하였다. 主辱臣死, 임금이 치욕을 당하면 이를 씻기 위해 신하가 목숨을 마친다는 말을 통해 조헌을 형상화하였다. 4절의 이순신, 5절의 곽재우 역시 임진왜란 때 활약한 이름 높은 인물들이고, 6절의 최익현은 위에서 설명하였다. 마지막 7절에 와서 안중근의 하얼빈 의거를 노래하고, 안중근의 의기를 모범으로 삼아야 한다고 장대하게 끝을 맺었다.

창가를 통해 안중근을 비롯한 역사적 항일 인물들을 소환하여 민족이 어려움을 겪고 있을 때 다시 새로운 힘을 얻으려 했다는 점을 잘 알 수 있다. 이들 인물들에 대해 잘 몰랐던 사람들도 창가를 부르며 그 인물에 대한 역사를 배워나갔을 것이며, 일본과 관련하여 자신도 또한 그러한 인물을 모범으로 삼겠다고 다짐을 굳게 하였을 것이다. 그리고 이런 노래가 수록되어 있는 창가집은 단속의 대상이 되었던 것이다.

일제 강점 이후 국내에서의 민족운동이 어려워지자 만주, 러시아, 중국, 미국 등지에서 무관학교들이 설립되어 독립군을 양성하기 시작하였다. 이중 1911년 6월 길림성(吉林省) 유하현(柳河縣) 삼원포(三源浦)에서 신흥무관학교가 신흥강습소로 출발해 1920년 폐쇄시까지 3,500명의 독립군을 양성하였던 것이 대표적이다. 신흥무관학교에서는 군사훈련 외에도 창가 수업을 통해 항일창가[68]를 가르쳐 독립의식을 고취시켰다. 여기서 불렀던 창가로는 기존 연구에 따르면 「신흥무관학교 교가」, 「신흥학우단 단가」, 「신흥학우단가」, 「실락원」, 「정신가(精神歌)」, 「애국가」, 「소년남자가(少年男子歌)」, 「조국생각(祖國生覺)」, 「독립군 용진가」, 「국치추념가(國恥追念歌)」, 「도강가(渡江歌)」 등이 존재한다.[69] 이중 「독립군 용진가」는 '독립군가'란 이름으로 1917년부터 1920년 중반까지 국외 항일운동 관련 자료에서 확인된다.[70] 항일가요 모음집 『광복의 메아리』, 『배달(倍達)의 맥박(脈搏): 독립군 시가집(獨立軍詩歌集)』에 각각 실려 있는데 전체 6절 중 제3절에서 안중근이 확인된다. 이 역시 안중근의 의기를 독립군에 되살려 '원수'라 지칭되는 일본을 무찌르겠다는 강한 의지가 나타난다. 해외에서 양

---

68 한편으로 독립군이 부르는 노래라는 뜻에서 '독립군가'라 부르기도 하였다.

69 이명숙, 「신흥무관학교의 노래로 본 항일노래의 창작·공유·전승」, 『역사와 현실』 제124집, 2022. 이명숙은 허은(허은 구술·변창애 기록, 『아직도 내 귀엔 서간도 바람소리가』, 민족문제연구소, 2013.), 원병상(원병상, 「신흥무관학교」, 『독립운동사자료집』 10, 독립유공자사업기금운용위원회, 1976.) 등 신흥 관계자의 기록을 통해 곡명이 나온 경우에는 그대로 표기하고, 이외에는 노동은의 『항일음악 330곡집』(노동은, 『항일음악 330곡집』, 민족문제연구소, 2017)의 곡명으로 표기하였다. 본고도 이에 따른다.

70 이명숙, 위의 논문, 385쪽.

성되는 수많은 독립군의 가슴 속에서는 창가를 통해 안중근이 항일의 상징으로 자리 잡았고, 독립군들은 힘차게 창가를 부르며 어려운 환경을 이겨낼 수 있었던 것이다.

1절: 요동·만주 넓은 뜰을 쳐서 파하고 여진국을 토멸하고 개국하옵신
    동명왕(東明王)과 이지란(李之蘭)의 용진법대로 우리들도 그와 같이
    원수 쳐보세
(후렴) 나가세 전쟁장으로 나가세 전쟁장으로 검수도산 무릅쓰고 나아갈때에
    독립군아 용감력을 더욱 분발해 이천만번 죽더라도 나아갑시다
2절: 한산도의 왜적들을 쳐서 파하고 청천강수 수병 백만 몰살하옵신
    이순신과 을지공의 용진법대로 우리들도 그와같이 원수 쳐보세
3절: 배를 갈라 만국회에 피를 뿌리고 육혈포로 만군중에 원수 쐈죽인
    이준씨와 안중근의 의용심대로 우리들도 그와같이 원수 쳐보세
4절: 혈전팔년 동맹국을 쳐서 파하고 영국 기반(羈絆) 벗어나던 미국독립군
    나팔륜과 와성돈의 용진법대로 우리들도 그와같이 원수 쳐보세
5절: 대포알은 우뢰같이 뜰뜰 울리고 창검빛은 번개같이 번쩍거린다
    우리군대 사격돌격 앞만 향하면 원수머리 낙엽같이 떨어리리라
6절: 횡빈 대판 무찌르고 동경 들리쳐 동서남북 번쩍번쩍 모두 함낙코
    국권을 회복하는 우리독립군 승전고와 만세소리 천지 동갰네[71]

한편 1917년 블라디보스톡 한인신보사(韓人新報社)에서 발간한 『애국혼

---

71 한철수 편, 『배달의 맥박: 독립군 시가집』, 송산출판사, 1984, 84쪽.

(愛國魂)』에는 민영환, 조병세, 최익현, 이준, 이범진, 이재명, 안명근 등의 순국선열의 약전이 편술되어 있는데, 이 가운데 박은식의 『안중근전』이 『만고의사 안중근전』이라는 이름으로 초역되어 있다.[72] 『만고의사 안중근전』에는 「우덕순가」("만났도다 만났도다 원수 너를 만났도다…")와 연해주에서 불렸던 「안의사 추도가」를 앞에 실었다. 앞서의 경우가 부분적으로만 안중근을 다뤘다면, 이는 안중근을 9절 전반에 걸쳐 노래한다는 점이 큰 차이점이다. 안중근의 의거에 대해 다룬 뒤, 안중근을 앞서간 면암 최익현과 충정공 민영환이 천국에서 맞아줄 것이요, 현재 우리들은 그 뒤를 이어 앞으로 올 이토 히로부미(이등박문)를 당해낼 것이라 다짐하고 있다.

    1절: 츙의렬렬 안의사난 디한국민 디표로다

        할빈 저자 아참날에 류혈포성 꽝꽝ㅎ니

    (후렴) 영웅일세 영웅일세 만고영웅 안의사라

        나라위해 밧인 몸은 죽어서도 영광이라

    2절: 五조약과 七협약을 억지로서 톄결ㅎ든

        원수일인 이등박문 고혼될줄 뉘알이오

    3절: 량국군사 헤어지고 텬하이목 놀닉엿네

        나라수치 시첫으니 장ㅎ고도 쾌ㅎ도다

    4절: 국권회복 그날이오 민족보전 이띠로다

        아름답고 빗난일홈 천추만세 유젼일세

    5절: 협사 섭정 짝안이오 필부 형경 당홀손가

72 윤병석, 위의 책, 41~42쪽.

우리 위히 몸 바럿으니 뉘가 안이 슮어ᄒ라

6절: 슬픈눈물 슬픈노릭 멀니충혼 추도ᄒ세

의사의사 안의사여 부듸부듸 눈감으오

7절: 최면암과 민츙정은 텬당에서 환영ᄒ고

사라잇는 우리들은 동반도에 뒤를 잇네

8절: 다른 이등 또 이슬가 근심ᄒ지 마옵시고

우리들의 드난 칼노 만명 이등 당ᄒ리라

9절: 만세만세 만만세는 듸한뎨국 만만세라

만세만세 만만세라 안의사의 만만세라[73]

4장에서 다룬 안중근 관련 창가는 「영웅모범」, 「독립군 용진가」, 「안의사 추도가」 세 편인데, 「영웅모범」, 「독립군 용진가」에서는 파편적으로 안중근의 이름이 언급되는 정도이다. 그러나 역사적 항일 관련 인물들을 차례차례 노래하며 항일 의지를 다지는 가운데, 당시 가장 최근의 인물인 안중근의 이름은 더욱 각별하게 다가왔을 것이다. 가락이 있는 음악의 특성상, 문학성을 담기는 어렵지만 일본에 대항한 한국의 영웅들을 차례로 소환하여 항일의식을 고취하는 가운데 안중근이 크게 자리잡고 있었다.

---

73 윤병석, 위의 책, 365~366쪽.

5. 맺으며

안중근은 의거 직후부터 항일의 아이콘으로 자리 잡았고, 그에 대해 노래하는 것은 항일의식의 표출 및 운동과 직간접적으로 연결되었다. 한시의 경우 개인 문집 등을 통해 당시 안중근 의거와 그의 죽음에 대한 공감, 추모, 분노 등이 표출되었고, 박은식의 『안중근』 전기를 통해 1913년 10월 26일 상해에서 열린 안중근 순국 3주기 추도회의 모습 역시 한시를 통해 남게 되었다. 식자층에게 내재한 우환의식이 안중근 관련 한시들에 맞물리며 안중근에 대한 추모의 감정이 드러났다.

가사는 주로 의병가사·창의가사에서 의병운동과 같은 항일 관련 여러 인물들을 언급하는 가운데 안중근을 항일의 기호로서 부분적으로 소환하는 경우들이 많았다. 홍재학, 이준, 이재명, 민영환, 최익현, 이만도, 김도현, 정환직, 신태식, 원용팔 등의 인물과 함께 안중근은 호칭되었다. 또한 신종교와 관련된 정수승이 창작한 가사는 안중근 관련 가사의 다양한 면모를 보여주었다.

창가는 기존 전통 시가 장르와는 다르게 서양의 영향을 받아, 직접적으로는 일본의 영향을 통해 국내에 빠르게 퍼졌으며, 곡조와 연관되어 노래 부른다는 특징으로 인해 항일의식을 고취하는 데 있어 더욱 효과적이었다. 이로 인하여 일제당국은 법령적 근거를 마련하여 항일의식을 담은 창가집을 압수, 수색하고 또 관련자를 처벌하기도 하였는데, 이는 한시와 가사 장르에서는 잘 보이지 않는 현상이었다. 많은 창가집들이 없어졌지만 아직까지도 자료가 남아 당시의 안중근을 다시금 소환하여 민족의식을 드높이려는 당시의 노래를 생생하게 전달하고 있다.

한시와 가사는 일제강점기에 있어 이미 지나간 시대의 유산으로 치부된 장르였으나, 실제로는 여전히 큰 힘을 발휘하며 당대의 정감(情感), 곧 식민지 시대의 아픔과 항일에 대한 의지를 안중근이라는 아이콘을 통해 담아내고 있었다. 한편으로 새로 유입된 창가 역시 이러한 역할에 일조하였다.

본고는 한국인 창작 안중근 관련 시가를 한시, 가사, 창가라는 장르를 통하여 주로 자료적 측면에 치중하여 소개하였다. 한국인 창작 안중근 관련 시가들을 전부 총망라했다고 말하기는 어려우나, 우선 그 첫발을 내딛었다고 할 것이다. 안중근에 대한 많은 연구가 있음에도 불구하고 해당 분야에 대한 연구가 초창기인 만큼 시론에 그쳤지만, 추후 좀 더 많은 자료의 발굴과 정밀한 분석을 통해 확장된 연구가 나올 것을 기대한다.

하얼빈사건과 나쓰메 소세키

—『문』의 안과 밖

다구치 리쓰오(田口律男)

번역: 최세경 · 조성환

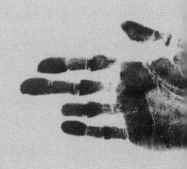

* 이 글은 田口律男, 「ハルビン事件と夏目漱石: 『門』の内と外」(『社会科学研究年報』
第54号, 龍谷大学社会科学研究所, 2024年 5月)를 한글로 번역한 것이다. 이 논문은
2024년 2월 20일에 류코쿠대학교 오미야캠퍼스에서 개최된 류코쿠대학교 안중근동
양평화연구센터와 원광대학교 동북아시아인문사회연구소의 공동학술대회《안중근
의 동양평화 사상과 동북아시아의 미래공생》에서 발표한 원고 「하얼빈사건을 둘러싼
나쓰메 소세키 주변의 언설 경향」을 보완한 것이다. 학술대회 토론 시간에 유익한 의
견을 주신 분들에게 진심으로 감사드린다.

1. 들어가며

2023년 3월 3일에 세상을 떠난 일본의 노벨문학상 작가 오에 겐자부로 (大江健三郎, 1935~2023)는 노벨문학상 수상 연설[1]에서 영국 시인 오딘의 시구를 인용하여 "소설가"는 "인류의 모든 피해를 묵직한 아픔으로 받아들이지 않으면 안 된다"(must suffer dully all the wrongs of Man)[2]고 하였다. 이 "all the wrongs of Man"(인류의 모든 피해)에는 전쟁을 일으키기 전 일본제국이 행한 "아시아에서의 침략자 역할(the position of an invader in Asia)"도 포함되어 있었다.

동아시아에서 가장 빨리 근대화를 추진한 일본제국은 서양 열강과의 패권 다툼 속에서 아시아 각국에 식민지 지배와 전쟁에 따른 커다란 희생을 강요하였다. 그 상흔은 지금도 지워지지 않고 있다. 그 과정에서 생긴 모든 "wrongs"(피해)를 "묵직한 아픔(鈍痛)"으로 받아들이고, "전 인류의 치

---

1 https://www.nobelprize.org/prizes/literature/1994/oe/lecture/ 일본어판은 『あいまいな日本の私』, 東京: 岩波書店, 1995에 수록.

2 일본어판 『あいまいな日本の私(애매한 일본의 나)』에서는 후카세 모토히로(深瀬基寛)의 번역어를 사용하여 wrongs를 '피해'로 번역하고 있다. 그러나 여기에서는 보다 넓게 '잘못' '나쁜 행위'라는 의미로 이해하고자 한다.

유와 화해(a cure and reconciliation of mankind)"의 가능성을 문학을 통해 추구하겠다는 각오를 오에 겐자부로는 밝힌 것이다. 그러나 그것이 쉽지 않은 것은 누구나 알고 있는 바이다.

한편, 일본 국내로 눈을 돌리면 지금도 다양한 "wrongs"(피해)가 주변에 발생하고 있다. 2022년 7월 8일에는 아베 신조 전 수상이 국정선거 유세 중에 총격으로 사망하는 사건이 발생하였다. 이른바 요인 습격인데, 이러한 폭력/테러는 역사상 열거하자면 끝이 없다. 용의자 야마가미 데쓰야(山上徹也) 용의자의 재판은 아직 정식으로는 시작되지 않았지만, 그 동기에 대해서는 종교단체 '세계평화통일가정연합'(구 통일교)에 의해 자신의 가족과 인생이 엉망이 된 것에 대한 깊은 원한이 있었고, 그 화살이 (이 종교단체와 깊은 연관이 있다고 일컬어지는) 전 수상에게 향했다고 알려져 있다. 동기가 무엇이든 이 사건은 생명의 존엄뿐만 아니라 민주주의와 언론의 자유를 짓밟는 행위로 거센 비판을 받고 있다. 그러나 일부 사람 중에는 야마가미 용의자를 '영웅'시 하는 경향이 있는 것 같다. 예를 들면 용의자 야마가미를 모델로 한 영화[3]는, 어디까지나 허구이기는 하지만, 마지막 장면에서 용의자의 여동생으로 하여금 "민주주의를 파괴한 것은 아베다. 누가 봐도 오빠는 민주주의의 적을 공격한 것이다. 그래서 나는 오빠를 존경한다"라고 말하게 한다. 또한 현대 작가 시마다 마사히코(島田雅彦, 1961~)는 어느 인터넷 프로그램에서 "암살이 성공해 다행이다"라고 발언했다가 여론이 들끓자 황급히 정정하는 해프닝도 있었다.

---

3   아다치 마사오(足立正生) 감독의 작품 『REVOLUTION+1』(2022).
    https://re)olutionplus1.com/

이러한 폭력/테러의 역사도 "all the wrongs of Man"(인류의 모든 피해)의 하나로, 우리는 "묵직한 아픔"과 함께 받아들이지 않으면 안 될 것이다. 그러기 위해서는 단순한 테러리스트로서 단죄하거나 반대로 영웅시하는 것이 아니라, 그럴 수밖에 없었던 당사자의 실존에 접근하여 그 사건의 심층을 살펴볼 필요가 있다. 문학은 이러한 현실 문제도 정면으로 직시하지만, 어디까지나 문학 고유의 상상력이나 언어활동을 통해 이루어진다는 사실을 잊어서는 안 된다.

2. 문제의 소재: 나쓰메 소세키와 하얼빈사건

위에서 언급한 것은 안중근(1879~1910)을 둘러싼 일본과 한국의 역사 인식 문제와도 관련된다. 그러나 지면이 제한되어 있기 때문에 여기에서는 초점을 좁혀 근대 일본문학을 대표하는 작가 나쓰메 소세키(1867~1916)와 안중근이 일으킨 하얼빈사건(이토 히로부미 암살사건)과의 관련성에 대해서 연재 소설 『문』(『아사히신문』 1910.03.01.~06.12)을 중심으로 고찰하고자 한다. 나쓰메 소세키에 관한 방대한 연구를 찾아보아도 이 문제를 정면으로 다룬 논고는 많지 않다. 가장 큰 이유는 소세키 자신이 이 사건에 대해 침묵했기 때문이다. 그러나 주의 깊게 보면 소세키의 텍스트에는 그 흔적이 새겨져 있다. 그것을 동시대의 언설과 비교하여 고찰하는 것이 이 글의 주된 목적이다. 이하에서는 통설을 근거로 몇 가지 논점을 제시해 두고자 한다.

(1) 소세키는 영국으로 관비 유학을 다녀와 도쿄제국대학에서 영문학을

강의한 후 경제적으로 불안정한 소설가의 길을 선택했다. 근대 일본을 대표하는 엘리트 중 한 사람이지만, 국가나 권력과는 일정한 거리를 두고 자신만의 개인주의를 관철하였다.

(2) 그러나 안중근과 연대하고자 한 사회주의자 고토쿠 슈스이(幸德秋水)와 비교하면, 소세키의 식민지주의에 대한 비판 정신은 희박하였다. 또 몸과 마음에 스며든 위생 관념에 근거한 민족 차별적인 경향성이 있었던 것도 부정할 수 없는 사실이다. 그러나 일본제국의 지배를 받는 조선인들에게 측은지심을 가지고 있었던 것은 분명하다.

(3) 소설가로서의 소세키는 천하 국가에 대해 말하기보다는 연애와 결혼, 금전 문제로 방황하는 소시민의 일상생활을 묘사하였다. 그때 초점이 맞춰지는 것은 실존과 타자와의 어찌할 도리 없는 '관계'이다. 연재 소설 『문』은 전작 『그 후』를 계승하는 형태로 '도덕상의 죄'(간통)로 맺어진 부부의 폐쇄된 일상을 그리고 있다. 그때도 실존과 타자와의 불가항력적인 '관계'에 물음을 던지고 있다.

(4) 『문』(연재 3의 2)은 당시 일본을 뒤흔든 하얼빈사건을 언급하고 있다. '이토 히로부미 암살 호외'를 본 아내(오요네お米)는 남편(소스케宗助)에게 "어째서 살해당한 걸까요?"라고 몇 번이나 물어본다. 이 소설이 연재된 『아사히신문』은 이미 「이토 히로부미 암살 이유 15개조」(1909.11.18.)와 「소위 암살의 이유」(1910.2.11.)를 보도하고 있어, 그 내용을 상기하며 읽은 독자도 적지 않았을 것이다. 또한 하얼빈사건이라는 복선이 이 부부의 이야기와 어떻게 연결되는지 기대하며 읽은 독자도 분명 있었을 것이다.

(5) 학업도 출세도 포기하고 '박봉의 월급쟁이(하급관리)'로 살아가는 노나카 소스케(野中宗助)는 이토 히로부미의 암살을 '운명'으로 보고 "이토

씨 같은 사람은 하얼빈에 가서 살해당하는 게 나아"(3)라고 빈정대듯이 대답한다. 이러한 아이러니는 다른 작가에게는 보이지 않는 소세키만의 독자적인 것이다. 더욱이 이 소설은 사람이나 사건이 복잡하게 얽혀서 일어나는 '잔혹한 운명'(14)을 그리고 있어, 식민지의 그림자가 포함된 텍스트로 읽을 수도 있다.

이상과 같이 정리해 보아도 하얼빈사건을 바라보는 소세키의 자세는 불투명한 애매함이 남는다. 그 애매함에 근래 한국의 연구자들로부터 날카로운 비판이 쏟아지고 있다. 예를 들면 박유하[4] (1)과 (2)의 철저하지 못한 관계를 근본적으로 추궁하여 소세키 및 소세키 작품 골수에까지 퍼져 있는 진보주의, 근대주의, 국가주의, 제국주의, 남성중심주의, 본질주의와 같은 일련의 부정적인 경향성을 폭로하고, '소세키 신화'를 해체하는 시도를 하였다. 또한 도진순은 사학자의 입장에서 안중근에 대한 일본인작가(고토쿠 슈스이 · 도쿠토미 로카(德富蘆花) · 이시카와 다쿠보쿠(石川啄木) · 나쓰메 소세키)의 이해도를 비교 분석한 후, "소세키는 하얼빈사건 당시에는 중국과 한국에 분명한 편견을 가지고 있었다. 『문』에서 이토의 죽음을 "역시 운명이겠지"라고 표현한 것은 안중근과 입장이 비슷해 보이지만, 실은 '비슷하면서도 다르다(似而非)'. 그의 관점에서 본 안중근은 이토의 죽음을 영웅적으로 만들기 위한 배역에 지나지 않는다"라고 엄중히 평가하고 있다.[5]

---

4   朴裕河, 『ナショナル・アイデンテイテイとジェンダー: 漱石・文学・近代』, 東京: クレイン, 2007.

5   都珍淳, 「韓国の安重根と日本の知識人たちの平和論比較」, 『安重根・「東洋平和論」研究』, 東京: 明石書店, 2022.

또한 일본에서도 식민지주의 관점에서 『문』의 동시대 상황이나 작품 속 인물의 표상을 재검증하는 움직임이 나타나고 있다. 예를 들면 고미부치 노리쓰구(五味渕典嗣)는 "『문』의 작품세계는 20세기 초 일본제국에서 가정 내적인 것이 어떻게 식민지적인 것에 지탱되고 있었는지를 단적으로 보여준다"라고 하며, 약육강식의 생존경쟁에 놓인 작품 속 인물의 사고 정지('신경쇠약'으로 표상되는)와, "한반도의 식민지화에 직간접적으로 참여하고 있다고 느끼는 상상력을 완전히 마멸하고 있는" 것과는 평행 관계에 있다고 지적하였다[6](고미부치 노리쓰구의 논문에 대해서는 뒤에서도 다룸).

이 글 역시 이러한 문제의식을 계승하는 형태로 고찰하고자 하는데, 언어적 전회를 거친 텍스트론에 의거하는 나로서는 작가 소세키와 소설 텍스트는 일단 분리해서 생각하고자 한다. 왜냐하면 작품은 당연히 작가가 만들어내는 것이기는 하지만, 언어에 의해 구성된 텍스트는 항상 작가의 의도를 배신하거나 일탈할 가능성을 갖고 있기 때문이다.

3. 하얼빈사건을 둘러싼 나쓰메 소세키 주변의 언설 경향

이 절에서는 논점 (2)를 보완하면서 소세키와 소세키 주변에 있던 지식인, 언론인의 언설 경향을 확인해 두고자 한다.

하얼빈사건으로부터 얼마 지나지 않아 대역 사건에 연루되어 처형된

---

6   五味渕典嗣,「占領の言説, あるいは小市民たちの帝国」, 『漱石研究』 第17号, 2004.11.

고토쿠 슈스이(1871~1811)와 안중근을 연결하는 잃어버린 고리에 대해서는 선행연구에서 거의 밝혀냈다. 아키즈키 노조미(秋月望)에 의하면, 1910년 6월 1일 유가와라(湯河原)에서 구속된 고토쿠 슈스이는 같은 해 3월 26일에 뤼순 감옥에서 처형된 안중근의 그림엽서를 소지하고 있었다.[7] 이 그림엽서에는 슈스이가 직접 쓴 한시와 샌프란시스코 헤민샤(平民社)의 오카 시게키(岡繁樹)에 의한 영어 설명[8]이 덧붙여져 있었다.

슈스이가 쓴 한시는 "舍生取義/殺身成仁/安君一擧/天地皆振　秋水題"라고 적혀 있다. 첫 번째 행은 『맹자』「고자(상)」 10장의 "生亦我所欲也. 義亦我所欲也. 二者不可得兼, 舍生而取義者也."[9](생도 내가 원하는 바이고, 의 또한 내가 원하는 바다. 이 두 가지를 모두 얻을 수 없다면 생을 버리고 의를 택하

---

7   秋月望,「沖野岩三朗文庫の安重根絵葉書」, 明治学院大学『国文学研究』, 2021.03. 참고로 그림엽서 실물은 현재 메이지가쿠인(明治学院)대학교 도서관의 오키노 이와사부로(沖野岩三朗) 문고에 보관되어 있다. 다만, 이 그림엽서와 대역 사건과의 직접적인 인과관계는 없다.

8   여기에 영문 설명문과 번역을 인용해 둔다.
JUNG-KEUN AN
The Korean martyr who killed Prince Ito at Harbin. As seen in this picture, the cut off Ring-Finger of the left hand represents the oath of a regicide, according to the old custom of the Koreans.
The characters of the upper corners of the picture is facsimile of the Poem written by D.KOTOKU, a prominent Japanese Anarchist, praising the bra)e conduct of the martyr.
(안중근 하얼빈에서 이토 히로부미 공작을 암살한 조선의 순교자이다. 이 사진에 나와 있듯이 조선의 오랜 관습에 의해 절단한 왼쪽 약지는 시해의 선서를 나타내고 있다. 사진 상단에 쓰여 있는 글자는 탁월한 일본의 무정부주의자 고토쿠 슈스이가 쓴 한시를 복사한 것으로, 순교자의 용감한 행동을 찬양하고 있다.)

9   밑줄은 필자에 의함. 이하도 마찬가지.

겠다)를 전거로 하고 있고, 두 번째 행은 『논어』「위령공」제15 "子曰: 志士
仁人, 無求生以害仁. <u>有殺身以成仁.</u>"(공자께서 말씀하셨다: 선비와 덕을 이룬
사람은 생을 추구하려고 인을 해치는 일이 없고, 자신을 죽여서 인을 이루는 일은
있다)를 전거로 삼고 있다.

즉 슈스이는 의(義)와 인(仁)이라는 유교적 윤리에 근거하여 "안중근의
일거(安君一擧)"를 최대한 칭찬하고 있는 것이다. 참고로 둘째 행 "살신성
인(殺身成仁)"은 옥중에 있는 안중근이 붓으로 쓴 유묵 중의 하나인 "志士
仁人 殺身成仁(지사인인 살신성인)"과 일치한다. 슈스이는 고치(高知) 지방
의 인맥을 통해 이 유묵의 존재를 알고서 거기에 담긴 안중근의 정신에 깊
이 공명했을 가능성이 있다. 여기에서는 식민지주의에 대한 슈스이의 인
식에 대해서까지 깊이 들어갈 지면의 여유는 없지만, 아래에 인용하는 '성
명'[10]에 이름을 올리고 있다는 사실을 무겁게 받아들이고자 한다.

> 우리는 조선 인민의 자유, 독립, 자치의 권리를 존중하며, 제국주의적 정책
> 으로 이를 침해하는 것은 만국 평민계급의 공통의 이익에 반하는 것임을
> 인정한다. 고로 일본 정부는 조선의 독립을 보장한다고 말한 책임(言責)에
> 충실하기를 바란다.[11]

---

10 이 '성명'은 사회주의자 니시카와 고지로(西川光二郎, 1876~1940)가 중심이 되어 초안
    을 작성한 것으로, 가타야마 센(片山潛) 파의 《주간사회신문(週刊社会新聞)》과 고토
    쿠파의 《오사카 평민신문(大阪平民新聞)》에 실렸다. 상세한 것은 吉岡吉典,「明治社
    会主義者と朝鮮」, 『歷史評論』, 1965.06을 참조.
11 〈社会主義有志者の声明〉, 《大阪平民新聞》, 1907.08.01.

이러한 고토쿠 슈스이의 존재를 안중근이 알고 있었을 가능성은 거의 없지만, 적어도 고토쿠 슈스이가 안중근의 행동을 의거로 여기고, 연대의 의지를 표명하였던 것은 분명하다. 그것은 앞서 언급한 도진순이나 김정훈도 인정하는 바이다.[12]

한편, 나쓰메 소세키의 주변에 있는 지식인과 언론인, 예를 들면《도쿄 아사히신문》주필 이케베 산잔(池辺三山, 1864~1912),《아사히신문》사회부장 시부카와 겐지(渋川玄耳, 1872~1926),《아사히신문》에서 교정을 맡았던 이시카와 다쿠보쿠(1886~1912), 통감부의 어용 영자 신문 *The Seoul Press*의 주필 야마가타 이소오(山縣五十雄, 1869~1959)는 모두 공통적으로 한국병합 단행에 부정적인 입장을 취하면서 이토 히로부미의 점진주의적인 '보호정치'[13]를 긍정하는 입장을 취하고 있었던 사실을 확인할 수 있다.

예를 들면, 소세키를 아사히신문사에 초빙한 이케베 산잔은 「대한(對韓) 방침」에서 다음과 같이 말하였다.

---

12 김정훈은 국적이나 사상, 신조의 차이를 초월한 안중근/고토쿠 슈스이/신채호라는 '월경적 관계'에 주목하였다. 김정훈, 「나쓰메 소세키와 식민지 지배: 안중근에 대한 화제(話題) 등과 관련해서」, 제8회 한일국제학술심포지움, 2022.02.

13 다키이 가즈히로는 다음과 같이 지적하고 있다: "이토는 한국에 '문명'을 전파하려 하였다. (중략) 그 문명이란 식산 산업이 가져다주는 물질적 번영뿐만 아니라 민중의 정신적인 개화를 추구한 것이었다. 그러기 위해서 이토는 교육개혁과 지식쇄신을 중시하였다. (중략) 이토로서는 교육과 같은 인간의 정신 구조의 변혁에 관련된 문제는 결코 하루아침에 실현되는 것이 아니라 한 걸음 한 걸음 착실히 뿌리내려 갈 필요가 있었던 것이다. 여기에서도 그는 점진주의의 신봉자였고, 또한 그러지 않을 수 없었다. (중략) 점진주의에 의한 교육개혁은 이토의 보호정치의 일관된 관심사였다고 할 수 있다." 瀧井一博, 『伊藤博文』, 東京: 中央公論新社, 2010, 310~311쪽.

그런데 지금까지의 일본의 통감정치를 나는 성공했다고 인정하지 않는다. 하지만 엄청난 실패라고도 보지 않는다. 이토 히로부미 공작 스스로도 아마 성공이라고 믿지는 않았을 것이다. 만약 성공이라고 믿고 있었다면 통감을 그만둘 때가 되었는데도 사법권을 박탈하거나 군대를 해산하는 일은 하지 않았을 것이다. (중략) 참으로 조선과 조선인에게 안녕과 행복을 주는 정치를 했다면 반드시 다수의 인민이 차츰 안심하여 점차 일본의 정치를 칭송하게 됐을 것이라고 나는 믿고 있다.[14]

이케베 산잔은 이토 히로부미가 사망한 후에도 '현상 유지'를 관철하여, 조선 민중의 '안녕과 행복'을 보장하는 온건한 '보호정치'를 계속할 것을 제언하고 있다. 소세키와 학생 시절부터 교류가 있던 야마가타 이소오는 「유일한 대한(對韓) 정책」에서 다음과 같이 말하였다.

특히 내가 재류 일본인[15] 제군에게 바라는 것은 한인과의 관계를 개선하기 위하여 이토공의 유지를 받들어 그들을 동화하는 데 힘써 달라는 것이다, (중략) 그들을 동정과 친절로 대하고 성실히 그들을 가르치고 이끌어, 일본인이 이 나라에 온 것은 필경 일본인 자신을 위해서뿐만 아니라 결국 한인의 이익이 될 것임을 깨닫게 하는 데 있다, 마치 부모가 자식을 사랑하듯이 형이 동생을 이끌어주듯이, 동무가 동무를 대하듯이, 동정과 애정을 가지고 그들을 대한다면, 그들이 아무리 완고하고 사리에 어두워도 결국 우리

---

14 池辺三山,「対韓方針」,『中央公論』, 1910.01.
15 [역자주] 여기에서 '재류 일본인'은 당시에 한반도에 거주하는 일본인을 말한다.

의 덕에 감화되지 않을 수 없을 것이다.[16]

야마가타 이소오는 "이토공의 유지"를 받들어 "동화" 정책을 밀고 나가, "동정과 친절(과 애정)"을 가지고 조선 민중을 "가르치고 이끌"어야 한다고 설파하고 있다. 이러한 언설은 당시에는 온건한 인도주의라 여겨졌으나, 오늘날의 관점에서 보면 권력의 쏠림을 자각하지 못한, 즉 피개입자의 자율/자기결정을 침해하는 나쁜 퍼터널리즘(부권적 온정주의)의 전형이라 하지 않을 수 없다.[17] 이 점은 엄중히 평가되어야 하지만, 당시의 소세키 주변에는 이러한 부권적 온정주의 언설이 지배적이었다는 사실은 명시해 두고자 한다. 또한 야마가타 이소오는 이토 히로부미의 총격 사건에 대해 같은 글에서 다음과 같이 말하였다.

> 작년 10월 26일 하얼빈 정거장에서 있었던 총성은 우리나라 사람에 대한 한인의 깊은 원한이 폭발한 것으로, 연기 속에서 덧없이 숨을 거둔 이토공은 한인을 괴롭힌 모든 일본인을 대신해서 죽은 것이다. (중략) 부디 이토공의 죽음으로 나쁜 재류 일본인의 죄를 속죄시키자.

여기에는 안중근의 동기(원한)를 헤아려, 그 원인을 재류 일본인의 악행

---

16 山縣五十雄,「唯一の対韓政策」,『中央公論』, 1910.03.

17 퍼터널리즘은 법학, 윤리학, 의료, 복지, 교육 등의 분야에서 활발히 논의되고 있다. 퍼터널리즘 그 자체가 부정되는 것은 아니지만, 무엇으로 정당화되는가에 대해서는 신중한 논의가 요구된다. 일례로 中村直美,『パターナリズムの研究』, 東京: 成文堂, 2007을 참조하기 바란다.

에서 찾아, 그로 인해 희생된 이토 히로부미를 추도하는 시점이 있다. 한국 통치의 최전선에 있었던 벗들의 이러한 언설이 나쓰메 소세키에게 영향을 줬을 가능성은 부정할 수 없다. 사실, 소세키 자신도 「만한 이곳저곳(滿韓ところどころ)」을 여행하는 도중에 적은 일기(1909년 10월 5일)에서 야마가타 이소오 등을 만나 재류 일본인의 여러 악행을 들은 후에, "내가 한인이 불쌍하다고 말하자, 야마가타 찬성. 구마모토도 찬성."이라고 적고 있다. 이러한 퍼터널리즘 경향은 이 이외에도 확인할 수 있다. 소세키는 1910년의 한국병합에 관해서는 침묵으로 일관했으나, 그보다 앞선 고종황제의 강제 퇴위(1907)에 대해서는 드물게 제자 고미야 도요다카(小宮豊隆)에게 다음과 같은 생각을 써서 보냈다.

조선의 왕이 퇴위했다. 일본으로서는 이런 경사는 없다. 더 강경하게 해도 된다. 그러나 조선의 왕은 매우 불쌍하게 됐다. 세상에서 조선의 왕을 동정하는 것은 나뿐일 것이다. 저렇게 조선이 멸망할 단서를 만들어서는 조상에게 죄송스럽다. 실로 불쌍하다.

여기에는 소세키의 모순이 드러난다. '매우 불쌍'하다는 생각은 앞서 살펴본 일기의 '한인은 불쌍하다'와도 일치하며, 그 심정에 거짓은 없는 듯하다. 그러나 '일본으로서는 이런 경사는 없다', '더 강경하게 해도 된다'고 토로하고 있는 이상, 이 '동정' 역시 나쁜 퍼터널리즘에 가까운 면이 있다고 할 수 있다. 논점 (2)에서 지적한 '측은지심'이란 이것을 말한다.

그런데 앞서 살펴본 『추오코론(中央公論)』은 하얼빈사건 직후에 「대한정책 어떻게 할 것인가(対韓策を如何せん)」(1909.12)라는 '사설'을 싣고 있

다. 요지는 오로지 이토 히로부미가 주장한 '보호국설'을 답습한 것이지만, 지금까지 주목받은 적이 없는 '암살'의 시비를 언급한 문장이 있어서 인용해 두고자 한다.

나는 암살은 비겁함의 극치로 어떠한 경우에도 이것을 인정할 수 없다. 무장하지 않은 자를 죽이는 것은 갓난아기의 팔을 비트는 것보다 더 잔인하다. (중략) 하지만 우리나라에는 여전히 걸핏하면 암살을 인정하려는 자가 없지 않다. 니시노 분타로(西野文太郎)[18]의 무덤에 지금도 향과 꽃이 끊이지 않는 것을 보라. 구루시마 쓰네키(来島恒喜)[19]를 위해 당당히 추모 법회(追善法会)를 지낸 자가 있는 것을 생각하라. 자기를 희생한 뜻을 아름답다 하며 그 흉행을 강인하다 하고 결국에는 털끝만큼의 사사로운 원한이 없다 하나, 그 수단의 극악함은 거의 빗댈 것이 없다. (중략) 또한 나는 묻고자 한다. 니시노, 구루시마 패거리에게 동정하면서 어찌 이토공을 암살한 안중근 패거리에게 동정하지 않는가라고. 일본인에게는 동정하면서 한국인이라고 증오한다는 것은 사군자라면 입 밖에도 낼 말이 아니다. 하물며 증오한 나머지 얼토당토않게 한국에 대한 정책 변경을 주장하다니. (중략) 나는 단지 존경하는 한 원로, 특히 한국의 은인인 한 정치가가 한인의 흉행에 쓰러진 일에 분개하기에, 그 분노를 엉뚱한 곳에 풀어서 당장 비(非)보호국설

---

18 니시노 분타로(1865-1889)는 야마구치현 출신의 국가주의자. 이세진구(伊勢神宮) 참배 때 불경한 태도를 취했다는 이유로 문부대신 모리 아리노리(森有礼)를 암살하였다.
19 구루시마 쓰네키(1860-1889)는 후쿠오카현 출신의 국가주의자. 외무대신 오쿠마 시게노부(大隈重信)의 조약개정안에 반대하여 폭탄을 던져 중상을 입혔다.

을 주장하는 것을 틀렸다고 생각할 따름이다.

　여기에는 '암살'에 의한 체제 변혁의 시비를 묻는 시점이 있다. 내 나름
대로의 부연을 하면 다음과 같다. ① '암살'은 폭력이자 '비겁'한 행위이다.
고로 어떠한 동기가 있다 해도 '암살'을 인정해서는 안 된다. ②이는 안중
근의 경우도 마찬가지이다. 그러나 일본인에 의한 '암살'을 칭찬한다면,
안중근의 행위도 칭찬해야 도리에 맞다. ③이번 사건에 '분개'하여 '비보호
국설'로 바꾸는 것도 폭력에 의한 체제 변혁으로 이어진다. 고로 지금까지
의 '보호국설'을 답습해야 한다. 이것은 다소 언어상 굴절을 포함하지만,
'암살'(폭력)에 의한 체제 변혁을 부정하는 논리라고 할 수 있다. 다만, '사
군자'라는 단어가 말해주듯이 이 언설은 유교적 윤리에 근거한 것으로, 이
논리 자체에도 모순이나 빈틈이 없다고는 단정할 수 없다. 왜냐하면 현실
의 통치 권력은 실제로 다양한 폭력[20]을 행사해 왔는데, 처음부터 한국의
보호국화를 노린 일본제국의 원폭력을 등한시한 논의이기 때문이다.(다만
그 원폭력을 서구열강이 지배하는 19세기 세계시스템에 귀책시키는 논리도 있을
수 있다) 그렇다고 해도, 여기에는 적어도 이토 히로부미가 주장한 '보호국
설'을 답습하여 하얼빈사건 이후의 혼란을 진정시키려 하는 퍼터널리즘
적인 경향을 엿볼 수 있다.
　지금까지 살펴봤듯이 『추오코론(中央公論)』이라는 비교적 급진적인 매체
에 의거한 나쓰메 소세키 주변의 지식인, 언론인은 하얼빈사건이 계기가
된 한국병합 단행에 비판적인 입장에서, 이토 히로부미가 추진한 점진주

20　민비시해 사건(1895)이 그것의 상징으로, 안중근 역시 그 폭력에 의해 처형당했다.

의적인 '보호정치'를 지지하는 입장을 취하고 있었다. 나쓰메 소세키도 이에 가까운 입장을 보여, 퍼터널리즘적인 경향이 확인되었다. 그러나 소세키는 현실 문제에는 적극적으로 관여하지 않고 주로 개인주의의 입장에서 소설을 계속 써나갔다. 소설에서는 실존과 타자 사이의 어찌할 수 없는 '관계'에 대한 질문이 던져지고, 식민지의 그림자 역시 보였다 보이지 않았다 한다. 다음 절에서는 그 구체적인 내용을 하나하나 쪼개서 음미해 보겠다.

4.『문』의 강박관념: '잔혹한 운명'과 식민지의 그림자

논점 (3) (4) (5)에서 거론했듯이 연재 소설『문』은 전작『그 후』를 계승하는 형태로, '도덕적인 죄'(간통-)에 의해 맺어진 부부의 폐쇄된 일상을 그리고 있다. 노나카 소스케와 오요네는 과거에 친구(야스이)를 배신하고 간통에 가까운 형태로 맺어진 결과 세상에서 쫓겨나듯이 히로시마, 후쿠오카를 전전한 후 도쿄 '야마노테 안쪽 깊숙이' 틀어박혀 생활하고 있다. 학업도 출세도 단념하고 '박봉의 월급쟁이'로 살아가는 소스케는 생계에 쫓기며 약간의 유산 상속과 남동생의 학비 문제로 고민한다. 또한 아내 오요네는 여의치 않은 생활 속에서 몸과 마음이 병들어 아기를 세 번이나 잃고 만다. 둘은 '만주'로 건너간 것으로 알려진 야스이의 그림자에 떨면서 '종교'에서 구원을 찾기도 하지만, '잔혹한 운명'에 엮여서 서로 의지하며 살아 간다. 소설은 몇몇 걱정이 사라지고, "정말 고마운 일이에요. 드디어 봄이 와서"라며 안도하는 오요네에게 소스케가 "응, 하지만 금방 또 겨울이 오겠지"라고 말하면서 끝난다.

이처럼 『문』은 실존과 타자와의 '관계'가 불가항력적으로 일으키는 '잔혹한 운명'을 주제로 삼고 있다. 이 부부를 곤경으로 몰아넣는 것은 '도덕적인 죄'에 대한 사회적 제재로서의 경제 문제뿐만 아니라, 친구를 배신한 일에 대한 마음의 빚 또는 죄책감임을 알 수 있다. 그러나 그 이상으로 이 부부는 과잉이라 할 정도의 강박관념에 사로잡혀 있다. 소스케의 경우 그것은 '만주'로 간 것으로 알려진 야스이와의 이상접근(near miss) 장면에서 드러나고 있다. 다소 장문이지만 인용해 보자.

　소스케는 이불을 뒤집어쓴 채 혼자 경직되어 눈을 감고 있었다. 그는 어둠 속에서 사카이에게 들은 이야기를 몇 번이고 되새겼다. 그는 만주에 있는 야스이의 소식을 집주인 사카이의 입을 통해 들으리라고는 조금 전까지만 해도 상상조차 하지 못했다. <u>오늘밤 저녁 식사를 마칠 때까지만 해도 자칫하면 야스이와 자신이 사카이의 집에 동시에 초대되어 옆자리에 앉거나 마주 앉을 운명에 놓일 뻔하게 되리라고는 꿈에도 생각하지 못했다.</u> 그는 누워서 지난 두세 시간 동안의 일을 생각하고 그 절정이 너무나도 갑작스럽게 너무나도 생각지 않게 일어난 것을 기이하게 여겼다. 또한 슬프게도 느꼈다. 그는 자신이 이렇게 우연한 사건을 빌려서 뒤에서 예고도 없이 다리를 걸지 않으면 넘어뜨릴 수 없을 만큼 강한 놈이라고는 스스로도 믿지 않았다. 자신처럼 약한 사람을 내팽개치는 데는 좀 더 합리적인 수단이 많을 거라고 믿고 있었던 것이다.
　고로쿠로부터 사카이의 동생, 그리고 만주, 몽골, 귀경, 야스이, 이런 대화의 흔적을 더듬어 가면 갈수록 우연의 정도가 너무 심한 것 같았다. 그가 과거의 통한을 일신하려고, 보통 사람이 좀처럼 만날 수 없는 이런 우연을 맞닥뜨리게 하기 위해 수백, 수천 명의 사람 중에서 골라내야 할 정도의 인물이었나 하는 생각을 하니 소스케는 괴로웠다. 또한 화가 났다. 그는 깜깜한 이불 속에서 뜨거운 숨을 내쉬었다. (17)

여기에는 이 소설의 근간이 되는 '잔혹한 운명'의 내실이 나타나 있다. 그것은 몇몇 '우연'이 서로 엮여서, 결정적인 '클라이맥스'(비극적 결말)를 초래하는 '관계'의 역학이다. 소스케로서는 야스이의 '우연'한 이상접근이야말로 '잔혹한 운명'이 눈앞에 나타난 것이었다고 할 수 있을 것이다. 그렇다 해도 객관적으로 보면 이러한 '우연' 자체는 당사자의 책임 밖에 있으며, 극단적으로 말하면 천재지변이나 사고처럼 (불운하기는 하지만) 확률이나 통계의 문제로서 이해 못 할 것도 없다. 그러나 소스케는 그러한 논리대로 가지 않고 생생한 공포에 휩싸인다. 그것은 무엇에서 비롯되는 것일까.

작가 소세키로 눈을 돌리면, 이와 유사한 것을 하얼빈사건을 접했을 때의 반응에서 찾아볼 수 있다. 작가 구로카와 소(黒川創)[21]가 발굴한《만주일일신문(満州日日新聞)》에 게재된 소세키의 수필에는 하얼빈사건의 호외를 읽고 받은 충격이 토로되어 있다.

이토공이 저격당한 플랫폼은 실제로 <u>1개월 전에 나도 밟은 곳</u>이라 희대의 흉변이라는 사실 이외에 <u>장소의 연상에서 오는 강한 자극을 머리에 받았다</u>. (중략) 오늘 아침《아사히신문》에 게재된 상세한 기사를 보니, 이토공

21 黒川創,『暗殺者たち』,東京: 新潮社, 2013을 참조.

이 저격당했을 때 나카무라 총재는 쓰러지는 이토공을 안고 있었다고 하는데, 총재 역시 같은 날 같은 시각 같은 장소에 있었다는 사실을 알고 놀랐다.[22]

구로카와 소는 소세키의 필치에 "뭔가 요점이 빗나간 말을 길게 늘어놓은 지루함"이 있다고 지적하는데, 오히려 거기에는 '강한 자극'에 전율하는 신체감각이 보인다. 같은 장소에 서 있었다는 발바닥의 감촉, 자칫 잘못하면 자신도 오랜 친구(나카무라 제코中村是公)와 마찬가지로 '같은 날 같은 시각 같은 장소'에 있어 흉탄을 맞았을지도 모른다는 공포, 여기에는 그러한 생생한 강박관념이 보인다. 이러한 강박관념은 소세키 고유의 경향성이라 할 수도 있는데,[23] 하얼빈사건에 대해 많은 말을 하지 않은 이유는 그것이 남의 일이었기 때문이 아니라 이러한 생생한 강박관념을 억제하려고 하는 심리기제가 작용했기 때문일 가능성도 부정할 수 없다. 적어도 하얼빈사건을 접한 소세키의 신체 반응과, 『문』에 나타난 소스케의 신체반응은 같은 주파수에서 공진하고 있음을 확인해 두고자 한다.

다시 이야기를 되돌리면, 『문』의 소스케는 야스이에게서 소중한 것을 빼앗았다. 그 결과 야스이는 "온갖 자포자기, 불편과 증오, 패륜과 패덕, 독단과 결행"(17)에 촉발되어, '모험자'가 되어 '만주'를 '방랑'한다. 이 역시 소스케의 강박관념이 만들어낸 '상상'에 지나지 않지만, 야스이(安井. 이 이름에서

<hr />

22 「滿韓所感(上)」, 1909.11.05.
23 夏目鏡子, 『漱石の思ひ出』, 東京: 改造社, 1928에는 영국 유학 시절부터 제국대학 강사 시절의 소세키의 강박신경증적인 여러 행동들을 아내의 시점에서 생생하게 묘사하고 있다.

안중근을 연상하는 것은 자의적이겠지만...)의 표상에는 분명 식민지의 그림자가 깔려 있다. "아무튼 만주나 하얼빈이나 뒤숭숭한 곳이네요. 난 어쩐지 아주 위험한 곳이라는 생각이 들어요."(3) 이것은 하얼빈사건을 언급한 남동생(고로쿠小六)의 사회 일반적인 걱정에 지나지 않았으나, 소스케는 야스이와의 이상접근을 통해 깊숙이 공포를 느끼게 된다. 굳이 복선이라는 단어를 사용하면, 연재 앞부분에 깔린 하얼빈사건의 복선은 야스이와 소스케의 이상접근으로 변환되어 주도면밀하게 회수되고 있는 것이다.

한편 오요네의 일련의 장면은 더욱 복잡하다. 오요네는 소스케처럼 야스이의 그림자에 떠는 모습은 보이지 않는다. 그것은 단지 오요네가 야스이와의 이상접근을 몰랐기(듣지 못했기) 때문이지만, 오요네가 처한 경우도 곤란할 것이다. 야스이는 오요네를 "이쪽은 내 누이다"(14)라고 소스케에게 소개했다. 이시하라 치아키(石原千秋)가 추측하듯이 둘은 정식적인 혼인관계가 아니라 '사랑의 도피' 또는 '내연 관계'였을 가능성이 높다.[24] 그러나 일단 '도덕적인 죄'(간통)에 저촉되는 사태가 생겼을 때 법적으로도 경제적으로도 타격받기 쉬운 입장에 있는 오요네는,『그 후』의 미치요가 그랬듯이, "죽을 결심으로 각오를 다질" 필요가 있었을 것이다. 고로 오요네는 이제 와서 야스이의 그림자에 떨 일은 없음에 틀림없다. 그러나 반복되는 심신의 쇠약(失調)과 세 아이를 잃은 경험이 오요네를 궁지로 몰고 간다. 오요네의 강박관념이 드러나는 장면을 보기로 하겠다.

그녀는 세 번째 태아를 잃었을 때 남편으로부터 그때의 상황을 듣고서 자

---

24 石原千秋,『反転する漱石』, 東京: 靑土社, 1997.

신이 정말 잔혹한 어미인 것만 같았다. 자기가 했다는 기억이 없다고 해도, 생각하기에 따라서는 자신이 목숨을 부여한 것의 생명을 빼앗기 위해 어둠과 밝음의 중간 지점에서 기다리고 있다가 교살한 것이나 다름없기 때문이다. 이렇게 해석했을 때 오요네는 자신을 끔찍한 죄를 저지른 악인으로 간주하지 않을 수 없었다. 그리고 남몰래 생각지도 못한 도덕적(德義上) 가책을 받았다. 게다가 그 가책을 알아주고 함께 아파해줄 사람은 이 세상에 그 누구도 없었다. 오요네는 남편에게조차 그 괴로움을 말하지 않았다.(13)

오요네는 스스로 '세 번째 태아'를 '교살'했다는 강박관념에 괴로워한다. 그러나 객관적인 근거가 있는 것은 아니다. 임신 5개월째에 '엉덩방아를 찧은' 사실이 있다고는 하지만, 그것이 직접적인 원인이라고는 단정할 수 없다. 그럼에도 오요네는 스스로를 '잔혹한 어미'라고 심하게 자책한다.

미요시 유키오(三好行雄)는 『열흘 밤의 꿈』의 제3야에 두드러진 자식 살해 모티브와 관련지으면서, "… 소세키 문학에 때때로 반복되는 어린아이의 죽음, 특히 어둠에서 어둠으로 불길한 이미지가 동반되는 그것은 야시장의 큰길에서 작은 소쿠리에 버려져 있던 아기의, 굳이 말하자면 부모의 사랑에 굶주리면서 자란 성장 과정에서 생긴 트라우마와 결코 무관하지 않을 것이다. 『문』은 소세키의 트라우마의 소재를 엿볼 수 있는 작품이었다."라고 지적하고 있다.[25] 작가/작품론에 매달려온 미요시 유키오다운 주

---

25 三好行雄, 『森鴎外・夏目漱石』, 『三好行雄著作集』 第2巻, 東京: 筑摩書房, 1993. '버려져 있던'에 찍혀 있는 방점은 원문 그대로이다.

장이지만, 소세키의 트라우마와 자식 살해가 어떻게 관련되는지는 꼭 명확한 것만은 아니다.

그래서 여기에서는 시점을 바꿔, '세 번째 태아'의 사인을 '제대전락(臍帶纏絡)'으로 보는 점에 주목하고자 한다. 작품에는 "… 태아의 목을 감고 있던 탯줄(臍帶)은 이따금 있는 경우처럼 한 겹이 아니었다. 그 좁은 곳을 지날 때 가느다란 목을 두 겹으로 감고 있는 탯줄을 미처 풀어내지 못해 <u>아기는 숨통이 막혀 질식하고 만 것이다.</u>"(13)라고 되어 있다. 이것은 당시의 의학 상식으로도 다소 부정확한 설명이라고 하지 않을 수 없다. 예를 들면 당시의 의학서에 '제대권락'은 "네 번의 분만 중에 한 번은 볼 수 있다. 특히 태아의 경부에 전락(纏絡)하는(=감기는) 경우가 많다. 임신 중에 이 일이 생길 때는 태아가 사망하는 경우가 있다."[26]라고 나오는데, '질식'이 원인이라고는 명시되어 있지 않다. 또, "탯줄이 단단히 경부의 주위에 감기거나 또는 제대 결절이 단단히 조여 있을 때에는 <u>탯줄(臍帶) 속의 피의 흐름을 막아</u> 태아의 사망을 초래하는 경우가 있다"[27]라고 되어 있듯이, "탯줄 속의 피의 흐름을 막는" 것이 원인이라고 설명되어 있다. 즉, 구메 요리코(久米依子)가 정확하게 지적하듯이 "…태어나기 전의 태아는 폐호흡을 하는 것이 아니라, 탯줄을 통해 모체혈로 산소를 공급받으므로 탯줄이 목을 졸라 질식한다는 설명은 잘못"된 것이다.[28]

당시의 의학적 지식이 어디까지 일반적으로 유포됐는지는 명확하지 않

---

26 竹中成憲, 『簡易産婆学』(第三版), 半田屋医籍, 1909.03.
27 木下正中, 『産婆学講義 下』(第四版), 南江堂, 1910.03.
28 久米依子, 「「残酷な母」の語られ方」, 『漱石研究』 제17호, 2004.11.

으나, '제대전락'이라는 의학용어를 일부러 가져와서 '교살'과 결부시키는 발상이 일반적이지 않은 것만은 확실하다. 텍스트는 계속해서 오요네가 "바꿀 수 없는 운명의 엄숙한 지배"를 받아들여, "귓가에서 저주의 목소리를"(13) 들으며, 또 점쟁이에게 "당신은 남한테 몹쓸 짓을 한 적이 있어. 그 죄 때문에 벌을 받아서 아이는 절대 못 키워"라는 말을 듣고 "이 한마디가 심장을 꿰뚫는 것 같았다"(13)라고 몰아 간다. 즉, 오요네는 자신이 저지른 '죄'의 인과응보로서 아기의 죽음을 받아들이기 때문에, 아기를 '교살'했다는 강박관념에 사로잡혀 있다.

그러나 여기에서 독자는 멈칫하지 않을 수 없을 것이다. 애당초 오요네가 저지른 '죄'란 전적으로 야스이를 배신한 것에 기인하지만, 그것은 소스케처럼 불가항력적인 '우연'의 산물이었다. 하물며 오요네에게 법적 또는 경제적인 자기결정권이 있었을 리도 없고, 내 아이를 '교살'했다는 오요네의 강박관념은 명백하게 경중의 균형이 결여되어 있다. 텍스트론적으로 보면 오요네의 강박관념의 근거는 '공백'(볼프강 이저)으로 남아 있고, 그 과잉 (또는 결여) 때문에 독자는 이상함과 함께 얼마간의 상상력을 불러일으키게 될 것이다. 여기에서 우연히 일치하는 것이 하얼빈사건(즉 이토 히로부미가 절명한 날)이 있은 지 정확히 5개월 후인 1910년 3월 26일에 집행된 안중근의 '교살'이다. '제대전락'을 포함한 앞의 인용이 신문에 게재된 것은 1910년 5월 1일. 소세키가 이 원고를 쓴 날짜는 확정할 수 없지만, 시간적으로 그다지 멀리 떨어져 있지 않은 것은 분명하다. 안중근의 사형에 대해서 소세키는 아무 말도 하고 있지 않지만, 그 사실을 알고 있었던 것은 틀림없다. 「안중근 사형집행」(《朝日新聞》, 1910.03.28.) 기사는 『문』과 동일한 지면에 게재되어 있고, 《만주일일신문》 사장이었던 오랜 친구(이토 사치오伊藤幸次郎)에게 기증받은 『안중근사건 공판 속기록』(滿州日日新聞社, 1910.3)에도 "3월 26일 오전 10시 사형을 집행하였다"라고 보고되어 있다. 이 『안중근사건 공판 속기록』에 소세키가 메모를 적었는지는 확인할 수 없지만, 소세키가 그 사실을 몰랐다는 것은 있을 수 없다.

물론 오요네의 강박관념과 안중근의 교수형을 결부시키는 징표는 텍스트 내부에는 존재하지 않는다. 그것은 텍스트를 둘러싼 동시대 상황에 의한 관념 연합에 지나지 않는다. 그러나 '제대전략' '질식' '교살'이라는 불온한 단어의 계열에서 안중근의 교수형을 연상하는 것은 불과 한걸음 정도 차이밖에 없다. 하얼빈사건에 대한 소세키의 강박관념은 오요네의 강박관념에 공유되어, 자기도 모르는 형태로 복선(伏線)적으로 회수(回收)된 것이다.

논점 (3)에서 말했듯이 이 텍스트는 도입부에 가까운 장면에서 격동의 하얼빈사건에 대해 언급하고 있었다. 그 시점에서는 소스케는 이토 히로부미의 암살을 "역시 운명이겠지"라며 방관자적 입장에서 말하고, "나같은 박봉의 월급쟁이는 살해당하면 싫지만, 이토 씨같은 사람은 히얼빈에 가서 살해당하는 게 나아" "왜냐면 이토 씨는 살해당했으니까 역사적인 위인이 될 수 있거든. 그냥 죽어보라고. 그렇게는 안되지"(3) 라며 비꼬듯이 대답하고 있었다. 앞서 언급한 도진순은 이 부분을 인용하여 "이토는 죽음까지 극적이고 영웅적이라는 찬사"라고 분석하고 있는데, 그렇게까지 강한 오마주를 읽어낼 수는 없다. 오히려 소스케는 '박봉의 월급쟁이'임을 자조하고, 그것과의 대비로서 '위인'인 이토를 치켜세우며 풍자적으로 그 죽음에 대해 이야기하고 있는 것이다. 그렇기 때문에 "역시 운명이겠지"라는 말은 이 단계에서는 별 생각없이 입에서 나온 말에 지나지 않는다. 그러나 『문』이라는 소설은 소스케와 오요네의 어두운 과거에 다가가서, 그들의 몸과 마음에 퍼진 "남에게 보이지 않는 결핵성의 무서운 것"(17)을 파헤친다. 거기에서 나오는 이야기가 '평범한 사건을 중대한 것으로 변화시키는 운명의 힘'이자, '잔혹한 운명'이었다. 여기에서 사용되는 '운명'은 미시적 사건의 누적이 어떤 결정적인 파국을 소환하는 것으로서 덮어쓰여 있다. 이처럼 소세키의 『문』은 하얼빈사건 및 식민지의 그림자를 엮어 넣은 텍스트로 읽을 수 있다.

5. 맺으며

소세키의 『문』과 식민지주의와의 관계를 가장 급진적으로 고찰한 것은 고모리 요이치(小森陽一)였다.[29] 고모리는 소스케, 오요네의 심신 및 일상생활의 구석구석에 새겨진 일본제국의 식민지주의 흔적을 세부에 이르기까지 잡아냈다. 또한 논점 (4)에서 제시한 '호외'를 둘러싼 일련의 장면과 신문보도와의 공진 관계에 대해서도 정확하게 지적하고 있다. 그리고 다른 곳에서는 '제대전략'을 비롯하여 세 번의 아기의 죽음에 대한 발언에 주목하여, 소스케/오요네의 비대칭적인 소통의 어긋남에 대해서도 언급하고 있다.[30] 이러한 관점은 앞에서 다룬 고미부치 노리쓰구의 "가정 내적인 것이 어떻게 식민지적인 것에 지탱되고 있었는지"를 묻는 문제의식으

---

29 小森陽一, 『ポストコロニアル』, 東京: 岩波書店, 2001.
30 小森陽一, 『漱石探読』, 東京: 翰林書房, 2020.

로 계승되고 있다. 그러나 두 사람은 앞서 살펴본 소스케와 오요네의 각각의 강박관념과 하얼빈사건과의 상관관계를 간과하고 있다. 한편 김정훈의 『소세키와 조선』에서는 소스케, 오요네, 야스이 세 명의 관계 속에서 적극적으로 식민지의 그림자를 읽어내려 하고 있다. 김정훈에 의하면, 야스이를 배신한 소스케와 오요네의 '죄'는 일본제국이 만주(조선)에 저지른 '죄'와 그대로 겹친다.[31] 그러나 이 역시 앞서 말한 강박관념과 하얼빈사건과의 상관관계를 간과하고 있어서, 다소 도식적인 이해에 멈추고 있다고 하지 않을 수 없다.

이 글에서는 소세키가 퍼터널리즘적인 경향성을 갖고 있으면서도 소설에서는 실존과 타자와의 어찌할 도리 없는 '관계'에 대해 계속해서 물음을 던진 것을 강조하였다. 이것은 『문』이라는 텍스트 및 작가 소세키를 현대에 어떻게 평가하는가 라는 문제로 직결된다. 고모리가 지적하듯이, 확실히 『문』에는 일본제국의 식민지주의의 흔적이 음으로 양으로 새겨져 있다. 그러나 논점 (2)에서 지적했듯이 안중근과 연대하려 한 고토쿠 슈스이에 비하면 소세키의 비판정신에 한계가 있음은 부정할 수 없다. 그렇다면 소세키의 접근은 자기자신의 정치적 맥락을 자각하지 못한, 내향적 정체성 정치에 지나지 않았던 것일까? 마지막으로 이 점에 대해 사견을 말해 두고자 한다.

일본제국의 식민지주의에 의해 피해를 입은 당사자(과거와 현재, 피해와 가해에 한하지 않고, 회복적 사법의 은혜를 입지 않은 모든 사람들까지 포함해서)에게는, 소세키 문학의 시도는 애매한 것으로 비칠 것이다. 소세키 자신의

---

31 金正勳, 『漱石と朝鮮』, 東京: 中央大学出版部, 2010.

퍼터널리즘적인 경향성도 그러한 평가를 조장함에 틀림없다. 그러나 문학자나 소설가의 작업은 고토쿠 슈스이처럼 현실문제에 직접 상관하는 것만은 아닐 것이다. 『문』의 소스케나 오요네는 분명히 심신이 병들어 있는 자로 표상되고 있다. 그들의 신체감각에 자리잡은 현실성은 일본제국의 현실에서 어긋나면서 흔들리고 있다. 고미부치가 말하듯이 그러한 '신경쇠약'적인 표상이 일본제국의 식민지주의적 현실을 보이지 않게 하는 측면이 있음은 부인할 수 없다. 그러나 그들은 불가항력적인 '관계'가 구조적으로 낳은 wrongs의 강박에 두려워 떠는 실존이기도 하였다. 앞부분에서 언급한 오에 겐자부로의 말을 인용하면, 소세키의 『문』은 일본제국이 낳은 wrongs를 '묵직한 아픔'으로 받아들이는 텍스트로 이해할 수 있다.

소세키 주변의 지식인, 언론인은 한일병합에 소극적인 입장을 취하면서 타자인 '그들'을 어떻게 '우리'의 내부로 병합할지를 전제로 하고 있다. 거기에서는 '우리'와 '그들' 사이의 공약 가능성이 문제시된다. 나쁜 퍼터널리즘도 거기에서 파생한다고 보아도 될 것이다.

그러나 소세키의 소설 텍스트에서는 그러한 이원론적인 패러다임에서 벗어난다. 여기에서 문제시되는 것은 어디까지나 '우리' 내부에 있는 차이이고, 더욱이 자신이 낳은 '내면의 타자'의 회귀에 두려워 떠는 이야기이다. 이러한 문학 텍스트는 제국의 식민지주의를 공공연하게 비판하지는 않지만, 그 욕망을 비활성화하여 시공을 초월하여 우리에게 물음을 던진다. 소세키의 『문』은 일본제국의 부정적인 면을 표상한 텍스트이고, 하얼빈사건을 다른 형태로 재현한 소설이라고 할 수 있다.

하나의 사건, 두 개의 시선

—안중근 의거 소재 중국 근대소설의 한중 선행 연구에 대한 비판적 검토

이정하

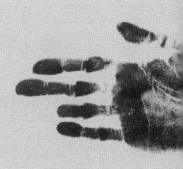

* 이 글은 2024년 2월 20일에 류코쿠대학교 오미야캠퍼스에서 개최된 류코쿠대학교 안
중근동양평화연구센터와 원광대학교 동북아시아인문사회연구소의 공동학술대회
《안중근의 동양평화 사상과 동북아시아의 미래공생》에서 발표한 원고 「안중근을 그
린 20세기 초 중국 소설 비교 연구: 한중 양국 논문을 중심으로」를 보완한 것이다.

1. 들어가며

> 이토가 관원들과 얘기를 하고 있었는데 아무도 사람들 속에서 한 사람이
> 뛰어 나오리라고는 생각하지 못하였다. 그가 손에 총을 잡고 이토 히로부
> 미를 향해 총을
> "탕! 탕! 탕!"
> 7발 쏘았다.
> 이토가 총탄에 맞고 땅에 쓰러지는 것이 보였다.
> 안중근은 큰 소리로 "한국만세!"를 세 번 외치고 나서 병사들에게 붙잡혀
> 관청으로 이송되었다.[1]

1910~1911년 사이 중국에서 창작되었던 『영웅루(英雄淚)』는 안중근이
이토 히로부미를 향해 총을 쏜 후 의연히 체포되어 가는 모습을 그린다.
안중근의 하얼빈 의거 직후 소식을 접한 중국인들은 시, 연극, 전기 등 장
르를 가리지 않고 이를 소재로 삼아 다양한 작품을 창작했다. 특히 소설

---

1   신운룡, 「중국인 집필 안중근 소설 II-영웅의 눈물」, 『안중근 자료집 제25권』, 채륜,
     2016, 105쪽.

분야에서는 장편 소설, 단편 소설, 장회 소설, 전기 소설 등 여러 형식으로 재현되었고, 그 창작 기간 또한 상당히 길었다. 일찍이 1909년 또는 그 이듬해에 쓰였을 것으로 추정되는 황세중(黃世仲)의 「조선혈(朝鮮血)」(또는 이토전(伊藤傳)으로 부르기도 함)부터 1932년 출간된 심상홍(沈桑紅)의 『조선유한(朝鮮遺恨)』까지 20세기 초반 약 30년간 꾸준히 이어졌다. 이 소설들의 내용은 주로 이토 히로부미를 주인공으로 내세우며, 그가 일본을 근대 국가로 발전시켜 나가는 과정을 선망의 어조로 묘사하는 동시에 그의 제국주의적 야욕을 경계한다. 안중근은 보통 소설 끝에 나타나 이토 히로부미를 저격하는 엔딩을 담당한다. 이 소설들의 창작 의도 또한 대체로 비슷한데, 서문에서부터 저자는 일본이 조선을 병합하는 것을 지켜보며 위기의식을 느꼈다며 고백하고, '급히 나라를 보존할 방책을 세우고' 자기 소설이 독자들의 '열성적인 애국심을 불러일으키길' 바란다.[2]

안중근의 하얼빈 의거는 주체—안중근으로 대표되는 한국, 대상—이토 히로부미로 대표되는 일본 그리고 장소—의거가 발생한 하얼빈으로 대표되는 중국이 함께 공유하는 사건이다. 20세기 초 중국이 이 사건을 재현하는 방식은 당시 중국 지식인이 자신들이 살아가는 시대와 이웃 조선에 대해 지닌 인식을 탐구하기에 좋은 텍스트이다. 이에 망국이라는 역사의 당사자인 한국인 연구자들과 소설 창작의 주체였던 중국인 연구자들 모두 20세기 초에 쓰인 안중근 소재 소설에 관심을 가지고 연구를 진행하였다. 이 장에서는 이들 소설을 다룬 한국과 중국의 선행 연구를 대상으로

---

2   신운룡, 「중국인 집필 안중근 소설 Ⅰ-영웅의 눈물」, 『안중근 자료집』 제25권, 채륜, 2016, 3쪽.

비교 연구를 진행하고자 한다. 구체적으로는, 소설을 통해 재현된 사건을 지금의 우리는 어떻게 해석하는가? 특정 해석을 가능케 하는 사회, 문화적 기제는 무엇인가? 이 물음에 대한 답을 찾는 것이 이 글의 목적이다. 작품 자체에 관한 기존 연구가 소설이 창작된 20세기 초라는 시대적, 사회적 배경에서의 중국인을 이해하도록 돕는다면, 연구사적 접근은 120여 년 전에 창작된 소설을 소화하는 현대 한국인과 중국인 모두의 의식을 보여줄 것으로 기대된다. 19세기 말~20세기 초는 전통 시기 조공-책봉 관계를 기반으로 한 동아시아 질서에서 러시아, 영국, 미국 등 다양한 국가가 개입해 들어오며 한층 더 복잡다단한 동북아시아 체제로 변환하는 시기였다. 그 중심에 있었던 안중근 의거를 재현한 소설을 지금의 한국과 중국이 어떻게 읽어나갔는지 확인하는 본 작업을 통해 우리가 과거의 상처를 극복하고 연대와 협력으로 나아가는 데 필요한 것이 무엇인지 모색할 수 있을 것이다.

2. 선행연구 비교 검토

한중 연구사 비교라는 틀에 맞추어 선행연구를 분류할 때 그 기준을 연구자 국적이 아닌 발표한 학술지 소재 국가에 두었다. 예컨대 중국 국적 연구자가 한국 학술지에 발표한 논문은 한국 연구 성과로, 한국 국적 연구자가 중국 학술지에 발표한 논문은 중국 연구 성과로 분류하였다. 그 까닭은 국적에 따라 연구자의 문제의식이 달라지기도 하지만, 각 논문의 내용을 면밀히 살핀 결과 연구자의 국적보다는 그 논문을 읽을 것으로 추정되는 독자의 국적에 따라 내용이 조정되는 것을 확인했기 때문이다. 이와 관련하여 더 자세한 내용은 제3절에서 다룰 예정이다.

한국의 KCI와 중국의 CNKI에서 석사학위논문을 포함하여 각각 16편의 논문을 확인할 수 있었다. 한국의 선행연구 16편 중 6편은 중국인 연구자 논문, 1편은 중국인 유학생의 석사학위논문이고, 이를 정리한 것이 표1 〈한국 선행 연구〉이다.(이 표는 원고 맨 뒤에 수록되어 있다. 이하의 표도 마찬가지) 〈2002년 중국 소장 근대 한, 중 지식인의 '한국' 제재 작품 발굴과 연구〉 과제와 〈2004년 근대 한중 작가의 조선(한국) 제재 작품 번역과 연구〉 과제가 한국학술진흥재단(현 한국연구재단) 기초학문육성지원 국내외 지역연구-해외 국학 분야 연구 과제로 선정되어 2004년에서 2008년 사이에 많은 성과를 냈다. 해당 연구 과제를 통해 유창진, 정영호, 이등연, 문정진 등 중국 소설 연구자가 집중적으로 안중근 의거 소재 20세기 초 중국 소설을 연구했다. 중국 선행연구 15편의 논문 중 1편은 한국인과 중국인 연구자의 공동 논문이고, 석사학위논문 5편이 있으며, 구체적으로는 표2 〈중국 선행 연구〉와 같다. 중국에서는 중국 국가 사회과학 기금 중대 프로젝트(中國國家社會科學基金重大項目)로 각각 2015년 〈20세기 동아시아 항일 서사 문헌 정리 및 연구(二十世紀東亞抗日敍事文獻整理與硏究)〉 과제 그리고 2016년 〈중한 근현대 문학 교류사 문헌 정리 및 연구(中韓近現代文學交流史文獻整理與硏究)〉 과제가 선정 및 진행되었다. 또 2020년에는 일반 프로젝트(一般項目) 〈반식민과 탈식민의 중국 현대문학 연구(半殖民與解殖民的中國現代文學硏究)〉가 선정되었다. 그중 산둥대학(山東大學) 한국학과 교수 뉴린제(牛林杰)의 경우 한국에서 2편, 중국에서 1편의 연구 논문을 발표하였는데, 모두 〈20세기 동아시아 항일 서사 문헌 정리 및 연구〉 과제로 진행된 결과물이다.

한국에서 안중근 소재 20세기 초 중국 소설 연구는 국가 연구 과제가 선정된 2004~2005년에 집중되어 있다. 이 당시 국가 주도로 안중근 유해 발굴 사업이 추진되었던 해여서 시대적 흐름을 타고 안중근 의사 연구가 더 활발했던 것일 수도 있다. 또 '안중근 소재 20세기 초 중국 소설'이라는 연구 대상이 한국에서는 대중적인 주제가 아니라 중국 소설 연구의 한 분야, 그리고 특정 시기에 국한된 주제였음을 보여준다. 반면 중국은 2007년부터 거의 매년 각기 다른 연구자가 논문을 발표해 왔고, 시기별로 다양한 전공자들 사이에서 꾸준히 관심받아 온 것으로 보인다. 청말민초(清末民初) 해외 망국사를 다룬 문학 작품을 다룬 석사학위논문이 5편이나 있는데, 조선뿐만 아니라 베트남, 폴란드 등 여러 나라가 그 당시 식민지화되는 과정을 다룬 문헌들을 대상으로 한다. 이는 한국에서는 흔하지 않은 연구 주제로, '조선 망국이 자국사인가 또는 세계사의 일부인가'라는 문제 앞에서 한중 연구자의 입장이 달랐던 데서 비롯된 것으로 보인다. 즉, 중국에서는 외국 망국사 연구의 일부로 안중근 의거 소재 근대 중국 소설에 관한 기초 연구가 꾸준히 이루어져 왔다. 한편 이처럼 19세기~20세기 사이 식민지가 된 국가 간의 상호작용과 연대의 가능성에 대해 한국은 그간 거의 논의하지 않았는데, 이 또한 서양 백인 남성 중심의 기성 역사 기술 방법에 대한 새로운 대안이 될 수도 있을 것으로 보인다.

　연구 대상으로 선정된 작품 역시 나라별 특징이 있었다. 한중 연구자 모두 주목한 것도 있고, 아닌 작품도 있다. 총 32편의 선행연구에서 다룬 안중근 의거 소재 20세기 초 중국 소설 작품은 총 11편이며, 표3과 같다. 빠른 작품으로는 1909년 연재되었던 「망국루(亡國淚)」가 있고, 늦은 것으로는 1932년 출판된 『조선유한』이 있다. 한편 선행 연구에서는 쌍영(雙影)의

「망국영웅지유서(亡國英雄之遺書)」가 『토요일(禮拜六)』의 제91기에 실렸다고 소개해 왔으나, 필자가 직접 베이징의 국가도서관에서 잡지 마이크로 필름을 검토한 결과 제90기임을 확인할 수 있었다.

두 나라에서 가장 많이 연구한 작품은 1910~1911년 사이에 출판된 『영웅루』이다. 저자 계림 냉혈생은 정확히 누구인지 밝혀지지 않았고, 소설은 4권 26회로 장편이다. 내용 대부분은 이토 히로부미가 일본을 근대 국가로 성공적으로 변환시키고 조선을 병합해 가는 과정에 할애된다. 반면 안중근은 어린 시절 잠시 등장했다 청소년기에 미국 유학길에 올랐다가 소설 막바지인 24회에 다시 등장해 하얼빈역에서 이토를 저격한다. 한국에서 『영웅루』는 안중근평화연구원에서 편찬한 『안중근 자료집』 일부로 『영웅의 눈물』로 번역되었으며, 관련 연구는 2002년 선정된 연구 과제로 2004년부터 본격적으로 시작됐다. 중국에서는 1966년에 바이치우(稗秋)가 「길림 작가의 애국 소설 2편(吉林作家的兩部愛國小説)」이라는 짤막한 글을 통해 주요 내용과 저자의 정체를 탐색한 이후 11편의 논문이 이를 연구 대상으로 삼았다. 이처럼 『영웅루』가 두 나라에서 먼저, 또 많이 연구되었던 것에는 다른 작품보다 발굴 시기가 빨랐고, 당시 중국인과 후대 소설 창작에 미친 영향이 컸기 때문으로 보인다. 『영웅의 눈물』 해제에서 역자 신운룡은 『영웅루』를 번역하게 된 배경에 대해 다음과 같이 설명한다.

냉혈생의 『성세 소설 영웅루(醒世小説英雄淚)』가 대표적인 작품이라고 할 수 있다. …… 그런데 안중근 의거에 대한 동북삼성 청국인들의 반응은 대단히 뜨거웠다. 이는 중국 최초의 안중근 관련 소설인 『성세 소설 영웅루』가 1911년 심양의 동지회를 배경으로 한 사실에서 증명된다. 이 소설의 의미는 유명 소설가 소군(蕭軍)이 자신의 아버지가 『성세 소설 영웅루』를 읽고서 '안중근 의사를 봐라, 자기와 담략이 있는 사나이 대장부가 아니냐!³ 너라면 그렇게 할 수 있느냐!'고 할 정도였고, 소군 자신도 '안중근 의사를 숭배하는 점은 우리 부자가 한 마음이었다.'라고 회상하면서 '아들에게 안중근과 같은 인물이 되라'라고 한 데서도 알 수 있다.⁴

『영웅루』는 1910년에서 1911년 사이에 연재된 것으로 추정되는데, 「망국루」가 1909년, 장편 소설 「조선혈(이토전)」과 전기 「등화혈」 역시 1909년 또는 1910년 연재로 모두 『영웅루』보다 일찍 세상에 나왔다. 그런데도 『영웅루』를 '중국 최초의 안중근 관련 소설'이라 한 것은 앞의 세 소설이 엄밀히 따지면 '장편소설'이라고 하기 어렵기 때문이다. 「망국루」는 총 28절이지만, 실상 신문에 연재될 때 그림이 2/3를 차지하고 글은 자그마하게 옆에 치우친 형태여서 내용 자체는 방대하지 않다. 「조선혈(이토전)」은 100회에 달하는 장편 소설로 추정될 뿐 1910년 2월 14일 연재된 제62회부터 1910년 5월 7일의 제100회까지만 남아 완전한 텍스트를 연구할 수가 없다. 마지막으로 「등화혈」은 전기로 희곡 극본이기 때문에 제외된 것으로 보인다. 중국학자 추이이(崔一) 역시 "계림 냉혈생의 『영웅루』는 진정으로 안중근을 주인공으로 삼은 최초의 중국 소설이다"라고 평가하는데,

---

3   본 인용문의 '자기'라는 말은 의미가 통하지 않는데, 한자가 병기되어 있지 않고, 원문은 찾을 수 없어 오타 여부를 확인할 수 없다.
4   신운룡, 「중국인 집필 안중근 소설 Ⅰ-영웅의 눈물 해제」, 『안중근 자료집 제25권』, 채륜, 2016, 24-25쪽.

그 까닭은 여기에 있다.[5] 또 『영웅루』는 영향력에서도 다른 소설보다 컸던 것으로 보인다. 신운룡이 언급한 소군의 경우처럼 중국 근대 지식인이 직접적으로 소설에 감화되었던 사례가 있을 뿐만 아니라, 당시 일제가 소설의 발매와 반포를 금지했던 사실에서도 그 영향력을 엿볼 수 있다. 일제가 이 소설이 한국인과 중국인의 항일사상을 고취할 것을 우려할 정도였다는 것이다.[6] 이뿐만 아니라 『영웅루』는 안중근 의거를 소재로 한 후대 소설 창작에 모범이 된 것으로 보인다. 예컨대 『회도조선망국연의』는 등장인물과 설정이 『영웅루』와 거의 비슷하여 모방작 또는 개작으로 추정된다.

『영웅루』 외에 연구된 작품은 「애국원앙기」, 「조선혈(이토전)」, 『조선통사・망국영』, 「안중근외전」, 「망국영웅지유서」, 『회도조선망국연의』, 「망국한전기」, 「망국루」 순으로 이어지는데, 그중 『조선통사・망국영』은 한국 논문은 6편이나 있는 것에 반해 중국에는 단 1편뿐이다. 6편의 한국 논문은 모두 〈2002년 중국 소장 근대 한, 중 지식인의 '한국' 제재 작품 발굴과 연구〉 과제와 〈2004년 근대 한중 작가의 조선(한국) 제재 작품 번역과 연구〉 과제 연구 결과이다. 『조선통사・망국영』은 『망국영』으로 줄여 부르기도 하는데, 20회 장편 소설로 목피산객(木皮散客)이라는 화자가 등장하여 조선 망국의 이야기를 들려주며 무지몽매한 중국인을 일깨우는 형식으로 진행된다. 이토 히로부미의 활약을 강조하는 『영웅루』에 비해 『망

---

5 雞林冷血生的 『英雄淚』 是第一部真正以安重根爲主人公的中國小說. 崔一, 「建構, 詮釋與 "轉用": 百年中韓安重根敍事考略」, 『現代中國文化與文學』 34, 2020, 206쪽.

6 위의 책, 29쪽.

국영』은 조선 멸망의 원인이 대원군, 민비, 고종 그리고 이완용 등 내부 집정자들에 있음을 강조하지만, 『영웅루』와 마찬가지로 안중근 의거는 소설 말미에 등장한다. 그럼에도 불구하고 이 소설이 특히 한국에서 많이 다루어진 까닭은 연구를 주도한 이등연, 정영호, 유창진 세 학자가 안중근 그 자체보다는 한국/조선을 소재로 삼은 민국 시기 중국 소설 작품을 통해 드러나는 근대 중국 지식인의 시대와 조선에 대한 인식을 주목했기 때문이다. 『망국영』은 이토 히로부미라는 인물 중심이 아니라 그 제목부터 '조선통사·망국영'인만큼 역사 소설의 형태를 띠고, 임오군란, 갑신정변, 동학혁명, 청일전쟁, 민비시해, 러일전쟁, 아관파천, 한일병합 등 실제 역사를 축으로 삼아 전개된다. 소설이기 때문에 허구적 인물과 설정도 다량 섞여 있지만, 유창진은 오히려 '역사를 다룬 문학 작품은 일반 사료가 담아내지 못하는 또 하나의 역사 인식과 그 정신적 지향성을 제공하는 텍스트라는 점에서 중시되어야 한다'고 텍스트 선정 이유를 밝혔다.[7] 중국에서 유일하게 『망국영』을 다룬 쉬단(徐丹)은 텍스트의 가치를 이등연, 정영호, 유창진의 연구 결과에서 찾고 있어 중국인의 시각을 확인하기 어렵다.

한편 11편의 소설 중 『조선유한』과 「등화혈」은 한국 연구에서 다루어지지 않았다. 『조선유한』은 1932년 출판되었고 저자는 심상홍이다. 이는 조선이 멸망에 이르는 과정을 시간 순서대로 따라가는 총 2권 20회 장편 소설에 해당한다. 『조선통사·망국영』에 등장하는 인물이 여기에도 여럿 등장하는데, 예컨대 민성하(閔星河)는 이름마저 똑같으며, 박영한(朴永漢)은 박용한(朴容漢)으로, 한교숙(漢喬叔)는 한숙교(漢叔喬)로 고쳐서 나온다.

---

7   유창진, 「조선통사(망국영) 소고」, 『중국인문과학』 29권 29호, 2004, 2쪽.

『영웅루』와 『회도조선망국연의』처럼 모방 또는 개작한 것으로 보인다. 『조선유한』이 한국에서 연구되지 않은 것은 소설 자체의 속성이 아닌 연구자 집단의 특성에 기인한 것으로 보인다. 앞서 언급했듯 안중근을 포함한 조선을 소재로 한 20세기 초 중국 소설 연구는 주로 한국연구재단의 연구 과제를 통해 이루어졌는데, 이들은 연구 범위를 20세기 전반까지 설정했으나 구체적으로는 '근대'를 1840년 아편전쟁부터 1919년 5·4운동까지로 한정했다.[8] 1920년 작 『회도조선망국연의』를 연구한 논문은 저자가 두 차례의 국가 연구 과제에 참여했던 연구자일지라도, 사사 표기는 없는 것으로 보아 이 같은 추론을 뒷받침해 준다.

「등화혈」은 1909.11.08~14에 『민우일보』에 연재된 왕종기의 작품인데, 희곡 극본인 전기이다. 전기는 본래 당송 시대에 기이한 이야기를 기록한 문언소설을 의미했는데, 송원 이후로 제궁조(諸宮調), 남희(南戲), 북잡극(北雜劇) 등 희곡이나 설창(說唱) 문학 장르를 뜻하게 되었다. 그 후 명청 때 이르러서는 장편 희곡을 뜻하는 고유명사가 되었다. 하여 '전기'라 하면 곧 명청 시대 남곡(南曲) 계통의 문인이 창작하여 문학적으로 규범적이고 격률을 지킨 음악을 사용한 장편 희곡 극본을 가리킨다.[9] 「등화혈」은 희곡 극본이기 때문에 한국에서는 연구 대상에서 제외된 것으로 보인다. 역시 전기인 「망국한전기」 또한 한국에서는 중국인 연구자 쑨완이(孫皖怡)가 발표한 「「망국헌」과 「근화의 노래」 연구(亡國恨與槿花之歌小考)」에서만 다루어진다. 이로 미루어 보아 그간 한국인 연구자들은 20세기 초 전

---

8   문정진, 「중국 근대소설과 안중근」, 『중국어문논총』 33집, 2007, 346쪽.
9   左鵬軍, 『晩淸民國傳奇雜劇考索』, 人民文學出版社, 2005, 1~2쪽.

기 작품은 안중근 또는 조선 멸망사를 주제로 한 것이라 해도 배제해 온 것으로 보인다. 그러나 가장 많이 연구된 것으로 집계된 『영웅루』 역시 설창 문학의 한 갈래인 대고사(大鼓詞)의 형식을 띠고 있다. 다시 말해 지금의 『영웅루』는 당시 민간에서 공연된 대본을 계림 냉혈생이 장회소설(章回小說) 형태로 정리한 결과물이라는 뜻이다. 이는 연구를 주도해 온 한국인 연구자들이 현대적 의미의 소설(novel)에 따라 연구 대상을 선정한 결과인 것으로 추측된다. 그렇기에 「등화혈」과 「망국한전기」이 희곡 대본인 전기 작품이라는 이유로 한국에서 적극적으로 연구되지 못한 점은 아쉬움으로 남는다.

3. 소설을 해석하는 한중 연구자의 시선

20세기 초 집필된 안중근 의거 소재 중국 소설에 관해 한중 양국 학자들은 공통된 의견을 내놓기도 하고, 다르게 해석하기도 한다. 특히 소설 창작 의도, 대부분 소설에서 안중근뿐만 아니라 이토 히로부미 또한 영웅으로 묘사하는 까닭, 안중근이 일본이나 미국으로 유학을 떠났다는 설정 등에 관해 한중 양국 학자들은 유사한 견해를 보인다.

1) 소설 창작 의도

20세기 초에 왜 안중근 의거를 소재로 한 소설이 중국에서 이토록 많이 생산되었는가? 이 독특한 사회적 현상의 원인을 한중 연구자들 모두 탐구하였다.

조선 멸망을 거울삼아 중국인에게 경고하기 위함

일찍이 1966년에 바이치우는 계림 냉혈생의 『영웅루』와 폴란드 멸망사 『국사비(國事悲)』를 소개하면서 두 소설을 '애국소설'로 명명한 바 있다. 저자는 냉혈생이 조선과 폴란드의 멸망을 거울로 삼아 중국 봉건 정부와 권력을 손에 쥔 간신들에게 장래가 암담할 것임을 경고하고, 나라를 구하기 위해서는 서양 과학 기술과 정치 경험을 배우는 것만이 길임을 피력하기 위해 소설을 썼다고 보았다.[10] 바이치우가 말한 '애국소설'의 '애국'은 주인공 안중근의 애국 행위뿐만 아니라 중국인들의 애국심을 불러일으키기 위한 목적을 가리키는 것이기도 하다. 셰런민(謝仁敏)은 소설 『망국루』가 1909년 11월 12일(1909년 음력 9월 30일), 즉 의거가 발생한 지 한 달도 지나지 않은 때에《도화일보》에 연재되기 시작한 이유로 세 가지를 꼽는다. 첫 번째는 일간지《도화일보》가 주로 소설을 통해 독자를 모아 이윤을 추구하는 일간지였기 때문에 상업적 이유로 발 빠르게 최신 이슈를 소재로 소설을 창작했을 것이라는 점이다. 두 번째는 당시 일본의 만행으로 한중 양국 모두 동병상련의 처지였기 때문에 안중근의 하얼빈 의거는 사람들의 큰 관심을 끌었고, 민중 계몽을 자신의 책무로 여겼던 지식인들에게 이는 더없이 좋은 기회였기 때문이다. 마지막으로 호현백은 소설 창작에 능숙했던 작가였기 때문에 수요와 유행에 맞추어 작품을 빠르게 창작

---

10 稗秋, 「吉林作家的兩部愛國小說」, 『社會科學戰線』 1996年 6期, 1966, 22쪽.

해 내놓을 수 있었다.[11] 이처럼 셰런민은 『망국루』 창작 의도를 경제적 이유와 창작자 입장에서까지 분석하는데, 그 역시 시대적으로 조선이 처한 위기와 이를 극복하기 위해 목숨을 바친 안중근 의사의 의거가 당시 중국인에게 미칠 영향을 잊지 않고 꼽는다.

물론 한국인 학자들 역시 소설 창작 의도를 조선 멸망을 거울로 삼아 중국인에게 경고하기 위함으로 보는 데 동의한다. 『조선통사 · 망국영』의 창작 의도를 분석한 이등연 등 연구자들은 그 목적이 이웃 조선이 망한 것을 슬퍼하고 위로하는 일 자체에 있는 게 아니라, 자기 나라 중국의 국세가 날로 기울어 가는 것을 안타깝게 여기며 결국 조선의 전철을 뒤따르는게 아닌가 하는 위기감으로 망국 조선을 거울삼아 분발하여 외세에 대응할 힘을 기르자고 호소하려는 데 있는 것이라고 지적한다.[12]

민족과 근대적 국가 건설

한중 양국 학자들이 제시한 20세기 초 중국에서 안중근 하얼빈 의거를 배경으로 한 소설이 다량 창작되었던 또 다른 이유는 '민족과 근대적 국가 건설'이라는 목적이다. 그 당시 중국은 민족이라는 개념을 바탕으로 한 근대적 국가를 건설하기 위해 분투하고 있었다.

유창진은 20세기 초 중국에서의 민족이라는 개념에는 우환 의식이 내재해 있다고 말한다. 민족주의 개념을 중국에 처음으로 도입한 양계초(梁

11 謝仁敏,「晩淸小說『亡國淚』考證及其他」,『明淸小說硏究』 2009年 第2期, 201쪽.
12 이등연, 정영호, 유창진,「한국제재 중국 근대소설 망국영 연구 1」,『중국 소설논총』 20권 20호, 2004, 277~278쪽.

啓超)는 당시 세계를 제국주의가 중국을 침탈하는 한편 아시아에서는 민족주의가 떨치고 일어나는 두 가지 사상이 힘을 겨루는 판국으로 보았다. 이 같은 위기 상황에서 전통적인 중화사상을 대신해 국민국가(또는 민족국가)가 새로운 정치 구성체의 모델로 부각되었고, 그 국민국가의 집단적 주체인 '국민(민족)'이 관심의 대상이 되었다. 이러한 배경 아래 약육강식의 세계에서 살아남으려면 속히 구사상의 굴레에서 벗어나 과거의 우매한 '백성'을 애국적인 '국민'으로 변화시켜 서구나 일본처럼 부국강병의 길로 가야 한다는 양계초의 사회 진화론적인 논리는 당시 중국 지식인층의 집단 이데올로기로서는 안성맞춤이었다.[13] 이처럼 국민이라는 개념과 이를 바탕으로 근대적 국가를 수립하겠다는 시대적 사명을 이루기 위해 중국 근대 지식인은 계몽의 방편을 모색하게 되는데, 이를 위해 조선 망국의 과정을 선택하게 되었다. 그리고 이 같은 의도는 '소설', 그것도 장회소설이나 전기와 같이 민중을 대상으로 구연하는 장르를 선택한 것과 밀접하게 연관된다.

일본 의과대학에 진학했다가 수업 시간에 무지몽매한 중국 민중의 모습을 본 후 신체가 아닌 정신을 일깨워야 한다는 것을 깨닫고 '기의종문(棄醫從文)'했다는 노신(魯迅)의 이야기처럼 19세기 말 20세기 초 중국에서 문학은 계몽의 도구로 인식되고 선택되었다. 서구 문학 작품을 번역해 소개하는 것과 함께 소설은 과거 성인의 도를 전하지 못하는 '작은 이야기'에서 계몽과 구국에 가장 요긴한 도구로 부상하게 된다. 유창진은 20세기

---

13 유창진, 「한국 소재 중국 근대소설 속의 한국 인식과 시대 사유」, 『중국 소설논총』 19권, 2004, 13쪽.

초 중국에서 '망국멸종(亡國滅種)'의 경계를 주제로 다룬 일련의 소설 작품들이 등장하기 시작하는 것은 지식인들이 사회적 책임감과 정치적 참여의식을 갖고 외세에 의해 강요된 근대화 과정에 긴밀하게 대응하는 과정에서 나타난 현상으로 본다.[14] 쉬단은 안중근 소재 민국 시기 소설이 언어가 어려운 문언문이 아닌 백화문이었다는 점에 주목하여 이처럼 통속적이고 쉬운 언어를 선택한 까닭은 더욱 널리, 많은 사람이 소설의 교훈을 접하게 하기 위함이었다고 분석했다. 궁극적으로 이를 통해 민중 사이에서 소설을 통한 선전 효과를 더욱 강화할 수 있었다는 것이다.[15]

톈예(田野)는 안중근이라는 캐릭터가 20세기 초에 중국 소설계에서 각광받았던 까닭에 대해 다음과 같이 분석한다.

> (소설에서) 일본제국, 대청제국, 대한제국이라는 세 개의 제국 개념이 교차한다. 대한제국은 독립 국가라는 의미를 강조하며, 현대적 자본주의적 문명을 대표하는 일본제국은 한편으로는 식민주의와 침략을 의미했다. 전통적인 유교론과 조공 시스템에 기댄 것은 대청제국이었다. 삼중주의 '제국' 개념 속에서 안중근의 핵심을 파악할 수 있다. 첫째, 그는 독립 국가인 대한제국의 일원으로서 일본제국주의에 대항한다. 둘째, 그의 협객(俠客) 정신은 유교 도덕론에 기초한 관념을 보여준다. 셋째, 그는 애국심을 그 동력으로 삼았다. 공교롭게도 애국심, 협객 정신, 반제국주의는 때마침 민족국가가 필요로 하는 것이었다. 한족, 만주족, 몽골족, 회족, 티베트족 다섯 민

---

14 유창진, 「조선통사(망국영) 소고」, 『중국인문과학』 29권 29호, 2004, 3쪽.
15 徐丹, 『近代中國人的朝向亡國著述研究』, 復旦大學碩士學位論文, 2011, 27쪽.

족 공동 평화라는 기치 아래 수립한 중화민국에 가장 필요한 것이 바로 통일된 정신, 윤리 질서를 바탕으로 한 사회 질서로 하나의 국가를 만드는 것이었다. 그리고 안중근이라는 인물은 국가 이익과 이성적 원칙이 이끄는 국가 행동주의 유럽 모델과 달리 아시아 모델, 즉 도덕 원칙을 중심으로 했다. 그렇기에 안중근의 이미지는 중화문화의 품격, 반제국주의적 정치 수요에 부합하는 아시아 영웅으로 거듭날 수 있었다.[16]

텐예의 이 같은 분석은 현대 중국인이 오늘날 갖는 문제의식을 잘 보여준다. 안중근 의거를 소재로 한 20세기 초 중국 소설이 '민족과 근대적 국가 건설'이라는 목적으로 탄생했다는 점은 한중 양국 학자 모두 동의하는 바이다. 다만, 텐예가 주장하는 바와 같이 20세기 초 중화민국이 '한족, 만주족, 몽골족, 회족, 티베트족 다섯 민족 공동 평화라는 기치' 아래 탄생했는가에 대해서는 논의의 여지가 있다. 잘 알려져 있듯 신해혁명을 일으켜 청나라를 멸망시키고 중화민국를 세운 주역들은 '배만(排滿)'을 외치며 '한족'이라는 민족 정체성을 만드는 데 열중했다.[17] 양계초과 같은 개혁 세력이나 손문(孫文) 등 혁명 세력 모두 중화를 곧 한족으로 생각했으며, 여기에 만주족, 티베트족, 몽골족, 회족까지 포함하지 않았다. 그러나 이는 곧 청조가 지배했던 영토가 분할됨을 의미했기 때문에 양계초는 이를 막고자 입헌군주제에 해당하는 허군공화(虛君共和)를 주장하기도 했다. 신해

---

16 田野, 「被塑造的亞洲英雄: 安重根形象的文學建構與情感賦義」, 『延邊大學學報』 第56卷 第1期, 2023, 62쪽.
17 백광준, 「청말, 한족 표상의 구축」, 『동아시아문화연구』 58집, 2014, 108쪽.

혁명 이후 우려하던 대로 티베트와 몽골이 독립을 주장하기 시작하자 영토 분열을 방지하기 위해 손문을 중심으로 오족공화(五族共和)라는 구상이 대두되기 시작했던 것이다.[18] 그렇기에 이러한 역사적 맥락을 간과한 채 안중근 의거 소재 소설이 다량 창작되었던 것이 오족공화라는 새로운 공동체 건설을 위해서라는 텐예의 분석은 '55개의 소수민족과 한족으로 이루어진 56개 민족이 평화 공존하는 중화민족'이라는 현대 중국의 이데올로기를 반영하는 것으로 보인다.

2) 이토 히로부미의 영웅화

안중근 의거를 다루는 20세기 초 집필된 중국 소설의 특징은 우리에게 익숙한 주인공 안중근과 악역 조연 이토 히로부미의 구도가 아니라, 이토 히로부미의 삶에 안중근이 조연으로 끼어든다는 것이다. 소설들은 대체로 이토 히로부미가 일본을 근대적 국가로 이끄는 과정을 따라 전개되며, 그의 죽음을 국가를 위한 희생으로 그리며 애도한다. 그렇기에 안중근의 비중이 적고 이토 히로부미 역시 '난세의 간웅'으로 묘사된다. 그 이유에 관해 한중 양국의 학자 모두 비슷한 답을 제시한다. 예컨대 『영웅루』를 분석한 리리팡(李利芳)은 이토 히로부미 그리고 일본에 대한 근대 중국 지식인의 양가적 감정에 관해 설명한다.

18　송한용, 「'중화민족' 론하(論下)의 국민통합과 갈등: '민족영웅' 악비를 중심으로」, 『역사학연구』 41집, 2011, 7~8쪽.

한편으로는 떠오르는 세계적인 강국으로서 일본은 정치, 경제, 문화 등 여러 방면에서 중국이나 한국과 같은 낙후된 국가를 앞질렀고, 중국은 이를 배워야 한다는 인식이 있었다. 그러나 또 한편으로 일본은 중국이나 한국에 대해 잔혹한 침략과 만행을 일삼았고, 애국적인 혁명가의 입장에서 이는 또 극렬히 반대해야 마땅했다. 그렇기에 이토 히로부미라는 일본을 일으킨 동시에 대외 침략 행위에 핵심 역할을 한 정치적 인물에 대한 작가의 태도 역시 두 가지로 나뉘는 것이다. 이토 히로부미와 같은 침략자들이 중국에서 행한 침탈 행위에 대해 애국주의 혁명가로서 반대하면서도, 이토의 이 같은 행위가 일본과 그 국민에게는 유익하다고 여긴다. 또 한편으로는 표면적으로만 그런 것이 아니라 실제로 이토를 일본을 일으킨 민족 영웅이자, 아시아의 지혜로운 위대한 영웅이라고 생각했기 때문이기도 했다. 이토의 일생에 대해 긍정적인 태도를 보이고, 그가 나랏일을 자기 일처럼 여겼던 것에 찬사를 보낸다. 작가는 이 같은 영웅이 중국에도 나타나 위기에 처한 조국을 구하고 사회를 개혁할 수 있기를 바랐다. 이는 구국 구민하고자 하는 작가의 열망과 일맥상통하지만, 시대적 낙인이 찍혀있다는 평가를 받을 수밖에 없다.[19]

20세기 초 중국 지식인은 중국이 일본처럼 근대화에 성공하길 바라는 한편 또 그렇지 못한 현실에서 안중근 같은 영웅이 탄생하여 외세에 빈번하게 침략당하는 상황을 타개해 주기를 바란 이중적 감정을 지녔다. 이

---

19 李利芳, 「小說『英雄淚』中異國形象分析: 以安重根和伊藤博文爲例」, 『南昌高專學報』 2010年 第6期, 2010, 32쪽.

점에 대해 『영웅루』, 「애국원앙기」, 『망국영』세 작품을 분석한 한국학자 문정진 역시 비슷한 견해를 보인다.

> 세 작품은 모두 중국의 구국과 계몽을 위해 작품 속 안중근을 새롭게 재현하고 있다. 그리고 이들 안중근이 근대 중국을 위해 개인의 목숨을 바칠 수 있는 수많은 무명의 영웅으로 승화될 수 있기를 기대하고 있다. 또한 세 작품 모두 작품이 사용하고 있는 부정적인 어휘에도 불구하고 이토 히로부미 또는 근대 국가 일본에 대해 긍정적인 시선을 유지하고 있다. 이는 강력한 지도자로서의 영웅에 대한 필요성과 근대 국가에 대한 열망에서 기인한 것이다. 물론 안중근 열기를 가장 잘 활용하고 있었던 혁명파 지식인들과 이들 작품의 관련성을 생각해 볼 수도 있다. 분명한 것은 이로 인해 세 작품은 끊임없이 한국의 멸망 원인이 근본적으로 일본이 아닌 한국 자신에게 있음을 강조한다는 점이다.[20]

이처럼 한중 양국 학자 모두 이토 히로부미에 대한 근대 중국 지식인의 양가적 평가가 모두 시대적 한계라는 점을 명시하는 것 같으나, 미세한 차이 또한 있다. 그것은 문정진이 "분명한 것은 이로 인해 세 작품은 끊임없이 한국의 멸망 원인이 근본적으로 일본이 아닌 한국 자신에게 있음을 강조한다는 점"을 지적하고 있는 것처럼 한국 학자는 조선 식민지화의 원인을 전적으로 조선 내부에서만 찾는 소설에 불편함을 느낀다는 것이다. 이는 중국 학자의 연구에서는 나타나지 않는 것으로, 이 역시 망국의 당사자

---

20 문정진, 「중국 근대소설과 안중근」, 『중국어문논총』 33집, 2007, 375쪽.

가 아니기 때문에 발생하는 차이로 보인다.

그러나 조선이 일본의 식민지가 된 원인을 전적으로 '무능한 조선 왕실'의 탓으로 돌리는 소설의 묘사는 일본제국주의의 침략 행위를 정당화하는 것으로 문제의 소지가 크다. 더욱이 '무능한 조선 왕실'은 다름아닌 일본이 조선 침략을 정당화하며 내세웠던 명분이었다. 예컨대 1893년부터 1945년 일제 패망으로 귀국하기까지 조선에 머물며 언론 활동을 펼친 기쿠치는『조선왕국』,『조선최근외교사 대원군전 부 왕비의 일생』,『조선잡기』,『근대조선이면사』,『근대조선사』 등의 역사서를 통해 조선 왕실의 권력 다툼으로 망국은 필연적인 결과였다는 주장을 펼쳤다. 그는 1910년 출판한『조선최근외교사 대원군전 부 왕비의 일생』에서 "한국을 청으로부터 벗어나 자유 독립국이 되게 한 것은 실로 청일전쟁의 은혜인데 왕궁은 이러한 선린의 호의와 은혜를 파기하니 그 책임을 묻기 위해 미우라 공사가 본국의 훈령 없이 대원군의 입궐을 비호했다"고 주장하며, 을미사변의 원인을 명성황후의 탓으로 돌린다.[21]

물론 조선이 일본의 식민지가 된 까닭에는 조선 내부의 문제도 있다. 그러나 이는 복합적인 문제로 조선을 둘러싼 국제 정세를 함께 고려해야 제대로 파악할 수 있다. 당시 조선이 청일전쟁, 러일전쟁 등 여러 열강이 각축을 벌이는 전장이 되었던 까닭은 한반도가 해양 세력과 대륙 세력이 맞부딪치는 공간이었기 때문이다. 미국, 영국, 일본과 같은 해양 국가와 중국, 러시아와 같은 내륙 지역을 기반으로 삼은 대륙 국가가 패권을 확장하

---

21 하지연,『식민사학과 한국 근대사: 우리 역사를 왜곡한 일본 지식인들』, 지식산업사, 2015, 66쪽에서 재인용.

기 위해서는 그 사이에 있는 중간 지대를 장악해야 하게 된다. 유럽의 동유럽 지역, 터키나 인도 그리고 한반도가 대표적인 중간 지대로, 이곳들은 전략적 중요성 때문에 쉽게 분쟁의 중심지가 된다.[22] 이는 한반도가 여전히 북한-중국-러시아와 한국-일본-미국의 구도로 분단된 상황을 잘 설명해 준다. 한반도의 지정학적 위치와 같은 중요 요소를 고려하지 않고서는 식민 지배의 원인을 입체적으로 이해할 수 없다. 그렇기에 이들 소설을 제대로 분석하기 위해서는 조선, 베트남, 폴란드 등 여러 나라의 멸망 관련 청말명초의 소설을 함께 다루었던 중국 선행 연구의 세계사적 시각이 더욱 필요하다. 그러나 이 같은 연구 시야가 식민 지배의 원인을 조선 내부로만 돌리는 소설 내용을 비판하는 데까지 미치지 않은 점은 아쉬움을 남긴다.

3) 안중근의 해외 유학 설정

안중근이 미국이나 일본으로 유학을 떠난다는 설정은 『영웅루』, 『회도 조선망국연의』, 「애국원앙기」 등 여러 소설에서 나타나는데, 실제로 안중근은 유학을 떠난 경험이 없다. 그런데도 이 같은 설정이 대다수 소설에서 보편적으로 나타나는 이유에 관해 한중 양국 학자들은 모두 소설을 창작한 주체가 유학파 출신이거나, 또는 미국, 유럽, 일본 유학을 곧 구국의 방편으로 인식하고 있던 지식인이었기 때문으로 파악하고 있다.

---

22 니컬러스 존 스파이크먼, 『강대국 지정학: 세력균형을 통한 미국의 세계 전략』, 김연지, 김태중, 모준영, 신영환 옮김, 글항아리, 2023, 216~217쪽.

「애국원앙기」는 일본에 대한 긍정적인 평가뿐만 아니라 안중근 또한 '일본인들이 이국인으로 분간해 내지 못할 정도로', '일본에서 오랫동안 유학을 해서 일본어에도 능통'한 인물로 설정한다. 문정진은 이 같은 설정이 작품이 발표된 1915년 1월을 기점으로 확산한 반일 운동의 중심에 일본 유학생 출신이 다수를 차지하고 있던 혁명파 계열의 사상가들이 있었던 것과 무관하지 않다고 보고 있다.[23] 또 『영웅루』에서 안중근은 미국 유학을 떠났다 돌아와 의거를 행하는 것으로 나타나는데, 이에 대해 중국학자 리리팡 역시 작가의 정체성에서 그 원인을 찾는다.

> (안중근은) 미국 유학 시절 학업 성적이 뛰어나 1등을 한 것으로 묘사되었으나, 안중근은 해외 유학 경험이 없었다. 이는 바로 작가가 이상적으로 생각하는 구국의 방도를 작품 캐릭터에 부여하여 민중들에게 구국의 길을 보여주고자 한 것이다. 이것이 당시 많은 사람이 인정하던 구국의 방법이었다. 나라를 지키고자 한다면 반드시 선진화된 지식과 기술을 습득한 청년 세대를 길러내야 하고, 사상적으로 앞선 선배들이 적극적으로 이들을 이끌어주어야 한다는 생각이 지배적이었다. 작품에서 후원수(侯元首)는 이와 같이 먼저 해외로 떠나 학문을 구해 돌아온 선각자 캐릭터이다. 실제 역사에서도 20세기 초 중국에서 해외 유학을 하고 돌아온 지식인들이 중국 발전의 주춧돌 역할을 한 바 있다. 당시에는 혁명파든 유신파든 경쟁의 시대이며, 강한 자가 약한 자를 이기고 다수가 소수를 지배하는 것은 하늘의 법칙이라고 여겼다. 유학을 통해 나라를 구한다는 관념은 그 시대에 만연했

---

23 앞의 글, 371쪽.

던 진화론적 사고와 약육강식 관념이 작품에 반영된 결과이다.[24]

리리팡이 언급한 후원수는 『영웅루』 제5회부터 등장하는 허구적 인물인데, 17살에 미국으로 유학을 떠나 3년간 육군사관학교에서 공부한 후 조선에 돌아온다. 그는 일본 도적에게 변을 당한 어린 안중근 모자를 구해주고, 또 훗날 안중근과 여러 청년이 미국 유학을 하도록 주선한다. 유창진 역시 후원수라는 캐릭터가 미국 유학만이 나라를 살리는 길이라는 중국 근대 지식인의 시대 인식을 반영한다고 보았다.

후원수는 개화와 계몽을 제창한 전형적인 지식인으로, 특히 교육을 중시하였다. 그는 운재소의 집에서 가정교사를 하고 있던 중에 동학당의 난이 일어났다는 소식을 듣고서 학생들에게 "너희는 학문을 구하거라, 지금 우리나라는 이처럼 연약하고 일본은 여러 차례 일을 저지르고 있다. 지금 또 내란이 일어났다 하니 장래가 암담하기만 하구나. 우리 국가를 보호하기 위해서는 너희 학생들에게 의지해야 한다."라고 하면서 교육의 중요성을 강조한다. 이는 우승열패의 세계질서 속에서 국가와 국민이 같은 운명에 놓여 있다는 인식에서 나온 것이다. 따라서 "수만 백성들의 의지를 바꾸고, 국가를 융성하게 하며", 국가의 운명을 스스로 사유하는 구성원을 만들어 내고 그들 모두에게 균등한 책임과 의무를 분배시킬 필요가 있었으며, 이를 위해서는 교육이 우선시 되어야 했다. 후원수는 망국의 원인은 근본

---

24 李利芳, 「小說 『英雄淚』 中異國形象分析: 以安重根和伊藤博文爲例」, 『南昌高專學報』 2010年 第6期, 2010, 31쪽.

적으로 신학문을 수용하지 못한 당연한 결과로 인식하고 있다. 따라서 후 원수는 해외 유학을 통한 신학문의 수용이라는 서구적 근대지향성에서 절 체절명의 국가적 위기 상황의 근원적 해결을 모색하였던 것이다.[25]

조선의 애국지사들이 해외 유학을 다녀왔다는 설정 역시 이 소설들이 조선이라는 이웃 국가가 겪은 폭력을 재현하고, 이들의 기억을 서사화하여 그 아픔을 나누겠다는 의도가 아닌, 지금 당장 중국이 외세로부터 침략당하지 않고 자기를 지키기 위해 무엇이 필요한가를 피력하기 위해 집필되었다는 점을 여실히 보여준다. 다시 말해 이 소설들은 안중근의 의거로 촉발되었으나, 이들을 관통하는 것은 조선이 겪은 폭력에 대한 동정 또는 공감이라기보다는 국가주의 또는 민족주의라 할 수 있다. 이토 히로부미를 '아시아의 지혜로운 대영웅'으로 묘사하고, 그의 죽음에 '일본과 그 나라 국민을 위해서'라는 국가주의적 의미를 덧댈 수 있었던 것 역시 이 때문이다. 소설에 사건을 그대로 재현해야 하는 책무는 없고, 또 소위 '리얼하게' 재현한다고 해서 피해자의 경험 그 자체인 것 또한 아니지만, 이들 소설은 오히려 제국주의의 피해자인 조선을 배제하고 있는 셈이다. 소설에서 안중근을 비롯한 조선 애국지사의 분량은 제한적이고 이들의 목소리는 거의 기록되지 않으며, 당시 중국 지식인이 지닌 국가주의적·민족주의적 욕망을 위해 왜곡되기까지 한다. 그렇기에 이 소설들은 '조선이 당한 폭력에 대한 기억을 나누어 가질 수 있는가' 라는 측면에서는 실패했다

---

25 유창진, 「영웅루의 인물 유형을 통한 시대 인식」, 『중국인문과학』 30권, 2005, 4~5쪽.

고 할 수 있으며[26], "안중근 등 애국지사의 영웅적 행위를 묘사함으로써 한
국인의 굴하지 않는 항일 구국 투쟁을 표현하고 한국인의 불굴의 의지와
조국 독립을 위한 투쟁 정신을 노래했다"라는 소설에 대한 평가는 성립하
기 어렵다.[27]

이처럼 소설의 국가주의적 · 민족주의적 특성에서 비롯된 또 다른 문제
는 바로 조선과 청나라의 관계에 대한 묘사이다.

4) 조선과 청의 관계 묘사

『영웅루』, 『회도조선망국연의』, 「애국원앙기」 등 대부분 소설은 반복적
으로 '조선은 청나라의 속국', '청나라와 조선은 순치관계'라는 어구를 사용
하며, 본래 청나라의 영토였던 조선을 일본이 강탈해 간 것으로 받아들인
다. 이에 대해 중국학자들은 대체로 '조선은 청나라의 속국'이라는 표현을
그대로 수용한다. 예컨대 『영웅루』에는 이토 히로부미가 조선을 집어삼킬
계획을 세우며 고려는 본디 중국의 속국인데 중국이 제대로 보호하지 못
했다고 말하는 단락이 있는데, 주홍쥐안(朱紅娟)은 "조선은 당시 중국의 속국

---

26 '폭력에 대한 기억을 나누어 갖는다'는 의식은 오카 마리의 『기억 · 서사』에서 빌려왔
   다. 그녀는 전쟁이나 자연재해처럼 개인의 힘으로 항거할 수 없는 폭력을 경험한 사람
   들과 연대하는 방법에 대해 고찰한다. 그 방법은 그들과 동시대를 살아가되 폭력이라
   는 사건 외부에 존재하는 '타자'들이 그 사건에 대한 기억을 나누어 갖는 것이다. 이는
   국가주의나 민족주의적 욕망으로부터 개인의 기억을 지켜내야 하는 쉽지 않은 작업
   이지만, 꼭 필요한 우리 시대의 과제이다. 더 자세한 사항은 오카 마리, 『기억 · 서사』,
   김병구 옮김, 교유서가, 2024 참조.
27 羅衍軍, 「『朝鮮血』芻論」, 『海南第一師範學報』 2007年 第7捲 第4期, 2007, 89쪽.

으로 일본의 침략을 받자 중국에 구원 요청을 하지 않을 수 없었다. 그렇기에 조선 문제를 둘러싸고 중국과 일본 사이에 격렬한 갈등이 일어났다"고 설명한다.[28] 또 『조선유한』 연구를 통해 당시 중국 지식인의 자아와 타자 인식에 관해 살핀 차이린(柴琳)은 제3절 '복잡다변한 타자 인식'에서 조선과 그 멸망에 관한 중국의 입장에 대해 다음과 같이 서술한다.

> 과거 중국의 속국이었던 조선이 일본 식민지로 전락한 후에 적지 않은 사람들이 중국에 어느 정도 책임이 있다고 여겼다. 조선의 불행을 슬퍼하면서도 또 나약한 것에 화가 나기도 했고, 또 더 많은 사람은 멸망의 내부 요인을 분석하여 중국이 거울로 삼아 중국인들이 합심하여 외부의 적을 물리치고 국가 주권과 민족 독립을 쟁취할 수 있길 바랐다.[29]

이처럼 차이린 역시 20세기 초 중국 지식인의 입장을 그대로 수용하여 되풀이하며, 조선과 청, 더 나아가 전통 시기 한국과 중국의 관계에 관한 인식이 소설이 창작되었던 때로부터 120여 년이 지난 지금도 달라지지 않았음을 보여준다. 한편, 텐예는 이 같은 인식이 실제 안중근의 입장과는 어긋남을 지적하며 문제를 제기한다.

> 소설은 끊임없이 잊지 않고 '조선은 본디 중화의 속국'임을 강조하고, 일본의 만행을 묘사하여 조선에 우호적인 청나라의 모습을 끌어낸다. 그러나

---

28 朱紅娟, 『晚清國難小說研究』, 上海師範大學碩士學位論文, 2013, 14쪽.

29 柴琳, 「他者與自我:高麗亡國演義 『朝鮮遺恨』 考論」, 『齊齊哈爾大學學報』(哲學社會科學版) 第6期, 2020, 111쪽.

안중근은 이렇게 생각하지 않았다. 그의 의식 속에서 청나라 사람들은 예로부터 지독히 오만하고, 중화대국이라고 자칭하는 이적(夷狄)이었다. 내부적으로 권신척족이 나라를 농단하고, 상하 계층이 서로 화합하지 못하며, 1906년 경자년 8국 연합군에 북경을 유린당한 것을 두고 '동양 제일의 치욕'이라 했다. 그러나 일본에 대해서는 '정치 책략이 순리대로 이루어지고' 러시아를 이겨 '최고의 걸출한 대사업'을 이루었다고 평가했다. 청나라와 일본 두 나라의 국력과 지위에 관한 안중근의 생각은 이와 같았지만, 소설은 '고려는 중화의 속국'(『영웅루』에서는 이 같은 묘사가 16번 등장한다)라는 말을 반복하여 간섭할 뿐만 아니라, 일본과 청나라의 역할을 뒤바꾸어 묘사하기까지 한다.[30]

텐예의 이 같은 분석은 20세기 초 중국 지식인의 조선 인식, 그리고 이를 그대로 계승한 여느 현대 중국학자의 견해와 일견 달라 보이지만, 실상 그는 이를 안중근 개인의 문제로 축소했다. 그가 문제를 제기한 대상은 『영웅루』등 20세기 초 중국 소설에서 조선을 청나라의 속국으로 묘사하는 근대 중국 지식인의 조선 인식 그 자체가 아니라, 이 같은 묘사가 안중근 개인의 인식과는 다르다는 점이다. 텐예가 역사 인식의 간극을 개인의 문제로 축소한 데에는 그의 자아정체성이 영향을 미쳤을 것이고, 이는 한국 학자 사이에서 공유되는 문제의식과는 거리가 있다.

『영웅루』는 황제와 기자의 후손이라는 시각에서 대한제국을 청의 속국

---

30 田野, 「被塑造的亞洲英雄: 安重根形象的文學建構與情感賦義」, 『延邊大學學報』第56卷 第1期, 2023, 63~64쪽.

으로 보는 인식이 소설 전반에 흐르는데, 이에 대해 신운룡은 "제국주의적 시각에서 벗어나지 못한 청말 지식인의 한계를 여기서 확인할 수 있다"고 비판한다.[31] 문정진도 「애국원앙기」에 대한 분석에서 조선과 청의 관계에 대한 묘사에 대해 다음과 같이 설명한다.

> 하지만 여기에서 무엇보다 간과할 수 없는 것은 '기자가 세운 조선'이라는 인식 아래 한국을 여전히 자신들의 속국으로 남기고 싶어 하는 작품 속 역사 인식이다. 중국인의 안중근 또는 한국에 대한 남다른 친근감의 표현 속에는, 기자의 거울이 '깨어진' 현실에 대한 인정보다는 여전히 '대국'으로서의 중국을 확인하고 싶은 욕망이 자리하고 있는 것이다.[32]

중국 국적의 학자가 중국어로 쓴 논문이어도 한국에서 발표한 경우 이 같은 문제의식이 드러나는 것은 특기할 만한 점이다. 쑨완이(孫皖怡)는 『중국 소설논총』에 발표한 중국어 논문에서 「망국한전기」에 나타난 조선 인식에 관해 다음과 같이 비판한다.

> 작가는 중국인의 입장에 서 있고, 작품은 끊임없이 대국주의의 우월감을 내비친다. 글자 사이사이에서 중국이 언제나 조선을 우대해 왔고, 조선에 은혜를 베풀었다는 시혜적인 경향이 드러난다. 이 같은 관점은 다른 작품에서도 고루 나타나는데, 당시 중국 지식인이 중국과 조선(한국)과의 관계

---

31 신운룡, 「중국인 집필 안중근 소설 I -영웅의 눈물」, 『안중근 자료집』 제25권, 채륜, 2016, 30쪽.
32 문정진, 「중국 근대소설과 안중근」, 『중국어문논총』 33집, 2007, 371쪽.

에 대해 지닌 보편적인 인식을 보여주며, 대중화 사상의 폐단과 한계를 은 근히 드러낸다.[33]

    이 같은 역사에 대한 인식 차이로 안중근 의거를 소재로 한 20세기 초 중국 소설에 대한 평가는 국적에 따라 확연히 달라진다. 중국학자들은 이들 소설을 "중한 문화를 한 데 융합한 근대소설"이라고 평가하지만,[34] 한국학자들은 "여전히 중화 의식에 사로잡힌 관점을 견지하고 있다"거나,[35] "특히 조선을 속국으로 생각했던 중국은 물론이고, 제국주의의 길을 걷고 있던 일본을 비롯한 외세는 말로는 조선을 위하는 것처럼 하였지만, 결과적으로 보면 모두가 자국의 이익을 도모하기 위한 방편에 불과했다는 사실의 부각이 애매하며, 우리의 입장으로는 이러한 시각의 차이를 또한 간과해서는 안 될 것이다"라고 소설을 평가한다.[36]

    한반도에 존재했던 왕조와 중국 대륙에 세워진 왕조 간 체결되었던 책봉·조공 관계를 한국과 중국은 지금까지도 달리 해석한다. '번속' '속방' '속국' 등 개념은 정의가 명확하지 않고, 시대에 따라 의미가 변해 왔다. 특히 청말민초에 민족과 영토 문제가 불거지고, 만국공법의 등장으로 전통적 조공관계가 흔들리며 새로운 의미의 속국 개념이 수용되면서 혼란은

---

33 孫皖怡,「亡國恨與槿花之歌小考」,『중국 소설논총』 24집, 2007, 57쪽.

34 牛林杰, 劉惠瑩,「論近代珍本小說『英雄淚』及其藝術特色」,『韓國硏究論叢』, 2010, 356쪽.

35 정영호,「한국 제재 중국 근대소설『망국영』연구(2)」,『중국어문논역총간』 14집, 2005, 20쪽.

36 이등연, 정영호, 유창진,「한국제재 중국 근대소설『망국영』연구 1」,『중국 소설논총』 20권 20호, 2004, 288쪽.

더욱 가중되었다. 예컨대 19세기 말 이홍장(李鴻章)을 대표로 한 청나라는 조선 '종속국화' 정책을 추진하며 이를 '종번관계의 강화', '종주권강화' 등의 이름으로 포장했고, 뒤이어 탄생한 중화민국 1927년에 편찬된 『청사고(淸史稿)』는 조공국을 '외국전(外國傳)'에 분류했던 송대부터 이어져 온 관행을 뒤엎고 '속국전(屬國傳)'으로 바꾸었다.[37] 현대 중국은 종주국-번속국의 개념을 식민 지배와 유사한 종속관계로 파악한다. 이에 따르면 '종번관계'는 "중국의 우월한 물질과 정신문명에 연유"하며, "정치, 경제적 통치의 필요, 국가 간의 투쟁 때문에 주변 소국이 적극적으로 포섭되길 원하며 '오랑캐'로서의 자기 위치를 인정하며 중국에 조공을 바치는" 방식으로 이루어졌다.[38] 한국은 상호 호혜 관계를 바탕으로 자치권이 보장된 형식적 관계라는 풀이를 선호한다. 한국에서는 책봉-조공 제도를 '종번관계'로 지칭하지 않으며, 이론과 실제 간의 괴리가 큰 제도였음을 밝힌 연구가 상당수를 이룬다.[39] 이처럼 전통 시기 한중 관계에 대한 엇갈린 해석은 오늘날 양국이 감정적 거리를 좁히지 못하는 원인 중 하나이다. 예컨대 2017년 시진핑으로부터 한국이 과거 중국의 속국이었다는 말을 들었다는 트럼프의 발언으로 한국에는 큰 파장이 일었다. 이러한 문제는 20세기 전후의 한중 관계에 대한 서로 다른 인식에서 비롯된 것이다. 안중근 의거와 같은 역사적 사건을 다룬 문학 작품들이 그 시대의 정치적, 문화적 배경을

---

37 류용태, 「사이번속을 중화영토로: 민국시기 중국의 영토 상상과 동아시아 인식」, 『동양사학연구』 130집, 2015, 201~206쪽.

38 侯博仁, 「傳統宗藩體系及其崩潰」, 『文化集萃』 2022年 第30期, 2002, 57쪽; 崔思朋, 「鼎盛與危機: 明淸東亞宗藩體系嬗變」, 『貴州文史叢刊』 2015年 第4期, 2015, 68쪽.

39 상세한 논의는 권선홍, 「전통시대 유교문명권의 책봉·조공제도 부정론에 대한 재검토」, 『국제정치논총』 57집 제1호, 2017 참조.

반영하면서도, 현대적 관점에서 비판적으로 재해석되지 않는다면, 역사 왜곡과 국가 간 갈등이 반복될 위험이 있다.

4. 맺으며

일본은 1868년 메이지 유신 이후 빠른 속도로 근대화를 추진하며 군사력과 경제력을 강화했다. 이를 바탕으로 일본은 제국주의적 팽창을 추구했고, 1894년 청일전쟁에서 승리하여 대만을 식민지로 삼고, 조선에 대한 영향력을 확대한다. 뒤이어 1904년 러일전쟁에서 승리한 일본은 중국과 러시아의 조선에 대한 영향력을 차단하였다. 조선은 19세기 말부터 외세의 침략으로 혼란을 겪었고, 1905년 을사조약을 통해 외교권을 일본에 빼앗기며 사실상 보호국이 되었다. 이어서 1907년 군대가 해산되고, 고종이 강제 퇴위하면서 일본의 통제가 더욱 강화되었다. 청나라는 19세기 말부터 서구 열강의 침탈을 겪으며 국력이 쇠퇴했다. 청일전쟁에서 패배하며 일본과 서구 열강에게 많은 이권을 빼앗겼고, 1900년 의화단 운동이 실패함에 따라 열강 국가의 간섭은 더욱 심화됐다. 1908년 광서제의 사망과 동치황후의 사망으로 어린 선통제가 즉위하며 정국이 혼란스러웠다. 안중근의 하얼빈 의거가 일어난 1909년은 동아시아 근대사에서 중요한 전환점이 되는 해로 일본의 제국주의적 팽창, 한국의 독립운동, 중국의 정치적 혼란이 교차하는 시기였다.

20세기 초 안중근 의거를 소재로 삼은 중국 소설은 이와 같은 일련의 사건들을 몸소 겪은 중국 지식인의 사회 인식을 고스란히 드러낸다. 이들은 근대화에 성공한 일본을 선망의 눈으로 보면서도, 그 침략의 대상이 자신과 그동안 '속국'으로 여겼던 조선이라는 점에 반감을 느낀다. 그렇기에 이를 연구한 한중 양국의 학자 모두 20세기 초 안중근 의거가 중국 소설계에서 환영받는 주제였던 이유에 대해 두 가지를 꼽는다. 하나는 조선 멸망을 거울삼아 중국 대중에게 일본과 러시아를 비롯한 외세를 경계해야 함을 경고하기 위해서이고, 다른 하나는 민족과 근대적 국가를 건설하기 위해 소설이라는 도구를 통해 민중을 계몽하여 '봉건적 백성'에서 '근대적 국민'으로 변환시키기 위함이다. 또 이토 히로부미가 긍정적 인물로 묘사되는 이유와 안중근을 근대화 된 국가로 유학 보내는 설정에 대해 전자는 일본이 중국 근대 지식인이 꿈꾼 이상적인 국가 상태였기 때문이고, 후자는 그것이 당시 주목받던 구국의 방도였기 때문이라는 점에 한중 양국 학자 모두 동의한다. 이 소설들의 공통점은 결국엔 국가주의와 민족주의라는 하나의 키워드로 꿰어지는데, 이는 국가에 따라 연구 결과에 큰 차이를 보이는 두 가지와도 연결된다. 대다수 소설은 조선이 일본의 식민 지배를 받는 까닭을 조선 왕실 내부의 문제로 돌리며, 또 '조선은 청의 속국'이라는 묘사를 반복하는데 이에 대한 양국 학자의 입장은 다르다. 전통 시기 한중 관계에 대한 서로 다른 이해에 따라 중국의 경우 소설 속 묘사를 그대로 수용하거나 안중근 개인의 문제로 축소하지만, 한국에서는 이를 소설의 한계로 본다.

애초에 소설은 '사건'을 완벽하게 재현해 낼 수 없다. 더군다나 안중근 의거를 소재로 삼은 20세기 초 중국 소설들은 사건을 핍진하게 옮겨오는 것보다는 이를 통해 민중을 계몽하고자 하는 의도에 충실했다. 이 소설들은 조선인을 위한 것이 아닌 중국인을 위한 것이었고, 이 때문에 한중 연구자들이 지적한 것과 같이 소설에는 다양한 왜곡이 존재한다. 그렇기에 이들 소설을 해석하고 읽어내는 오늘날의 시선이 더욱 중요하다. 현대 한국인과 중국인은 20세기 초라는 시대적 배경 아래 재현된 역사를 각자 경험한 현재에 따라 달리 이해하며, 그렇기에 하나의 텍스트에서 다른 질문과 통찰을 끌어냈다. 그리고 20세기 초 이웃의 멸망을 지켜보며 자기를 되돌아보았던 근대 중국 지식인들처럼 한국과 중국은 여전히 서로를 비추어 자신을 이해하고 성찰하고 있다. 물론 한 연구자의 견해가 그 국가 전체를 대변할 수 있는 것도 아니고, 필자의 자아정체성이 본 연구에 미쳤을 작용 또한 간과할 수 없다. 그럼에도 20세기 초 안중근 의거를 소재로 한 중국 소설에 대한 현대 한국학자와 중국학자의 인식을 초보적이나마 종합적으로 고찰하려 시도했다는 점에 의미가 있을 것이다. 특히 전통 시기 한중 관계와 20세기 한일 관계에 관한 인식이 국가에 따라 간극이 큰 것으로 드러났는데, 역사에 대한 상충된 이해는 평화 공생을 방해하는 걸림돌로 작용한다. 본 연구는 이 좁혀지지 않은 틈에 관해 양국이 더욱 적극적으로 교류해야 할 필요가 있음을 시사한다.

표1 〈한국 선행 연구〉

	저자	논문	학회지	연도
1	유창진	「'한국' 제재 중국 근대소설 속의 한국인식과 시대사유」	『중국 소설논총』 19권	2004
2	유창진	「『조선통사(망국영)』 소고」	『중국인문과학』 29권29호	2004
3	문정진	「청말민초 한국 관련 소설 연구(2)-근대 중국의 국민국가형성과 민족 문제를 중심으로」	『중국 소설논총』 19권	2004
4	이등연, 정영호, 유창진	「한국 제재 중국 근대소설 『망국영』 연구 1」	『중국 소설논총』 20권20호	2004
5	정영호	「한국 제재 중국 근대소설 『망국영』 연구 2-작가의식을 중심으로」	『중국어문논역총간』 14권	2005

6	정영호	「한국 제재 중국 근대 소설 『망국영』 인물 연구」	『중국어문학논집』 제32호	2005
7	유창진	「『회도조선망국연의』 소고」	『중국 소설논총』 21권	2005
8	유창진	「『영웅루』의 인물 유형을 통한 시대 인식」	『중국인문과학』 30권	2005
9	쑨완이(孫皖怡)	「「망국한」과 근화의 노래」 소고(亡國恨與槿花之歌小考)	『중국 소설논총』 제24집	2006
10	문정진	「중국 근대소설과 안중근」	『중국어문논총』 제33집	2007
11	양귀숙, 김희성, 장샤오쥔(蔣曉君)	「중국 근대 안중근 형상에 관한 문학 작품 분석(中國近代關於安重根形象的文學作品分析)」	『중국인문과학』 제39집	2008
12	장샤오쥔	『중국 근대문학 속의 안중근 형상 연구』	전남대학교석사학위논문	2009
13	뉴린제(牛林杰), 유혜영	「중국 근대 장회소설 『영웅루』에 대한 고찰」	『고소설연구』 제301집	2010
14	뉴린제, 탕전(湯振)	「동아시아 현대문학 속의 한국 항일영웅 서사」	『아시아문화연구』 제45집	2017
15	쑨싱메이(孫興梅)	「황세종의 근사소설 『조선혈』에 관한 소고」	『중국인문과학』 제70집	2018
16	이등연	「역사와 허구의 교직 양상과 원인-조선 망국에 대한 근대 중국 소설의 인식」	『중국 소설논총』 제57집	2019

표2 〈중국 선행 연구〉

	저자	논문	학회지	연도
1	稈秋	「吉林作家的兩部愛國小說」	『社會科學戰線』 1996年6期	1966
2	羅衍軍	「『朝鮮血』芻論」	『海南第一師範學報』 2007年第7卷第4期	2007
3	謝仁敏	「晚淸小說 『亡國淚』考證及其他」	『明淸小說研究』 2009年第2期	2009
4	李利芳	「小說『英雄淚』中異國形象分析-以安重根和伊藤博文爲例」	『南昌高專學報』 2010年第6期	2010
5	牛林杰, 劉惠瑩	「論近代珍本小說『英雄淚』及其藝術特色」	『韓國研究論叢』	2010
6	徐丹	『近代中國人的朝鮮亡國著述研究』	復旦大學碩士學位論文	2011
7	朱紅娟	『晚淸國難小說研究』	上海師範大學碩士學位論文	2013
8	呂誌國, 謝萌萌	「淺析『英雄淚』中的日本人形象」	『參花(上)』 2014(08)	2014
9	胡閭蘇	『晚淸小說中的域外亡國敍事(1900-1911)』	蘇州大學碩士學位論文	2015
10	陳秋婷	『晚淸域外題材戲曲研究(1840-1911)』	福建師範大學碩士學位論文	2017
11	李滕淵, 朴雪梅	「中國作家對安重根敍事之變遷」	『延邊大學學報(社會科學版)』 2018年第1期	2018
12	柴琳	「他者與自我:高麗亡國演義朝鮮遺恨」考論	『齊齊哈爾大學學報』(哲學社會科學版) 第6期	2020
13	崔一	「建構 詮釋與 轉用」:百年中韓安重根敍事考略」	『現代中國文化與文學』 34	2020
14	張會芳	「英雄 亡國 國賊:辛亥革命前後安重根題材戲劇的敍事轉移」	『抗日戰爭研究』 2021年第1期	2021

		李政東	傳記‧小說‧電影-百年安重根的藝術形象研究	黑龍江大學碩士學位論文	2022
15		李政東	傳記‧小說‧電影-百年安重根的藝術形象研究	黑龍江大學碩士學位論文	2022
16		田野	「被塑造的亞洲英雄: 安重根形象的文學建構與情感賦義」	『延邊大學學報』第56卷第1期	2023

표3 〈연구 대상 작품 목록〉

	장르	작가	소설명	연재 신문/출판사	연재/출판 연도
1	단편	호현백(胡顯伯)	망국루	도화일보(圖畫日報) 제89호~제140호	1909
2	장편	황세종	조선혈(이토전)	남월보(南越報)	1909~1910
3	전기	왕종기(王钟麒)	등화혈(藤花血)	민우일보(民吁日报)	1909.11.08~14
4	장편	계림(雞林) 냉혈생(冷血生)	영웅루(英雄淚)	상해서국(上海書局)	1910~1911
5	전기	공소근(貢少芹)	망국한전기(亡國恨傳奇)	중서보(中西報)/광익총보(廣益叢報)	1910~1911
6	단편	해구(海漚)	애국원앙기(愛國鴛鴦記)	민권소(民權素) 제7책	1915
7	장편	예질지(倪軼池), 장병해(莊病骸)	조선통사‧망국영(朝鮮痛史‧亡國影)	애국사(愛國社)	1915
8	단편	쌍영	망국영웅지유서(亡國英雄之遺書)	토요일 제90기	1916
9	단편	자필(資弼)	안중근외전(安重根外傳)	소설신보(小說新報) 제5년 제1기	1919
10	장편	양진인(楊塵因)	회도조선망국연의(繪圖朝鮮亡國演義)	익신서국(益信書局)	1920
11	장편	심상홍	조선유한	상해호보관(上海沪報館)	1932

大韓國人
安重根

안중근이라는 상상력

−1980년대 이후 한국의 소설과 영화를 중심으로

윤재민

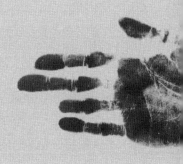

* 이 글은 2024년 2월 20일에 류코쿠대학교 오미야캠퍼스에서 개최된 류코쿠대학교 안
중근동양평화연구센터와 원광대학교 동북아시아인문사회연구소의 공동학술대회
《안중근의 동양평화 사상과 동북아시아의 미래공생》에서 발표한 원고 「안중근이라
는 상상력: 1980년대 이후 한국의 소설과 영화를 중심으로」를 보완한 것이다.

1. 들어가며

안중근의 하얼빈 의거는 한국인들에게 끊임없이 회자되고 평가되는 사건으로서, 그 자체가 한국(인)의 정체성을 규정하는 국가적인 역사적 수행/실천으로 여겨진다. 한국 정부는 안중근 의거를 국가 정체성 특히 독립운동의 본령(本領)으로 정위하여 이를 기념하는 다양한 사업을 지속하고 있다. 독립 무장투쟁의 연장선상에서 그 역사적 의의를 기리는 건국훈장 추서(1962)와 의거 순간을 묘사한 민족기록화의 독립기념관 전시 그리고 안중근 유해 발굴 사업(2008)[1] 등이 대표적이다.

의거의 의미화는 국가적 사업에 국한되지 않는다. 민간차원의 움직임을 빼놓고 한국에서의 그것을 온전히 파악할 수 없다. 이와 관련된 역사학계에서의 노력은 수를 헤아리기 어렵다. 그 성과를 바탕으로 한 대중을

---

1   2008년 중국 정부의 협조 속에서 이루어졌던 안중근 유해 발굴은 끝내 실패했다. 한국 정부는 2019년 남북합동으로 안중근 유해 발굴 재추진을 시도했으나 끝내 성사되지 못했다. 이후 국가적 차원의 유해 발굴 사업은 별다른 진척이 없는 실정이나, 민간차원에서의 노력은 지속되는 중이다. 이와 관련된 최근 소식은 정경태, 「[취재파일] 안중근 의사 유해 발굴 멈춘 지 15년…남은 가능성은?」, 〈SBS뉴스〉 2023.5.23. 참조. https://news.sbs.co.kr/news/endPage.do?news_id=N1007203508

상대로 한 역사저작물[2]이 해를 거르지 않고 출간되고 있는 데서 알 수 있다.

역사학계 외에 안중근 재인식에 가장 두드러지게 일조하는 민간단체로는 한국 카톨릭계가 있다. 그중에서 1990년대 정의구현사제단의 노력은 특히 두드러진다. 의거 당시 서울대교구장이었던 뮈텔 신부는 독실한 가톨릭 신자인 안중근의 순국 직전 안수기도 요청을 거부함으로써 그 의미를 신학적으로 부정했다. 그러나 1993년 8월 16일 김수환 추기경의 추모미사 강론에서 의거의 정당성을 인정한 이래,[3] 신앙인으로서 의거의 적극적인 재평가와 역사화가 이루어지고 있다.[4]

매체와 장르를 총망라한 민간 문화계의 활동과 실천 또한 빼놓을 수 없다. 안중근 의거는 한국사를 소재로 한 역사창작물에서 중차대한 상징적인 의미가 있다. 상해에서 제작된 최초의 항일영화(〈애국혼〉(1928)) 그리고 해방 후 상영된 최초의 한국 영화(〈안중근 사기〉(1946))가 의거를 소재로 한다는 데서 알 수 있다.[5] 안중근 관련 창작물은 장르와 매체를 가리지 않고

---

2   이른바 '역사적 안중근'과 관련될 본격적인 역사 저작물 출간은 2020년대 들어서도 식지 않고 있다. 대표적인 텍스트로는 전우용, 『민족의 영웅 안중근: 강자가 약자를 억압하지 않는 세계를 꿈꾸다』, 한길사, 2022; 김삼웅, 『안중근 평전』, 시대의창, 2023 등 참조.

3   「김 추기경, 안중근(토마) 의거 정당성 인정: 추모미사 강론에서 공식 선언」, 『가톨릭신문』 1993.8.29., 1면. https://m.catholictimes.org/mobile/article_)iew. php?aid=299705

4   신운용, 「한국 가톨릭계의 안중근 기념사업 전개와 그 의미」, 『역사문화연구』 41, 한국외국어대학교 역사문화연구소, 2012, 41~82쪽 참조.

5   신광철, 「안중근을 보는 두 가지 시선: 남북한 영화가 재현해 낸 애국적 인물의 궤적」, 『인문콘텐츠』 1, 2003, 227~231쪽 참조.

끊임없이 생산 중이다. 식민지 시대인 1930년대에 시도된 이래[6], 한국에서 안중근 창작물은 한국인들의 역사적 태도의 변천과 다양한 스펙트럼을 표상한다. 근현대 한국의 안중근 창작물의 상징적 의미와 지속성은 그 자체로 안중근 연구의 테마가 될 수 있다. 그러나 기존의 안중근 창작물 연구 경향은 몇몇 텍스트에 대한 분석에 치중하여, 그 의미와 역사적 재현의 적정성[7]을 고찰하는 연구가 주류이다.

이 글은 이러한 문제에 착목하여, 한국에서 생산된 안중근 창작물의 상상력(imagination)의 전체적인 양상에 주목고자 한다. 여기서 말하는 상상력이란, '역사적 안중근'을 대하는 창작자 개인 혹은 집단의 태도를 가리킨다. 한국에서 생산된 안중근 창작물은 역사(학)적 접근과는 상이한 방식으로 안중근에 접근한다. 역사에 대한 (거의) 모든 창작은 단순히 대상에 대한 '있는 그대로의 재현/재연'이 아닌, 자유로운 상상력의 산물이다. 사르트르의 말을 빌리자면, 상상력은 지각적으로 자명한 것(évident)으로서 실재(réalité)와 거리 두기를 할 수 있는 인간 고유의 감각적 역량이다. 인식적 자명성을 무화(無化, 거리두기)하여 특정한 상황에서 비실재적 감각을 지향하는 상상력은, 선험적인 진리와 자명한 실재로부터 인간을 자유

---

6 식민지 시대 조선에서의 안중근 창작물에 대해서는 최진석, 「1930년대 일본·조선에서의 안중근 서사: 「안중근」과 〈하얼빈 역두의 총성〉을 중심으로」, 『대동문화연구』 94, 2016, 451~474쪽 참조.

7 최근의 사례로는 다음과 같은 선행연구가 있다. 도진순, 「안중근: 우덕순의 정체성과 김훈의 『하얼빈』-'포수', '무직', '담배팔이' 對 '의병' '대한국인'」, 『한국독립운동사연구』 81, 2023, 187~233쪽; 손과지·유호인, 「안중근 의사가 이토 히로부미를 저격한 사건의 예술적 해석: 정기탁과 그의 영화 〈애국혼〉」, 『통일인문학』 95, 2023, 65~105쪽 등.

롭게 하는 원리이다.[8]

한국의 안중근 창작물은 오늘날 한국(인)을 구성하는 '역사적 안중근'이라는 '자명하고 거대한 실재'를 기반으로 이루어지는 한국인들이 역사에 대해 취할 수 있는 자유롭고 유동적인 실천 영역이라 할 수 있다. 그 전체적인 전개 양상을 파악하는 일은 국가·민간에서 수행되는 '역사적 안중근'에 대한 실천만큼이나 중요하다. 역사에 대한 대중들의 자유로운 접근과 분방한 상상력의 스펙트럼만큼 (민족) 공동체가 담지하는 역사에 대한 가치관을 정당하게 해주는 건 없다. 이때 역사에 대한 각각의 자유로운 상상력이 어떠한 형식과 내용에 입각하는지 세밀하게 파악하는 작업(비평)은 역사에 대한 공동체 내부의 가능성을 탐색하는 데 긴요하다. '역사적 안중근'에 대한 비평과 함께 '안중근에 대한 상상력'에 대한 규명과 파악이 필요한 것이다.

이를 위해서는 무엇보다 안중근 창작물 일체를 섭렵하는 작업이 우선 이루어져야 한다. 그 시론적 작업으로서 1980년대 이후 안중근을 주요 소재로 하는 소설과 영화[9]에 나타난 태도의 양상을 세 가지 유형(① 상업주의적 내셔널리즘 ② 내셔널리즘 역사소설 ③ 역사에 대한 좀 더 자유로운 상상력)으로 분류해서 조망해보고자 한다. 1980년대 이후 안중근 창작물에 집중하

8 　장 폴 사르트르, 『상상계』, 윤정임 옮김, 기파랑, 2010, 324~326쪽 참조. 특히 실재로부터 존재자의 자유의 원리로서 의식적 부정성과 무(néant)에 대해서는 장 폴 사르트르, 『존재와 무』, 정소성 옮김, 동서문화사, 2012, 19~29쪽 참조.
9 　이 글에서 다루는 안중근 창작물과 서지는 다음과 같다. 소설: 이호철, 『까레이 우라』, 한겨레, 1986; 복거일, 『비명을 찾아서』, 동아출판사, 1995; 이문열, 『죽어 천년을 살리라 I · II』, 알에이치코리아, 2022; 김훈, 『하얼빈』, 문학동네, 2022. 영화: 〈도마 안중근〉(2004); 〈2009 로스트메모리즈〉(2005); 〈영웅〉(2022).

는 이유는 국가주의(관변 내셔널리즘)와 검열에서 상대적으로 자유로운 민주화 이래 생산된 '역사적 안중근'에 대한 자유로운 태도와 상상력에 주목해야 한다는 문제의식 때문이다. 이는 분명 한국의 안중근 창작물 전체의 일부에 불과하다. 그러나 이 일련의 안중근 창작물은, 그 이전(민주화 이전) 안중근 창작물이 생산되던 시대와 다르게, 앞으로도 이어질 '역사적 안중근'에 대한 자유로운 상상력의 양상과 밀접하게 연결되어 있다. 그것은 그 미래 향방에 대한 비평적 판단의 시좌를 마련하는 데 일조할 수 있다.

한국의 안중근 창작물은 '역사적 안중근'에 대한 항일 내셔널리즘의 자장을 급진적으로 벗어나 생산되는 경우는 거의 없다. 본론에서 다룰 1980년대 이후 안중근 창작물 또한 마찬가지다. 이러한 맥락은 자칫 한국의 안중근 창작물 일체가 국가주의를 강화하는 이데올로기 장치라고 오해할 여지가 있다. 본론에서 살펴보겠지만, 어떤 텍스트들은 의식적으로 이를 추구하기도 한다. 그러나 그것이 결코 한국의 안중근 창작물의 전모라고 할 수는 없다. 오늘날 한국인 공동체 안에서 안중근이란, 반제국·독립국가를 위시한 '보편적 가치관'에 입각한, 자유로운 상상력의 원천이기 때문이다. 지금부터 그 양상을 살펴보자.

2. 내셔널리즘의 상상력 I : 상업주의적 내셔널리즘

한국의 안중근 창작물을 논의하기 위해서는 먼저 항일(抗日) 내셔널리즘적 접근 양상을 논의하지 않을 수 없다. 주지하다시피 '역사적 안중근'에 대한 한국(인)의 인식은 기본적으로 하얼빈 의거를 테러로 규정하는 국외(주로 일본 정부)의 논리에 대항하여 국제법상 주권국가의 '저항권' 논리에 기반을 두고 있다.[10] 그것은 자신의 행동이 열강으로부터 한국을 '보호'한다는 명분으로 한국의 주권을 강탈한 일본에 대한 정규군 특수작전이라는 안중근 법정 최후 진술에 입각한다.[11]

이러한 논리야말로 한국에서 안중근을 항일 내셔널리즘의 상상적 표상으로 재생산하게 한 원동력이다. 베네딕트 앤더슨은 근대의 민족(nation)이란, 특정 지역과 구성원들을 하나로 묶는 시공간 감각과 이념을 근대적 테크놀로지-매체로 보급하는 '구성된 실체'라 주장한 바 있다. 이런 방식으로 매체를 통해 보급되는 민족의 이념은 '외부'와 자신을 구분하는 배타적 전통을 형성한다.[12] 민족을 규합하는 이념으로서 내셔널리즘을 보급하는 각종 문화창작물은 그 자체로 정치적 투쟁과 불가분의 관계에 있을 수밖에 없다. 초창기부터 한국에서 생산된 안중근 창작물 상당수는 제국주의 열강에 의한 식민지 경험과 그에 따른 전후사 문제 같은, 억압적인 '승자의 역사'에 대한 집단적인 투쟁에 참여하는 상상력을 표상해왔다. 내셔널리즘이라는 정치적 투쟁의 이념을 보급·확산하여 제국주의 식민 지배라는 '패배'의 역사를 바탕으로 한 '공감의 공동체' 구성 기획에 복무해 온

---

10 이에 대한 한국적 입장을 다룬 논문을 보려면 조흥용, 「'테러'와 '저항권'의 구분 기준에 관한 연구: 안중근 의사의 하얼빈 의거를 중심으로」, 『한국군사학논집』 71, 2015, 19~46쪽 참조.

11 「안중근 의사의 최후 진술」, 국사편찬위원회, 『사료로 본 한국사』, http://contents.history.go.kr/mobile/hm/〉iew.do?le〉elId=hm_121_0120

12 베네딕트 앤더슨, 『상상된 공동체: 민족주의의 기원과 보급에 관한 고찰』, 서지원 옮김, 길, 2018, 82쪽 참조.

것이다.[13]

이러한 경향은 21세기에도 계속되고 있다. 상대적으로 더 막대한 자본과 인력 그리고 기술이 투입된 창작물일수록 이러한 경향이 특히 두드러진다. 영화 〈도마 안중근〉(2004)과 〈영웅〉(2022)이 대표적이다. 21세기에 제작된 이 두 편의 영화는 각각 역사 활극과 뮤지컬이라는 상이한 장르로 안중근 의거의 영화적 형상화를 시도한다. 그러나 당시 기준으로 상당한 제작비를 들여[14] 선정적인 항일 내셔널리즘을 지향하는 기획물이라는 측면에서는 같은 선상에서 논의될 수 있다.

우선 서세원 감독의 〈도마 안중근〉(2004)을 간단히 살펴보자. 이 영화에 대해 먼저 말해두고 싶은 사안이 있는데, 그 만듦새가 심히 조악하여 감독이 추구하는 영화적 의도를 파악하기 어렵다는 것이다. 이를테면 이런 식이다. 이 영화는 오프닝 시퀀스 직전 '광복 59주년, 천주교정의구현사제단 창립 30주년' 기념으로 제작됐음을 밝히며 시작한다. '역사적 안중근'을 구성하는 가장 중요한 두 개의 테마(국가, 신학)에 천착하는 영화적 기획임을 표명하는 것이다.

'역사적 안중근'의 신학적 의의는 하얼빈 의거와 카톨릭 교리 사이의 긴

---

13 '패배'의 경험을 창작물을 통해 상상적으로 재구성하여 '공감의 공동체'를 규합하는 문화공정은 한국만의 문제는 아니다. 그것은 미국의 베트남전 패전 그리고 일본의 태평양 전쟁 패전에 대한 상상력에서 알 수 있듯이, 근대 내셔널리즘의 일반적인 특성이다. 사카이 나오키, 최정욱 역, 『일본·영상·미국-공감의 공동체와 제국적 국민주의』, 그린비, 2008, 28~37쪽 참조.

14 〈도마 안중근〉약 60억 원, 〈영웅〉약 130억 원의 제작비가 투입됐다고 알려져 있다. 2004년 시점에서 한국 영화 제작비로서 60억 원은 상당한 고액ㅁ이다. 국내 뮤지컬 영화 성공사례가 전무 하다시피한 상황에서 2022년 〈영웅〉의 제작비 130억 원 또한 적지 않은 제작비다.

장 관계에 기인한다. 그러나 이 영화에서 '신학'은 가톨릭이 아니라 개신교적 기획과 연출로 시작되어 끝난다. 오프닝 시퀀스 직후 나치에 저항한 **개신교** 목사 디트리히 본 회퍼의 유명한 발언[15]이 이어진다. 의사의 순국으로 끝나는 엔딩 크레딧에서는 개신교 찬송가(〈내 영혼의 그윽히 깊은 데서〉)가 흐른다. 〈도마 안중근〉은 한국 가톨릭계의 안중근 복권을 반영한 최초의 안중근 창작물이라는 중차대한 의의가 있는데, 정작 감독 서세원의 연출과 영화 제작역량이 이를 전혀 따라가지 못한다는 게 문제다.

'국가'와 관련된 연출은 신학적 차원보다는 그 의도가 좀 더 명확하게 구현된다. 통상적인 반일 내셔널리즘 이미지(이토가 주도한 국권 침탈 과정, 일본군의 양민학살 장면 등)의 반복적인 배치로 그렇게 한다. 이 일련의 이미지는 안중근(유오성 분)이 의거에 이르기까지의 과정을 따라가는 과정에 삽입되는데, 안중근이 쌍권총을 들고 일본군을 격퇴하는 홍콩 누와르적 연출 속에서, 적(일본)과 아군(대한민국)이라는 뚜렷한 영화적 의도가 가시화된다.

윤제균 감독의 〈영웅〉 또한 마찬가지다. 물론 이 영화의 만듦새 자체는 〈도마 안중근〉에 비할 바가 아니다. 전체적으로 분명하고 일관된 영화적 기획(뮤지컬 영화)을 비교적 성공적으로 관철하기 때문이다. 그러나 의거의 의미를 선정적이고 뚜렷한 항일 이미지로 구현한다는 차원에서는 〈도마 안중근〉과 궤를 같이하는 측면이 있다.

이는 오프닝 시퀀스에서부터 드러난다. 카메라는 1909년 3월 러시아 연

---

15 "미친 운전수에게 차를 맡기면 그 차의 모든 이들은 죽는다. 히틀러는 미친 운전수이므로 사람을 살리기 위해서 미친 운전수를 끌어내지 않을 수 없다."

추 설원 한복판에 홀로 선 단독자 안중근(정성화 분)을 비춘다. 안중근은 "뜨거운 조국애를 가슴에 담고" 손가락을 조국에 바치기로 선언한다. 이후 뮤지컬 원작의 오프닝넘버 〈단지동맹〉 전주가 시작된다. 단호하고 결연한 가사에 걸맞은, 안중근 역의 배우 정성화의 바리톤 가창이 내림 나장조(Bb)의 선율로부터 시작된다. 그 순간 안중근의 뜻을 따르는 독립군 동지들의 집단적인 단지(斷指) 의식이 거행되면서 새하얀 설원에 그들의 피가 뚝뚝 떨어져 도드라진다. 이후 안중근의 피로 쓰여진 대한독립(大韓獨立)이 태극기에 새겨지고, 그것이 동이 터오는 하늘에 해를 가리며 게양된다.

오프닝 시퀀스에서 두드러지는 새하얀 설원에 떨어지는 붉은 피의 미장센, 즉 '흰색 위에 빨간색 덧대기'는 〈영웅〉 전체를 관장하는 콘셉트이다. 그것은 만주 일대 설원에서의 무장투쟁 와중에 스러진 항일 독립군들의 피, 조선을 발판으로 만주에 진출하는 노골적인 야욕을 음험한 가사로 표현한 〈이토의 야망〉 시퀀스 절정부의 거대한 욱일기, 그리고 안중근의 총탄에 의해 쓰러진 '이토의 피'로 반복된다. 욱일기와 '피'를 오가는 〈영웅〉의 미장센은 의거의 관객들에게 한국과 일본의 투쟁 관계로 이미지화하는 전략의 산물이다. 철저히 항일의 지평에 안중근의 존재와 의거를 고정하는 것이다.

〈영웅〉의 미장센은 단조 풍의 넘버로 채워진 원작 뮤지컬의 장엄한 분위기를 상업 영화적 맥락에서 고취하는 데 일정부분 성공한다. 뮤지컬 넘버의 의미를 누구보다 정확하게 이해하고 표현해내는 정성화와 정승락(이토 분)의 열연 덕분이다. 두 배우는 안중근의 이토 암살을 한국인 관객의 시점에서, 굳이 빨간색을 여기저기 덧칠해 가며 '의거'라 외치는, 내셔널리즘 정서에 의지한 상업영화의 의도를 각자 훌륭히 완수한다.

〈도마 안중근〉과 〈영웅〉 두 영화는 막대한 제작비와 인력을 투입하여 안중근이라는 위인의 행적을 조망하는 의욕적인 기획이다. 그러나 두 영화 모두 대중에게 받아들여지지 않았다. 전체적으로 만듦새가 떨어지는 〈도마 안중근〉은 2만 명이라는 초라한 흥행성적을 거두며 완전히 잊혔다. 원작 뮤지컬의 영화화라는 한국 영화계에서는 전례 없는 모험적 기획[16]이었던 〈영웅〉은 손익분기점 350만을 채 넘기지 못한 채 OTT 컨텐츠로 넘어가 스트리밍 중이다.

　안중근 의거를 다룬 이 일련의 영화들은 1990년대 이후 한국 문화계에 두드러지게 나타난, 상업자본에 의한 속류 내셔널리즘 기획물 관습[17]의 한 사례이다. 이것들은 지금까지 안중근 창작물에 대한 연구와 비평에서 그간 큰 주목을 받지 못했다. 대중적으로 실패한 상업영화의 이데올로기를 분석하는 건 그 의미를 확대해석할 여지가 있다. 그럼에도 불구하고, 21세기에도 내셔널리즘이라는 집단적 상상력의 표상으로 안중근이 동원되고 있는 실태는 분명히 짚고 넘어갈 필요가 있다. 대중 추수를 위한 이데올로기 장치로서 '항일 내셔널리스트 안중근'은 상업자본이 매력을 느낄 만큼, 한국에서 여전히 강력한 기표이다.

16　연극무대에서 흥행한 뮤지컬의 영화 리메이크는 1960년대 이후 할리우드 뮤지컬 영화제작 관습에서 나타나 뮤지컬 영화 제작 방식의 한 방법으로 착근했다. 민경원, 『뮤지컬 영화』, 커뮤니케이션북스, 2013, xi쪽 참조.

17　내셔널리즘의 상업주의적 결탁은 1990년대 한국에서 두드러지게 나타났다. 황종연, 「민족을 상상하는 문학: 한국소설의 민족주의 비판」, 『비루한 것의 카니발』, 문학동네, 2001, 88쪽 참조. 이와 관련된 보다 자세한 사안을 다룬 최근 연구는 윤현명, 「영화 『남벌』에 나타난 일본 응징 정: 1990년대 한국사회 분위기와 관련해서」, 『열린정신 인문학연구』 23, 2022, 101~134쪽 참조.

3. 내셔널리즘의 상상력 II
: 품성론적 리얼리즘 대(對) 민족 서사시

한국에서 생산된 안중근 창작물의 절대다수는 항일 내셔널리즘의 자장에서 완전히 벗어나 있지 않다. 다만 정도의 차이가 있을 따름이다. 일본의 동양 지배 및 침탈에 대한 저항의 실천이었던 하얼빈 의거가 갖는 역사적인 상징성의 중차대함 때문일 터이다.

항일 내셔널리즘과 관련된 안중근이라는 '거대한 역사적 실체'는 한국 문학의 역사적 상상력의 강력한 원천이 되고 있기도 하다. 이에 속하는 사례 중 '역사소설'이라 통칭할 수 있는 일련의 실천은 특히 주목할 만하다. 안중근을 소재로 한 역사소설류는 안중근의 의거의 '동양 평화'와 반제국주의적 실천을 '보편적인' 한국(인)이라는 상상의 공동체를 상정하여 진지하게 전유하고자 한다. 이호철의 『까레이 우라』(1986) 그리고 이문열의 『죽어 천년을 살리라』(2009)[18]가 그렇다. 두 텍스트는 항일에 바탕을 두고 있으나 앞서 살펴본 두 영화처럼, 직접적으로 내셔널리즘을 참칭한 상업주의로 수렴하지는 않고자 한다. "역사적 상황과 인물들의 실존 즉 실제 있는 그대로의 존재(Geradeso-Sein)를 문학적인 수단으로 증명"[19]하고자 할 따름이다.

먼저, 『까레이 우라』를 살펴보겠다. 이 소설은 '역사상황소설'이라는 기

---

18 원제는 『불멸』. 2009년 1월 1일부터 같은 해 12월 25일 《조선일보》에서 연재됐다. 해당 제목은 2022년 개정판 출간과 함께 해당 제목으로 변경되었다. 이 글에서는 원작자의 뜻을 존중하여 개작된 제목과 판본을 다루겠음을 밝힌다.
19 게오르크 루카치, 『역사소설론』, 이영욱 옮김, 거름, 1987, 44쪽.

획을 표방하여 안중근을 문학적으로 재현하는 기획이다. "안 의사의 이거[의거]에다 초점을 맞추어 한일합방이 되기까지의 일본의 근대화 과정과, 이도오[이토] 히로부미 및 그와 대비한 한국의 상황 등을 폭넓게 다루어 본 것이 이 소설 『까레이 우라』이다."[20] 여기서의 '역사상황소설'이 구체적으로 무엇인지는 분명치 않다. 기존 한국의 인물 전기 형식의 역사소설을 탈피하여 새로운 관점과 태도로 안중근을 상상해보겠다는 시도라는 취지 정도를 유추할 수 있을 뿐이다. 그럼에도, 이호철 스스로 밝힌 명명을 존중하여 말하자면, 안중근 창작물로서 『까레이 우라』의 가장 중요한 특징은 안중근의 하얼빈 의거를 역사적 '상황'의 결과로 서술한다는 데 있다. 철학적인 의미에서 상황이란, 의식 활동의 바탕에서 인간의 자유를 거스르는 동시에 의식이 작용하기 위한 필연적인 조건을 이루는 사물들의 세계를 지칭하는 것으로 여겨진다.[21] 의거의 의미를 자신이 속한 집단(민족-국가)를 억압하는 역사적 조건에 대한, 의식적인 '자유로운 항거'로 형상화하는 것이다.

이호철은 메이지 유신 이후 일본 군부의 제국주의적 팽창이라는 '객관적인' 역사 속 주요 행위자인 이토 히로부미와 안중근이라는 문제적 개인이 동시에 존재한 시대의 단면을 상상력으로 재구성한다. '독립군 의병으로서 안중근이 하얼빈 의거에 이르는 여정'과 '메이지 유신 이후 일본 군

---

20 이호철, 『까레이 우라』, 한겨레, 1986, 7~8쪽.
21 장 폴 사르트르, 『존재와 무』, 정소성 옮김, 동서문화사, 2012 참조. 이호철의 '역사상황소설'에서 상황이 사르트르적 의미의 '상황'인지 확실하지 않다. 그러나 실존주의가 크게 유행했던 전후 세대 문학인들에게 사르트르식 실존주의가 끼친 영향을 염두에 둘 때, 사르트르에 기인할 가능성이 높다고 판단된다.

부에 의한 한일병탄 과정'이라는 두 개의 이야기가 거의 동일한 분량으로 맞물려 구성되는 건 이러한 의도에 따른 거라 생각된다.

『까레이 우라』는 하얼빈 의거를 "조선 사람 누구의 손으로건 백번 죽어도 마땅한 자"[22]에 대한 민족적 단죄로 의미화하는데, 이를 위해 의거의 주체인 안중근을 특이한 기질의 '조선 사람'으로 형상화한다.

> 그가 하는 모든 일이 다 그러했지만, 그는 매사를 급하게 충동적으로 결정하였다. 큰 일, 작은 일을 막론하고 그랬다. 한번 결정을 내리면 물불을 가리지 않고 결행하려 든다. 그의 이러한 급한 성격을 염려해서 일찍이 그의 할아버지는 응칠(應七)이라는 이름마저 중근(重根)이라고 바꿔 주었던 것이다. 매사에 불같은 급한 성격을 가라앉혀서 진득하게 뿌리를 내려 무겁고 신중하라는 할아버지로서의 간절한 바램이었을 것이다. 그러나 이름을 고쳤다고 해서 그의 타고난 성격이 달라질 리는 없었다.[23]

안중근의 불과 같은 성격과 '중근'이라는 이름의 내력은 그를 형상화하는 창작물에서 반복되어온 레퍼토리이다. 그중에서 『까레이 우라』만의 특징은 이러한 안중근 개인의 기질을 의거에 이르기까지 한 가장 중요한 요인으로 주목하고 이를 일관되게 밀어붙인다는 데 있다.

> 이건 지금의 생각이지만 블라디보스톡에 내리자마자 그 풍자만화를 보는

---

22 이호철, 위의 책, 77쪽.
23 위의 책, 46~47쪽.

순간, 전류에 감전되듯이 휘감겨 오던 그 흥분은, 그 후 이도오[이토] 히로부미 그 자를 저격한 순간까지 털끝만큼의 이완도 없이 줄곧 팽팽하게 이어졌던 것이나 아닐까. 아니, 그 이전, 갑자기 블라디보스톡으로 못 견디게 가고 싶어지던 그때부터 이미 그는 전류에 닿아 있었던 것이다. 온몸이 열에 뜬 느낌이었고 그 느낌은 지금 이 순간까지도 그냥 이어지고 있다. 저격하던 순간이 절정의 황홀경이었다고 한다면, 그 절정을 한가운데 두고 저편 끝에 바로 블라디보스톡으로 못 견디게 가고 싶어지던 그날의 조바스러운 흥분이 자리해 있고, 그 이쪽 끝에 오늘 이 순간의 잔잔한 흥분이 자리해 있는 것이다.[24]

이와 같은 '품성론적 접근'은 자칫 의거의 의미를 축소할 위험이 있다. 그러나 이호철은 그의 특수한 기질에 입각한 의거가 민족의 집단적인 의지의 한 표현이라 분명히 역설하면서 이러한 해석과는 의식적으로 거리를 둔다.

우리나라를 송두리째 집어삼키려고 함으로써 이 지역의 평화를 위협하는 현 일본 정치에 대한, 이 민족의 활기찬 증거의 본보기로서, 그자는 내 눈앞에 나섰던 것이야. 따라서 이미 이도오[이토] 개인은 문제도 아니야 나의 이 일본에 대한 경고의 파장이, 그리고 우리 민족으로서는 이 불씨가 뜨겁게 타올라서 어느 만큼 퍼져나갈 것이냐 하는 것이야.[25]

---

24 앞의 책, 22쪽.
25 위의 책, 143쪽.

이 같은 태도는 당시 문학계의 대표적인 민주화 인사[26]로서 이호철의 '민중주의적 리얼리즘'에 입각한 창작 스타일에 입각한다. 특정한 이념이나 규범에 경도된 이 같은 창작물은 갈수록 유효성을 상실해가는 추세이며, 이는 역사소설로서 『까레이 우라』의 한계로 지적될 수 있다. 안중근 창작물이라는 차원에서도 『까레이 우라』의 한계는 분명하다. 무엇보다 '품성론적 접근'은 의거의 주체인 안중근과 관련된 복잡한 사상적 지평을 소거한다.[27] 특히 의거의 의미를 철저히 안중근 개인의 기질과 성격에 입각하여 축소하려는 공판기록 상 일본 사법부의 입장과 멀리 떨어져 있지 않기에 문제적이다.

물론 '민중주의적 리얼리즘'에 입각한 이 소설의 의도를 일본의 입장을 추수한다고 말하는 건 의도의 곡해일 수 있다. 사실 『까레이 우라』의 진정한 문제는 의거라는 역사적 사건을 '항일'에 입각한 집단적 내셔널리즘으로 회수하는 시도에서 벗어나지 못하고 있다는 데 있다. 이러한 상상력은 〈도마 안중근〉과 〈영웅〉의 속류 내셔널리즘과도 어느 정도 맞닿아 있다.

'항일'이라는 집단감각을 거스르지 않는 한국의 안중근 창작물은 의도치 않게 속류 내셔널리즘의 감각과 구분하기 어려운 경우가 많다. 1990년대 이후 항일을 소재로 한 각종 속류 내셔널리즘 창작물이 범람하기 시작한 이후, 이와 거리를 두면서 안중근의 일생을 새로이 조망하고자 하는 문

---

26 1970·80년대 이호철의 재야에서의 민주화 활동의 간략한 역사를 보려면 이호철, 「간략한 본인 이력서」, 『우리는 지금 어디에 서 있는가』, 국학자료원, 2001, 48~54쪽 참조.

27 물론 『까레이 우라』가 역사학계와 신학계에서 안중근의 복합적인 면모와 '사상'에 대한 재평가 움직임이 일어나기 이전에 쓰여진 소설이라는 걸 감안해야 한다.

학적 상상력이 나타났다. 이문열의 『죽어 천년을 살리라』(2009)는 이에 해당하는 대표적인 텍스트 중 하나이다. 이 소설은 기존 안중근 창작물이 추수하는, 의거를 형상화하는 항일 내셔널리즘의 클리셰와 거리를 두고자 한다. 이를 위해, 1990년대 이후 '역사적 안중근'에 대한 다양한 사상사적 재평가를 충분히 반영하여, 안중근에 대한 기존의 '왜곡된' 태도의 갱신을 표방한다.

우리 민족의 집단 기억에 입력된 안중근이라는 기록의 파일만큼 여러 종류의 봉인으로 심하게 왜곡되거나 축소 은폐된 예도 드물다. 어떤 것은 오랜 봉인으로 거의 인출 불능 상태에 이른 것들도 있다. 그러한 왜곡의 선두에는 일본제국주의가 있고, 당시 프랑스 외방선교회 신부들의 영향 아래 가톨릭 조선 교구가 있다. 개화에는 턱없이 적대적이던 고루한 근왕주의자(勤王主義者)들 못지않게, 모든 반역을 혁명으로 미화시키지 않고는 못 배기던 얼치기 공화주의자들이 그 뒤를 잇고, 다시 정치 외교 우선의 독립운동 노선과 무장투쟁 노선, 애국계몽론의 독선이 거들어 각기 나름의 봉인을 더했다. 그들은 저마다 자기들의 안중근을 내세우며 거기에 배치되는 기억 들을 봉인해 버렸다.
다행히도 해방과 더불어 일제의 봉인이 대부분은 벗겨지고, 가톨릭 한국교구도 1980년대에 접어들면서 교인 안 토마스를 온전히 복권시켰다. 북한의 저작물을 빼고는 진보 진영의 저작물에서도 이제 더는 안중근의 정신과 동학 봉기의 충돌을 숨기지 않으며, 안중근이 근왕주의자였는지 공화주의자였는지에 대해서도 날 선 물음을 던지지 않는다. 무장투쟁 우선의 독립 노선도 애국계몽운동의 성과를 무시하지 않고, 정치외교 노선도

무장투쟁을 테러리즘으로 경원하지 않게 되었다. 그런데도 지난 1년 내 의식을 적잖이 억누른 것은 아직도 우리 사회에 깊게 남아 있는 그런 옛 봉인의 흔적이었다.[28]

『죽어 천년을 살리라』는 20세기 후반부터 전개된 역사적 안중근과 관련된 한국에서의 복잡다단한 사상적 재평가를 반영하여, 안중근의 일생을 "민족의 집단 기억을 우리가 오래 되뇔 뜨거운 서사시로 재구성"[29]하고자 한다. 이를 위해 안중근을 상상적으로 재구성하는 평전(Critical Biography)을 표방한다. 의거라는 사건보다 안중근이라는 인물(됨)에 주목하여, 기존 안중근 창작물에서 잘 다루지 않은 의사의 일생을 풍부하게 다루고자 하는 것이다.

그에 따라 기존 안중근 창작물에서 다루지 않은 다양한 양상들에 큰 비중을 두어 서술되는데, 이는 21세기 한국에서 안중근에 대한 역사적 재평가를 반영한다. 십 대 시절 부친 안태훈 휘하에서의 동학 토벌군 활동에 나선 일이나[30] 당대에 신학적으로 인정받지 못한 가톨릭 신앙인으로서 안중근의 의거가 전후 영성 · 해방신학의 '저항권' 개념을 선취한 것이라는 평가[31]는 21세기 한국 사회에서 보편화된 '역사적 안중근'에 대한 인식에 발맞추는 것이다.

그리고 이러한 인물 형상이 그 일생과 행적의 영웅화로 이어진다. 『죽

---

28 이문열, 『죽어 천년을 살리라 Ⅰ』, 8~9쪽.
29 위의 책, 9쪽
30 위의 책, 47~77쪽 참조.
31 위의 책, 362쪽 참조.

어 천년을 살리라』가 묘사하는 안중근은 우국충정을 향해서 거침없이 내달리는 전기류 소설의 장부(丈夫)적 인물이다. 독립군 지휘관 활동 중 그릇된 판단으로 휘하부대를 절멸의 위기에 빠뜨리고 퇴각할 때, 안중근의 심정을 표현하는 대목에서 알 수 있다.

> 듣고 보니 그대의 말이 참으로 옳소. 옛날에 초패왕 항우가 오강(烏江)에서 자결한 것은 두 가지 원통함이 있어서였을 것이오. 하나는 무슨 면목으로 다시 강동의 어른들을 만나 볼 수 있겠느냐는 것이요, 다른 하나는 강동이 비록 작은 땅일지언정 족히 왕 노릇 할 만하다는 말에 화를 참지 못해서였을 것이오. 특히 서초패왕이 되어 천하를 호령하며 영웅을 자처하던 항우에게 손바닥만 한 강동으로 건너가서 작은 왕이라도 되란 말이 얼마나 욕되었겠소? 하지만 그때 항우가 한 번 죽고 나자 천하에 또다시 항우가 없었으니, 어찌 안타까운 일이 아니겠소? 감히 견주어 보는바, **오늘 이 안응칠이 처한 자리도 또한 그와 같소. 이 안응칠이 여기서 한 번 죽으면 세상에 다시는 이 나라와 겨레를 위해 목숨을 던질 안응칠이 없을 것이오**. 그리하여 정작 크게 쓰여야 할 때 내던질 목숨이 없으면 그 얼마나 안타까운 일이겠소? 무릇 영웅이란 것은 능히 굽히기도 하고 능히 무릅쓰고 버티기도 해야 하는 법이라 들었소. 내 멀리 해외로 뛰쳐나온 목적을 달성하기 위해서라도 마땅히 그대의 말을 따르겠소이다! [32]

이는 안중근을 상상하는 작가 이문열의 태도에 입각한 창작이다. 이문

32 앞의 책, 224쪽. 강조는 인용자의 것.

열에게 있어서 '역사적 안중근'의 모든 행적은, 인격적으로 이미 완성된 서사시적 영웅의 일대기로 보여야 하는 듯하다. 이문열이 그리는 안중근은 한치의 내적 갈등 없이 스스로를 장부이자 '영웅'으로 칭한다. 신앙과 무장투쟁이라는 사상적 모순을 다루는 데서도 마찬가지다. 신앙적 아버지 빌렘 신부의 적극적인 만류에도 불구하고, '외국인이라 믿을 것이 못된다'라고 생각하며 무장투쟁 노선을 이어간다.[33]

『죽어 천년을 살리라』에서 안중근의 신앙인으로서 면모는 부차적이다. 그것은 안중근 내면의 개인성의 일면이라기보다 구한말 서북지역의 신흥 호족으로서 새 시대에 발맞춘 부친 안태훈의 사상적 유산으로 그려진다.[34] 그렇게 안중근은 부친이 남긴 물적 토대와 가톨릭이라는 반석 위에서, 자신만의 무장투쟁을 이어가다 하얼빈 의거에 이르고, 여순감옥에서 짧은 생을 마감한다. 그에 대한 공판기록 그리고 정갈하고 일관된 유묵과 '사상'의 편린들, 무엇보다 의거를 찬탄한 당대의 역사적 거인들(양계초, 손문, 원세개 등)의 평가가 '영웅 안중근'의 뚜렷한 증거로 제시되며 소설이 마무리된다.

『죽어 천년을 살리라』에 나타난 이문열 상상력과 기획 의도는 명백하다. 21세기 한국 사회에서 통용되는 '역사적 안중근'을 한국(인)의 초역사적인 집단정신으로 형상화하는 것이다.

　일찍이 조국을 위한 헌신을 신성한 의무로 자임해 온 안 의사의 순직(順直)

---

33 위의 책, 121쪽 참조.
34 부친 안태훈의 가톨릭 개종 과정 서술을 보려면 이문열, 『죽어 천년을 살리라 Ⅰ』, 160~175쪽 참조.

하고 경건한 영혼은 한번 조국의 부름을 듣자, 무슨 정연한 전기를 쓰듯 살아온 30년 남짓의 짧은 생애를 아낌없이 그 제단에 봉헌(奉獻)하였다. 국권 침탈의 원흉인 신흥 제국주의 일본의 효웅(梟雄)을 쥐 새끼 밟아 으깨듯 쏘아 죽이고, 대한의군부 참모중장으로 의연히 죽음을 받는 그 모습에는 절로 옷깃을 여미게 하는 숙연함이 있다. 이렇듯 단호하고 자명한 길을 한 번 주저함도 없이 달려간 듯 보이는 그의 불꽃 같은 삶은 우리의 집단 무의식 속에 불멸의 기억으로 타오를 것이다.[35]

이문열에게 있어 안중근의 일대기는 일개인의 역사적·정치적 선택을 초월하는 숭고한 것(the sublime)[36]과 관련된다. 이문열에게 안중근이란 특정한 역사와 시대적 한계 속에서 평가될 수 없는, 영속적인 가치가 되어야 하는 대상이다. 안중근에 대한 이문열의 기획은 베네딕트 앤더슨이 전사자 추모비를 빗대어 설명한, 상상의 공동체를 구성하는 초역사적인 상징물로 안중근을 의미화하는 상상력이다. 그것은 일견 21세기의 한국에서 전개된 안중근에 대한 역사적·사상적 성과를 반영하는 듯하나, 안중근의 일대기 전체를 역사를 초월한 순교와 희생으로 의미화한다는 측면에서 탈역사적인 정치적 상상력이다.[37] 『죽어 천년을 살리라』는 '역사적 안중근'을 '전사자 묘비화'하는 전면적인 기획으로서, 대중을 추수하는 상업

35 이문열,『죽어 천년을 살리라 II』, 432쪽.

36 Jean-François Lyotard, Trans. Elizabeth Rottenberg, *Lessons on the Analytic of the Sublime,* Stanford Uni〉ersity Press, 1994, pp. 23-29 참조.

37 세속 이데올로기로서 국가와 혁명을 초역사적으로 떠받치는 순교와 희생의 변증법에 대해서는 임지현,『희생자의식 민족주의: 고통을 경쟁하는 지구적 기억 전쟁』, 서울, 휴머니스트, 2021, 118면 참조.

주의와는 의식적으로 거리를 둔다. 하지만 이를 통해 동시대 그 어떤 안중근 창작물보다 노골적으로 민족국가와 안중근의 적극적인 유착을 도모한다.

4. 안중근이라는 상상력: 사변적 상상력과 윤회적 상상력

한국에서 안중근 창작물의 상상력이 내셔널리즘에서 벗어나는 건 어려운 일이다. '역사적 안중근'에 대한 접근이 하얼빈 의거에 대한 식민지 시대 총독부와 오늘날 일본당국(일각)의 '폄하'에 대한 비판 및 재인식과 떼려야 뗄 수 없기 때문이다. 물론 오늘날 한국의 '역사적 안중근' 연구는 우승열패·약육강식적 제국주의 비판이라는 보편적인 맥락을 표방하여 이를 환기하는 데 적잖게 기여하고 있다. 그러나 그 성과들이 안중근과 내셔널리즘의 대중적 차원의 유착을 완전히 해소하는 데까지 이르렀다고 할 수는 없다. 이를 위해서는 항일 내셔널리즘과 의식적으로 거리를 두는 태도에 입각한 다채로운 상상력이 더 많이 생산될 필요가 있다.

한국에서 이에 도전하는 유의미한 안중근 창작물이 없는 건 아니다. 하얼빈 의거가 실패했다는 가정에서 출발하는 대체 역사물 『역사 속의 나그네』(1987), 〈2009 로스트 메모리즈〉(2005) 그리고 소설 『하얼빈』이 이에 속한다고 생각된다. 이 일련의 안중근 창작물은 안중근 의거의 의미를 내셔널리즘이 아니라 통상적인 시대 및 역사 인식과 거리를 두는 부정성의 상상력으로 준용한다.

복거일의 『역사 속의 나그네』와 〈로스트 메모리즈 2009〉를 간략히 살

퍼보겠다. 두 텍스트는 하얼빈 의거가 실패하고 일제의 식민 지배가 현재까지 계속된다는 설정을 중심으로 하는 대체 역사물이다. 엄밀히 말하면 안중근 창작물이라고 보기는 어려우나, 이 파격적인 설정을 위한 결정적인 도화선으로서 안중근의 하얼빈 의거를 다룬다는 점에서 주목할 만하다.

『비명을 찾아서』와 〈2009 로스트 메모리즈〉는 '의거의 실패가 조선의 영구식민지화로 이어졌다'라는 설정을 공유하지만, 이후 내용의 전개와 다루는 메시지는 상이하다.[38] 이를 상세히 다루는 건 논의를 초과하는 일이 될 것이므로, 두 대체 역사물의 공통적인 설정이 안중근에 접근하는 태도와 상상력의 의의만을 간단히 살펴보겠다.

두 텍스트의 설정은 안중근을 근현대 한국사의 가장 중요한 분기를 만든 인물로 간주하는 사변적(speculati)e) 접근의 태도라는 점에서 흥미롭다. 당대의 '역사적 안중근'과 무관하다고 볼 수는 없으나, 안중근과 관련된 경험적인 인과나 증명의 영역에서 가장 멀리 떨어진 발상이다. 물론 아무리 사변적 접근에 철저하더라도 역사적 법칙이라는 '상황'을 형식적으로 배제할 수 없다. 오히려 사변이 철저히 '역사적 사실'이라는 범주 안

---

38 간단히 말하면 다음과 같은 차이가 있다. 복거일의 『비명을 찾아서』는 경성 출신의 무명 시인이자 대기업 과장인 '조선계 일본인' 기노시타 히데요(朴英世)가 일본에 의해 망각된 조선어 문학과 조선사를 추적하며 '조선인 정체성'에 눈을 뜨는 내적 모험을 추적한다. 〈2009 로스트 메모리즈〉는 조선 독립 단체를 수사하던 일본 엘리트 경찰 '조선계 일본인' 사카모토 마사유키(阪本正行, 장동건 분)의 역사적 각성을 중심으로 하는 SF 액션물이다. 전체적인 줄거리는 다음과 같다. 조선에 대한 일본의 영구 지배가 타임 슬립 기능이 있는 고구려 유물(월령)을 사용한 '역사 왜곡'임을 깨닫고 이를 이용해 과거로 가 하얼빈 의거를 돕는다.

에서 이루어진다. 일반적인 역사창작물은 경험적인 차원에서 재현 가능하다고 인식되는 한에서 상상력을 전개한다. 반면에 대체역사장르에서는 '역사의 제약'을 철저하게 비경험적으로 재조직한다. 조선 병합(1910) 이후 일본군부가 미국과의 전쟁이 아닌 우호 중립노선을 선택하여 1945년 이후에도 조선을 비롯한 만주 일대를 점령하고 있다는 『비명을 찾아서』와 〈2009 로스트 메모리즈〉의 설정이 그러하다. 두 텍스트 모두 역사적 인물과 사건에 입각하나 그 인과관계를 철저히 임의적으로 연결하여 전복하는 대체역사물이다.[39] 경험주의적 역사 인식의 측면에서, 이는 증명 혹은 반증 자체가 불가능하기에 의미를 갖기 어렵다. 하얼빈 의거 실패가 영구식민지로 이어진다는 발상의 역사적 · 재현적 적정성을 판별할 '객관적인' 방법은 없다. 오로지 역사에 대한 '상상력'이라는 차원으로서만 유의미하다.

궁극적으로 이러한 상상력이 의미가 있는 이유는 '역사적 안중근'이라는 '자명하고 거대한 실재'에 대한 비경험적 재조직으로서, 역사에 대한 무한히 자유로운 태도와 접근의 가능성이기 때문이다. 우연적인 것을 더 복잡한 질서의 존재와 양립 가능케 한다는 점에서 사변적 상상력[40]에 속하는 이러한 태도는 역사(질서)에 대해 인간이 취할 수 있는 무한정한 자유의 영역을 시사한다. 『비명을 찾아서』와 〈2009 로스트 메모리즈〉의 상상력은 안중근이라는 '자명하고 거대한 역사적 실체' 그리고 이에 입각한

---

39 특히 『비명을 찾아서』 대체 역사 설정의 명세를 확인하려면 복거일, 『비명을 찾아서』, 동아출판사, 1995, 12~13면 참조.
40 퀭텡 메이야수, 『형이상학과 과학 밖 소설』, 엄태연 옮김, 이학사, 2017, 28~29쪽 참조.

각종 이념에 대해, 한국인들이 취할 수 있는 '자유로운' 지적·감각적 역량의 산물이다.

2022년 출간된 김훈의 『하얼빈』의 상상력은 이와 상이한 방식으로 의거의 의미를 자유로이 재구성한다. 이를 위해 김훈은 '역사적 안중근'과 관련된 지엽적인 사안 하나에 천착한다. '작가의 말'을 보자.

안중근은 체포된 후 일본인 검찰관이 진행한 첫 신문에서 자신의 직업이 '포수'라고 말했다. 기소된 후 재판정에서는 '무직'이라고 말했다. 안중근의 동지이며 공범인 우덕순은 직업이 '담배팔이'라고 일관되게 말했다.

포수, 무직, 담배팔이. 이 세 단어의 순수성이 이 소설을 쓰는 동안 등대처럼 나를 인도해주었다. 이 세 단어는 생명의 육질로 살아 있었고, 세상의 그 어떤 위력에도 기대고 있지 않았다. 이것은 청춘의 언어였다. 이 청년들의 청춘은 그다음 단계에서의 완성을 도모하는 기다림의 시간이 아니라 새로운 시간을 창조하는 에너지로 폭발했다.

이 청년들의 생애에서, 그리고 체포된 후의 수사와 재판의 과정에서, 포수, 무직, 담배팔이라는 세 단어는 다른 많은 말들을 흔들어 깨워서 시대의 악과 맞서는 힘의 대열을 이루었다. 깨어난 말들은 관념과 추상의 굴레를 벗어던지고 날것의 힘으로 일어서서 말들끼리 끌고 당기며 흘러가는 장관을 보여주었는데, 저 남루한 세 단어가 그 선두를 이끌고 있었다.

(중략) 안중근을 그의 시대 안에 가두어놓을 수는 없다. '무직'이며 '포수'인 안중근은 약육강식하는 인간세의 운명을 향해 끊임없이 말을 걸어오고 있

다. 안중근은 말하고 또 말한다. 안중근의 총은 그의 말과 다르지 않다.[41]

　김훈은 자신의 문학적 기획이 공판기록 상 남겨진 짧은 진술에서부터 시작됐음을 명시한다. 그러나 서문에서 언급한 도진순의 비판[42]에서 알 수 있듯이, '역사적 안중근'의 관점에서, 이러한 접근은 침소봉대일 수 있다. 일반적으로 안중근의 저 발언은 그가 품은 의거의 저의나 사상에 선행한다고 보기 어렵다. 도진순의 말마따나 공판 초창기 상황에 입각한 전략적인 발언이라 보는 게 더 합당하다고 생각된다.[43]

　그러나 '역사적 상식에 부합하지 않는다'라는 비판으로는 충분하지 않다. 『하얼빈』은 '역사적 안중근'에 대한 수정주의적 기획이 아니라 안중근을 통한 저자의 역사적 태도에 입각한 상상적 기획이기 때문이다. 중요한 건 역사적 비약을 무릅쓰면서 '포수·무직·담배팔이'에 천착하는 김훈 태도가 무엇을 의미하는가일 터이다.

　이를 알아보기 위해서는 『하얼빈』의 구성을 살펴봐야 한다. 내용적인

41　김훈, 「작가의 말」, 『하얼빈』, 문학동네, 2022, 303~307쪽.

42　상기한 논문에서 도진순은 김훈이 공판기록 상의 '포수·무직·담배팔이'라는 언표에 대한 과한 의미부여를 통해 하얼빈 의거의 의미를 역사적 안중근에서 급진적으로 떼어놓는다고 비판한다. "안중근의 '무직'은 직업적 의병의 복화술이며, 방점은 '무직'이 아니라 '의병'에 있었다. 그것도 '국가'의 '의병 참모중장'이라는 것이다." 도진순, 앞의 논문, 192쪽.

43　참고로 '포수·무직·담배팔이' 발언에 대한 이문열의 입장은 이러한 '상식'에 입각한다. "안중근은 하얼빈 역에서 단독으로 저격에 나서면서부터 결심한 대로 철저하게 자신을 숨겼다. 친인척이나 동지와 벗들이 자신 때문에 일본의 해코지를 당하지 않게 하기 위함이었다. 누가 들어도 애매한 답변이었으나 미조부치는 더 따지지 않고 다음으로 넘어갔다." 이문열, 『죽어 천년을 살리라 II』, 334쪽.

차원에서 이 소설은, 여느 안중근 창작물과 마찬가지로, 하얼빈 의거에 이르는 의사 안중근 일생의 한 단면을 상상력을 동원하여 재구성한다. 『하얼빈』의 독특한 점은 의거의 대상인 이토를 조망하는 방식에 있다. 이토는 여타의 안중근 창작물에서 그려지는 '국권 침탈의 원흉'임과 동시에, 김훈이 주목한 '포수·무직·담배팔이'와 정 반대편에 있는, 근대와 함께 도래한 시대정신과 그 방법의 표상으로 묘사된다.

김훈은 대한제국의 국권 침탈을 주도한 이토의 내면과 자의식을 상상력을 발휘해 비교적 상세하게 재구성한다. 조선왕조의 멸망과 한국인의 '신민화'를 거침없이 추진하는 행동의 원천에는 '문명개화'를 위시한 단일한 근대성과 그 기준에 대한 확신이 자리한다. 이러한 내적 논리에 입각하여, 이토는 조정의 '사대부'가 통치하던 시간을 일소하고 새로운 질서인 근대적 표준시간(GMT)의 대리인을 무람없이 자처한다.

> 이토는 한국 통감으로 부임한 후 서울의 여러 공공건물에 시계를 설치했다. 건물 정면에 대형 시계를 붙였고, 집무실과 회의실마다 벽시계를 걸었다. **통감부에 모이는 조선의 대신들은 벽시계 아래서 통감의 시정연설을 들었다.** 이토는 시간이 제국의 공적 재산이라는 인식을 조선 사대부들에게 심어 넣으려 했으나, 시간의 공공성을 이해시킬 길이 없었다. 이토 자신이 설명의 언어를 갖추지 못하기도 했지만 시간을 계량하고 시간을 사적 내밀성의 영역에서 끌어내 공적 질서 안으로 편입시키는 것이 문명개화의 입구라고 설명을 해도 고루한 조선의 고관들을 알아듣지 못할 것이다.[44]

---

44 김훈, 앞의 책, 13쪽. 강조는 인용자의 것.

'문명개화의 대리인'이라는 이토의 자의식은 시간적 차원에 그치지 않는다. 근대적 측량술과 항해 도법을 "세상 전체를 기호로 연결해서 재편성하는 힘의 핵심부"[45]라 믿는 그의 내면에서 한반도는 이미 일본제국의 지배를 받고 있다. "조선이 평화와 독립을 동시에 누릴 수 있는 길은 제국의 틀 안으로 순입하는 것"[46]이라는 확신에 찬 독백에서 알 수 있다. 이토는 어떠한 내적 흔들림 없이 이를 믿고 전개한다. 그렇게 이토는 새로운 테크놀로지인 신문과 사진을 이용한 문화공작('만월대 사진')을 통해 자신의 '사상'을 이미지로 설파하면서[47], 조선을 발판으로 철도를 통한 대륙 진출과 및 미래의 동양 통치를 구상하기 위해 하얼빈으로 향한다.

이토의 성향과 내면은 제국의 엘리트적이자 최고위 관료제적 이상과 이념 그 자체이다. 그는 조선 침탈을 문명개화를 위한 '선'이라 확신한다. 그렇게 그는 왕과 엘리트들이 나라의 주권을 양도한다는 문서상 '도장의 힘'을 바탕으로, 이에 대항하는 민초의 저항을 철저히 무시한다. 일본에 대항하는 조선인들의 마음을 전혀 이해하지 못할뿐더러 들여다보려조차 하지 않는다. 마음과 행동이 온통 근대적 시대정신과 테크놀로지를 '제국의 팽창'으로 동원하는 방향으로 온전히 쏠려있다.[48]

---

45 위의 책, 16쪽.
46 위의 책, 83쪽.
47 위의 책, 49~52쪽 참조.
48 "도쿄에서 시모노세키까지는 열차로, 시모노세키에서 대련까지는 기선으로, 대련에서 여순, 봉천, 장춘을 거쳐서 하얼빈까지는 다시 열차로 이동하게 되어 있었다. 메이지유신 이후에 동양의 바다와 대륙은 한길로 이어져 있었다. 이토는 그 이어짐의 의미를 깊이 새겼다. 등대와 철로가 이어지면서 동양은 새로 만들어지고 있었다." 위의 책, 105쪽.

안중근은 정확히 이와 반대되는 내면과 성정을 지닌 존재이다. 이뿐이라면 여타의 안중근 창작물과 다르지 않을 터이다. 안중근을 상상하는 『하얼빈』만의 특이한 점은 의거를 내셔널리즘 같은 이념이 아니라, 극단적인 엘리트주의·제국주의에 반대하는 정동적 반발과 같은 것으로 형상화한다는 데 있다. 안중근에게 있어 의거는 "이토의 한 생애의 자취를 모두 소급해서 무화(無化)시키는"[49]게 불가능한 가운데 그가 할 수 있는 차선책이다. 그것은 이토 개인에 대한 원한이라기보다는 이토라는 존재가 체현하는 사상과 방법에 대한 '제거'의 의지이다. 그렇게 '이토를 어떻게 해서든지 눌러야 한다는' 설명할 길 없는 '골병과도 같은 생각'[50]에 사로잡혀 있던 안중근은 어느 날 문화공작의 일환으로 이토가 기획한 '만월대 사진'을 보고, "자각 증세가 없는 오래된 암처럼 마음속에 응어리져 있"[51]던, 이토를 죽여야 한다는 내면의 목소리에 이끌려 하얼빈으로 향한다.

『하얼빈』에서 안중근은 마치 이토를 죽이기 위한 윤회적 존재처럼 그려지는데, '작가의 말'에 언급된 '포수·무직·담배팔이'는 바로 이러한 맥락에서 이해되어야 한다. '문명개화' 바깥의 단독자적 삶(포수), 룸펜(무직), 도시 하층민(담배팔이)은 이토가 체현하는 엘리트·관료주의·근대 테크놀로지 정 반대편을 지시하는 언표이다. 김훈에게 있어서 (역사적인 적정성을 차치하고) 하얼빈 의거는 이에 대한 반작용이다. 그것은 시계·철도·측량·군사를 효율적으로 규격화하는 관료제적 엘리트 전문가 주의

49 위의 책, 89쪽.
50 앞의 책, 88쪽 참조.
51 위의 책, 97쪽 참조.

(professionalism)적 통치로는 완전히 통제할 수도 억누를 수 없는, 우발적이면서 무정형한 모종의 해방적 정동에 입각한다.

하얼빈 의거에 접근하는 김훈의 태도에는 분명 비판의 소지가 있다. 의거의 의의를 제도·테크놀로지·엘리트 체제와 불화하는 안티테제로 상정하는 맥락이 그렇다. 김훈의 문학적 기획은 안중근이 밝힌 의거의 의미와 그 사상적 지평을 과감하게 소거하여, '안중근을 그의 시대 안에 가두어놓을 수 없는 총을 통해 말하는 청년의 순수성'으로 재구성한다. 이러한 태도는 의거의 의미를 소외된 자들에 의한 반(反)제도적 테러 혹은 사보타주로 수정하거나, 최소한 이에 빗대는 맥락으로 여겨질 수 있다. 하얼빈 의거에서 '포수·무직·담배팔이' 같은, 근(현)대적 '문명개화'로부터 소외되거나 억압된 이들의 존재론적 항거의 맥락을 읽을 수 없는 건 아니다. 그러나 그것이 온전히 그 자체를 표상하는 것으로 수렴될 수 있을지는 의문이다. 의거 이후 그가 남긴 기록이 시사하듯, 안중근의 이토 저격은 분명 근대 엘리트 특유의 지사(志士)적 행위에 더 가까운 것으로 이해된다.

안중근에 접근하는『하얼빈』의 기획은 김훈이 바라보는 최근의 시대 인식에 입각한다. 2010년대 들어 김훈은 급격화된 빈부격차와 사회적으로 소외된 하층계급 노동자의 현실[52], 국가와 사회 시스템이 책임소재를 방기한 사안[53] 등을 특정한 정파나 이념이 아니라, 그들의 경험적 삶과 몸을 중심으로 조망하는 작업을 이어가고 있다. '포수·무직·담배팔이'라

---

52 김훈,「밥 1」,『라면을 끓이며』, 문학동네, 2016, 70~75쪽 참조.
53 김훈,「살아가는 사람들: 세월호 4주기」,『연필로 쓰기』, 문학동네, 2019, 251~262쪽 참조.

는 기표에 천착한 안중근 형상화는 그 연장선상에서 이루어진 듯하다. 그것은 인류가 근대(자본주의, 관료제적 국가통치)로 진입한 이후 나타난 각종 인간소외에 대한 원초적인 항거의 한국적 시초에 해당한다. "약육강식은 국가와 국가 간의 관계뿐만 아니라 사회경제적 강자와 약자의 관계로까지 번져가고 있다. 안중근의 순국은 약육강식이라는 인간의 현실을 깊이 성찰하게 해준다. 이 문제는 여전히 전 지구적이고 전 인류적이다."[54] 『하얼빈』은 근대사회로 진입한 이래 소외된 이들을 조망하는 역사적 표상으로 안중근을 상상하기 위해, 역사적 비약을 감수한 창작물이다.

5. 맺으며

지금까지 1980년대 이후 한국의 소설과 영화에 체현된 안중근에 대한 상상력의 양상을 살펴보았다. 해당 시기 한국에서 생산된 안중근 창작물은 하얼빈 의거에 대한 항일 내셔널리즘적 맥락에서 완전히 벗어나 있지 않다. 그것은 21세기에 제작된 '대규모 자본'을 들인 상업영화(〈도마 안중근〉, 〈영웅〉)에서 확인할 수 있듯, 제국주의 식민 지배라는 '패배'의 역사를 바탕으로 한 '공감의 공동체'와 공모하기도 한다. 상업영화뿐만 아니다. 당대의 '역사적 안중근' 인식에 입각한 문학적 기획으로서 일련의 역사소설(『까레이 우라』, 『죽어 천년을 살리라』)도 일정부분 그렇다. 그것들은

---

54 김훈, 「안중근 순국 113주기, 『하얼빈』 작가 김훈에게 묻다」, 『월간중앙』 4월호, 중앙일보사, 2023, 215쪽.

직접적으로 상업주의적 속류 내셔널리즘으로 수렴하지는 않지만, 안중근의 일생을 창작자 개인이 추구하는 민족 정체성의 재료로 삼는다는 점에서는 내셔널리즘에 복무한다고 할 수 있다. 물론 한국에서 안중근에 대한 상상력이 항일 내셔널리즘의 자장에서만 이루어지는 건 결코 아니다. 근현대 한국사의 가장 중요한 분기인 하얼빈 의거의 성패 여부를 역사에 대한 사변의 단초로 접근하는 대체역사물(『비명을 찾아서』, 〈2009 로스트 메모리즈〉)이나, 자신의 문학적 기획에 입각하여 역사적 비약을 단행의 사례(『하얼빈』)에서 알 수 있다.

내셔널리즘이라는 자장 하에 생산된 이 일련의 안중근 창작물들은 외부의 시선에서 봤을 때 배타적인 '정치적인 투쟁'의 정동을 추동하는 것으로 보일지 모른다. 물론 그러한 측면이 없지는 않다. 그러나 한국의 안중근 창작물은 기본적으로 '외부'를 향한 역사적 발화라기보다, 한국이라는 국민국가(nation-state) 내부 정체성과 관련된 역사가 호명하는 '보편적 한국인'을 상정한 자유로운 상상력이다. 요컨대 '역사적 안중근'에 대한 한국(인) 내부의 복잡하고 다양한 재귀적(reflexive) 태도의 양상이자 수행이라 할 수 있다.

안중근과 같은 '거대하고 자명한 실재'와 같은 역사적 대상을 소재로 한 창작물은 국가 정체성과 관련된 '공감의 공동체' 구성의 핵심적인 재료가 될 수밖에 없다. 그것은 국민국가 구성원 내부의 결속을 도모하는 한편으로, '외부' 혹은 내부의 타자들을 분리·배제하는 배타적인 기제에 일조하기도 한다. 한국의 안중근 창작물에 나타난 '자유로운 상상력'의 양상들은 '역사적 안중근'을 중심으로 한 결속과 배제의 경계선이 결코 단일하거나 자명하게 존재하고 있지 않음을 시사하는 내부 발화이다. 그것은 역사에 대한 내부 구성원 개개인의 다양한 태도에 입각한 창조적 기획으로서, '우리'를 구획하는 불가피한 시공간적 구획과 이념의 한계를 그 내부에서 끊임없이 조정해나가는 과정에서 태어난 문화적 실재이다. 거대한 역사적 존재로서 안중근은 오늘날 한국의 자유로운 접근과 표현의 증거이자, 그것이 지닌 가능성과 한계의 열린 시험장이다.

안중근의 동양평화사상과
동북아시아의 미래공생

오쿠노 쓰네히사

안중근을 철학하다

오구라 기조

안중근의 동양평화사상과 동북아시아의 미래공생

오쿠노 쓰네히사 _ 류코쿠대학 안중근동양평화연구센터 센터장

번역 _ 조성환

   2024년 2월 20일, 교토에 있는 류코쿠대학의 오오미야(大宮) 캠퍼스에서《안중근의 동양평화사상과 동북아시아의 미래공생》이라는 주제로 한일공동 학술대회가 개최되었습니다. 바쁘신 가운데에도 멀리 일본에까지 와 주신, 그리고 교토에까지 찾아주신 원광대학교 선생님들께 다시 한번 진심으로 감사드립니다. 이날 학술대회는 원광대학교 동북아시아인문사회연구소와 류코쿠대학 안중근동양평화연구센터가 '안중근의 동양평화사상'을 매개로 국경과 분야를 넘어서 동북아시아의 미래와 공생에 대해 생각하고 논의한 매우 뜻깊은 '사건'이었습니다.

   류코쿠대학은 1639년에 서본원사(西本願寺) 학료(學寮)로 창설되었고 '정토진종(淨土眞宗)의 정신'을 건학 이념으로 삼는 대학으로, 오오미야(大宮) 캠퍼스와 후카쿠사(深草) 캠퍼스, 그리고 시가현(滋賀縣)에 있는 세타(瀨田) 캠퍼스에서 약 20,000명의 학생이 공부하고 있습니다. 또한 류코쿠대학 도서관에 안중근의 유묵(遺墨)을 보관하고 있는 관계로, 2013년 4월에 "한일 미래평화교류사업의 학제적 연구"를 목표로 〈안중근 동양평화

연구센터〉가 설치되었습니다. 이 센터의 초대 센터장은 이날 학술대회를 함께 기획하시고 이 책을 공동 편집하신 이수임(李洙任) 교수님이셨고, 이수임 선생님이 정년 퇴임하신 후에는 제가 센터장을 맡고 있습니다. 이름은 류코쿠대학의 '연구센터'이지만 대학 내에 특별히 시설이 있는 것도 아니고 대학의 재정적 지원을 받는 것도 아닙니다. 센터라는 이름을 걸어놓고 소속 연구원들이 모여서 연구 교류를 하는 곳입니다.

원광대학교 동북아시아인문사회연구소와는 2023년 3월에 MOU를 맺었습니다. 그리고 같은 해 6월에 저희 연구소의 연구원 4명을 동북아시아인문사회연구소 학술좌담회에 초대해서 환대해 주셨습니다. 그래서 류코쿠대학의 학술대회는 마땅히 저희가 환대해야 할 차례였습니다만, 당시에도 원광대학교에 많은 부담을 드리게 되어서 송구스럽게 생각합니다. 하지만 미력하나마 저희도 힘을 보태고, 두 연구소가 일심동체가 된 덕분에 다행히 학술대회가 성황리에 끝날 수 있었습니다.

오늘날 국제질서는 러시아의 우크라이나 침공 이후 다시 '분단'으로 치닫고 있는 상황입니다. 저는 헌법학, 특히 평화주의를 연구 대상으로 하는 사람으로서 새삼스럽게 '공생'의 태도가 요구되고 있음을 통감합니다. 그런 점에서 사상, 문학, 경제, 문학, 영화 등 실로 다양한 측면에서 '공생'의 길을 모색한 당시 학술대회는 의미가 컸다고 생각합니다. 그 때의 발표 내용과 관련 연구가 이렇게 한국어로 출간되어 한국에 계신 여러분들과도 공유할 수 있게 된 점 대단히 기쁘고 영광스럽게 생각합니다. 마지막으로 그때 학술대회 준비와 이번 단행본 간행에 엄청난 노고를 해주신 원광대학교 조성환 선생님께 감사의 말씀을 올립니다. 부디 이번에 간행되는 이 책이 한일 양국의 평화를 도모하는데 조금이나마 도움이 되기를 기원합니다.

안중근을 철학하다

오구라 기조 _ 교토대학대학원 인간 · 환경학연구과 교수

번역 _ 조성환

역사에 대한 물음과 안중근

안중근을 생각하는 것은 역사를 생각하는 것이다. '역사란 무엇인가?'라는 문제를 '지금과는 다른 방식으로' 생각하는 것이다. 이 작업은 '지금까지' 한국에서 행해진 역사 인식 방식을 파괴할지도 모른다. 그래서 지극히 위험한 행위일지 모른다. 그러나 이 작업은 이미 시작되었고, 이제 누구도 그것을 막을 수는 없다.

나는 여기에서 몇 가지 질문을 던져 보겠다. 이것은 2024년 2월에 류코쿠대학에서 있었던 안중근 심포지엄에서 종합토론의 좌장을 맡았던 내가 참가자들에게 던졌던 물음과 중복된다. 이날 심포지엄에서 한국 측 발표자의 견해에는 '안중근을 인식하는 것'의 위험성에 한 발 더 들어간, 상당히 야심찬 시도들이 많이 있었다. 나는 그 위험에서 신선한 냄새를 맡았고, 다음과 같은 질문을 떠올렸다. 여기에서 그 '답'을 도출해 내려는 것은 아니고, 도출해 낼 수도 없다. 다만 물음을 던질 뿐이다. 앞으로 많은 사람

들이 과감하게 사고해 나가야 할 것이다.

　안중근은 한국인이었나?

　먼저 첫 번째 질문은 "안중근은 한국인이었나?"라는 것이다. 안중근은 역사적으로 말하면, 대한민국 국민이었던 적은 한 번도 없을 것이다. 대한민국의 건국을 1948년으로 생각하든 1919년으로 생각하든, 그 어느 쪽으로 생각하든 안중근이 대한민국이라는 국가에 소속된 적은 단 한 번도 없다. 대한제국의 국민이었던 것은 물론 사실이다. 그러나 대한제국은 대한민국이 아니다. 안중근은 대한민국의 이념을 알지 못했을 것이다.

　그렇다고 해서 안중근이 한국인이 아니었다고까지는 말할 수 없다. 그것은 당연하다. 원효나 퇴계가 대한민국 국민이 아니었다고 해서 그들을 한국사나 한국철학사에서 배제해야 할 이유는 추호도 없다.

　그러나 여기에서 서술하고자 하는 것은 해석의 문제이다. 이것은 모든 사상사·철학사의 서술에 공통되는 것인데, 후세(현재)의 관점에서 과거를 서술할 때 어쩔 수 없이 후세(현재)의 가치를 지나치게 부여하는 경향이 있다. 안중근에 관해서 말하면, 조선왕조와 대한제국밖에 몰랐던 그를 지나치게 대한민국의 가치를 토대로 해석하는 것이 역사에서 어떤 결과를 가져올까? 이 점을 숙고할 필요가 있다.

　이것은 일본에 대해서도 마찬가지이다. 일본에서도 동양평화를 주창한 인물로서의 안중근을 존경하는 사람이 적지 않다. 이것은 멋진 일이라고 할 만하다. 그러나 전후(戰後)의 일본인이 '동양평화'라는 관념에 의해서 안중근을 존숭할 때에 그 존숭에는 저절로 '전후 일본적 평화관'이라는 사상이 강하게 개입하게 된다. 그것은 평화를 절대적으로 주어진 것으로 생각하고, 평화라는 개념을 무력이라는 물리력으로부터 완전히 차단하고, '무(武)'에 대해서는 철저하게 부정적인 입장을 취하는 일본적인 자유주의 사상이다. 이것을 '환상적 평화주의'라고 해도 좋을 것이다. 구체적으로 '아시아의 평화를 어떻게 구축할 것인가?'라는 시점이 여기에는 철저하게 결여되어 있다. 반면에 안중근의 동양평화론은 구체적인 경제체제 구축까지 계획한 지극히 실제적인 것이었다. '전후(戰後) 일본적 평화관'으로부터 안중근의 이미지를 날조하여 해석하는 것은 자유이지만, 그것은 실제의 안중근과는 차이가 있다.

안중근은 영웅이었나?

다음으로 "안중근은 영웅이었나?"라는 물음을 던져 본다. 만약에 영웅이었다고 한다면, 누구에게 어떠한 영웅이었는가? 이 물음에 대해서는 먼저 일본 우익들의 생각을 한국인들도 알아둘 필요가 있다고 생각한다. 그것은 한국인이 생각하는 것만큼 황당무계한 것은 아니다.

일본의 우파나 보수파 혹은 혐한파 중에는 '안중근은 테러리스트 혹은 살인자이지 영웅이 아니다.'라고 생각하는 사람이 많다. 어느 정도 타당성이 있는 견해라고 생각한다. 테러리스트라는 규정에 대해서는 찬반양론이 있을 수 있지만, 살인자라는 점에 있어서는 사실일 것이기 때문이다.

그러나 이러한 견해는 논리적으로 보면 틀렸다고도 할 수 있다. "안중근은 한국에서 보면 영웅일지 모르지만, 일본에서 보면 테러리스트 혹은 살인자이지 영웅은 아니다."라고 말하는 것은 가능할 것이다. 그러나 이것은 "안중근은 한국에서는 영웅이다."라는 점은 인정하고 있는 것이기 때문에, "안중근은 테러리스트 혹은 살인자이고, 따라서 영웅은 아니다."라고 단언할 수는 없다. "테러리스트는 영웅이 아니다."는 논리는 성립하지 않고, 살인자의 경우도 마찬가지이다.

또한 다른 각도에서 주장하는 '영웅부정론'도 있다. 한국에서는 별로 지지하는 사람이 없지만, 일본에서는 일반적으로 믿고 있는 설로서 다음과 같은 것이 있다: "이토 히로부미는 원래 대한제국을 병합하는 일에 적극적이지 않았다. 오히려 병합 추진파에게 이토 히로부미는 방해가 되는 존재였다. 따라서 이토가 제거되는 것은 병합 추진파에게 있어서는 잘된 일이었다. 이토가 살아 있을 때 병합을 인정하는 입장으로 바뀐 것은 사실이지만, 그가 살해된 것이 한국 병합을 좀 더 용이하게 했다고 할 수 있을 것이다." 한국인은 불쾌하게 생각할지 모르지만 역사를 다각도로 볼 필요가 있다.

이 설은 사실에 비추어 보면 황당무계한 것은 아니다. 원래 이토는 동아시아의 정치 상황에 강한 관심이 있던 정치가가 아니다. 야마가타 아리토모(山縣有朋) 등이 적극적으로 한반도에 진출하려고 한 것과는 명백히 다른 입장을 취하고 있었다. 그런데 1905년의 제2차 한일협약 체결 즈음에는 한국 국내에서는 이토를 사악한 침략자라고 철저하게 규탄했다. 그 인식의 틀이 그대로 유지되어 결국 병합 추진파와는 다른 입장의 이토를 잘못 인식하고 말았다. 이것은 사실이라고 생각한다.

이상의 관점들은 '영웅부정론'이지만, 이것과는 정반대의 '영웅긍정론'에 대해서는 여기에서 다룰 필요가 없을 것이다. 그 논지는 잘 알려져 있기 때문이다. 그러나 한국에서 별로 논의되고 있지 않은 '영웅긍정론'으로는 다음과 같은 것이 있다.

그중 하나는 "안중근은 한국뿐만 아니라 일본에 있어서도 영웅이다."라는 것이다. 안중근의 동양평화론은 당시에 적지 않은 일본인을 감동시켰고, 그 후에도 안중근을 기리는 일본인은 의외로 많다. 물론 앞에서 말했듯이, '전후 일본적 평화관'이라는 관점에서의 안중근 찬양에는 문제가 많은 것도 사실이다. 다만 한국인이 알아주었으면 하는 것은, 안중근은 '한국만의 영웅'은 아니라는 점이다. 일본에도 다양한 생각이 있다는 인식을 갖는 것이 중요하다. '일본'이나 '일본인'이라는 획일적인 '악한 실체'를 만들어서 그것들을 모두 부정하는 '반일(反日)'의 태도는, 그 다양성을 부정하게 된다.

도덕적인 인간이 올바른 역사를 만드는가?

이 외에도 그날 심포지움에서 나는 "도덕적인 인간이 올바른 역사를 만드는가?"라는 문제 제기를 하였다. 안중근을 도덕적 인간으로 표상하고 싶다는 국민적 욕망이 한국에는 강하게 있다. 왜냐하면 거기에는 '올바른 역사를 만드는 것은 도덕적으로 올바른 인간'이라는 강한 신념 체계가 있기 때문이다. 이 명제는 많은 한국인에게 자명한 것으로 인식되고 있지만, 다른 한편으로는 위험한 사상이라고도 볼 수 있다.

역사를, 그 주체에 대해서든 사실에 대해서든, 도덕적인 가치로 평가해버리는 것은 유교적인 세계관이다. 유교의 '춘추 필법'에서 유래하는 이 '훼예포폄(毁譽褒貶)의 역사 인식'이야말로 동아시아에서는 일반적인 시점이라고 할 수 있다.

그러나 이것은 역시 역사 그 자체에 대한 직시와는 상반되는 행위이다. 역사의 주체는 모든 관계성 속에서 순간순간의 판단을 반복하며 살고 있기 때문이다. 그 안에서의 특정한 인물이나 행위를 '도덕'이라는 가치 기준으로 평가하는 것은, 그 인물이나 행위를 둘러싼 복잡한 관계성을 극도로 단순화시켜 버리고, 결국은 역사 그 자체보다도 도덕성이라는 관념의 우위를 허용해 버린다. 그로 인해 힘을 지니는 것은 역사를 산 사람들의 삶 자체가 아니라, 역사에서 유리된 관념으로서의 도덕이 된다.

우리는 안중근의 삶을 통해서 앞으로 다양한 것들을 생각하지 않으면 안 된다. 생각하는 것을 시작하지 않으면 안 되는 것이다.

大韓國人
安重根

참고문헌

찾아보기

筒井清輝, 『人権と国家: 理念の力と国際政治の現実』, 東京: 岩波書店, 2022.

植田晃次, 「'ことばの魔術'の落とし穴: 消費される'共生'」, 植田晃次・山下仁 編, 『共生の内実』, 東京: 三元社, 2006.

梅原猛, 『人類哲学序説』, 東京: 岩波書店, 2013.

岡倉覚三, 『茶の本』, 東京: 岩波書店, 1961(改訂版

菅沼晃, 「共生の原理としての非暴力(不殺生)」, 『日本仏教学会年報: 仏教における共生の思想』, 第64号, 1999(横組版).

栗原康, 『共生の生態学』, 東京: 岩波書店, 1998.

礫川全次 注記・解説, 『安重根事件公判速記録』(復刻板), 2014.

鈴木貞美, 『生命観の探究: 重層する危険のなかで』, 東京: 作品社, 2007.

土居健郎, 『甘えの構造』, 東京: 弘文堂, 1971.

中根千枝, 『タテ社会の人間関係』, 東京: 講談社, 1967.

新渡戸稲造, 『武士道』, 矢内原忠雄 訳, 東京: 岩波書店, 1974.

牧野英二, 「東洋平和と永遠平和: 安重根とイマヌエル・カントの理想」, 『法政大学文学部紀要』第60号, 2010年3月.

牧野英二, 『カントを読む: ポストモダニズム以降の批判哲学』, 東京: 岩波書店, 2014.

満洲日日新聞社, 『安重根事件公判速記録』, 批評社, 1910(初版).

吉津宜英, 「不共生と共生, そして非共生: 菩薩型サンガを目指して」, 『日本仏教学会年報: 仏教における共生の思想』, 第64号, 1999(縦組版).

朴殷植, 『安重根』, 岡井禮子 譯, 小川晴久 監修, 東京: 展望社, 2022.

アマルティア・セン, アイデンテイテイと暴力: 運命は幻想である』, 東郷えりか 訳, 東京: 勁草書房, 2011.

イマヌエル・カント, 『永遠平和のために』, 『カント全集 14: 歴史哲学論集』, 岩波書店, 2000.

E・H・カー, 『歴史とは何か』, 清水幾太郎 訳, 岩波書店, 1962.

ガバン・マコーマック, 乗松聡子, 『沖縄のく怒り〉日米への抵抗』, 法律文化社, 2013.

ガヤトリ・C・スピヴァク, 『ナショナリズムと想像力』, 鈴木英明 訳, 東京: 青土社, 2011.

ルース・ベネデイクト,『菊と刀: 日本文化の型(上・下)』, 長谷川松治 訳, 社会思想研究会出版部, 1948.

Amartya Sen, Identity and Violence: The Illusion of Destiny, New York: W. W. Norton & Co. 2006.

Gavan McCormack and Satoko Oka Norimatsu, Resistant Islands: Okinawa Confronts Japan and the United States, Lanham: Rowman & Littletfield, 2012.

朝日新聞デジタル,「「生きた日韓現代史」崔書勉さん死去裏から外交支える」, 2020.05.29.https://www.asahi.com/articles/ASN5X35GZN5WUHBI01L.html(접속일자: 2023.01. 15)

IZA,「黒鉄ヒロシ氏が真相激白!! テレ朝情報番組で「断韓」発言直後に韓国語？スタジオで何が…」. 2019.07.24, https://www.iza.ne.jp/article/20190724-K5G2BO2IONKU7CDRT6NITCQ4EU/(접속일자: 2023.01.15.)

李泰鎮 著／編集,『安重根と東洋平和論』, 安重根ハルピン学会, 勝村誠, 安重根東洋平和論研究会 監訳, 東京: 日本評論社, 2016.

外務省,「MagnetismofJapan~日本のソフトパワーを追って~」 https://www.mofa.go.jp/mofaj/annai/listen/interview2/intv_01. html(접속일자: 2023.01.15.)

広報,『龍谷』 No 69, 2010. https://www.ryukoku.ac.jp/about/pr/publications/69/11_museum/index.htm(접속일자: 2023.02.01.)

斎藤充功,『伊藤博文を撃った男革命義士安重根の原像』, 東京: 中央公論新社, 1994.

佐木隆三,『伊藤博文と安重根』, 東京: 文藝春秋, 1996.

Joseph S. Nye Jr.(1991), Soft Power: The Means to Success in World Politics Public Affairs; Illustrated edition, New York: Public Affairs, 2005.

高橋哲哉,『歴史/修正主義』, 東京: 岩波書店, 2001.

田中宏,「問われる日本の歴史認識と戦後責任」, 龍谷大学社会科学研究所付属機関安重根東洋平和研究センター学術シンポジウムでの基調講演, 龍谷大学, 2014.04.26.

田中宏,「日本人の戦争観・アジア観についての私的断想」,『アジア太平洋研究センター年報』, 2016~2017.

谷野隆,「首相談話から見えて来る, この国の歴史認識」,『共同研究安重根と東洋平和東アジアの歴史をめぐる越境的対話』, 龍谷大学社会科学研究所叢書 第116巻, 2017.03.

中央日報,「安重根義士の資料1000点を寄贈した崔書勉氏に「韓日フォーラム賞」」,『中

央日報』／中央日報日本語版, 2017.08.30. https://japanese.joins.com/jarticle/
　　232848?ref=mobile (접속일자: 2023.01.15)

テレビ朝日,『驚きももの木20世紀』,「伊藤博文を撃った男」, 1995.07.28 放送.

戸塚悦朗,「龍谷大学における安重根東洋平和論研究の歩み：100年の眠りからさめた遺
　　墨(上)(下)」, 龍谷大学社会学研究所,『社会科学研究年報』第44号, 2014.

外村大,「日本における安重根への関心と評価：強権的帝国主義批判とその思想的継承」,
　　『社会科学研究年報』第51号, 2021.05.

非営利シンクタンク言論NPO,「日中韓3カ国, 有識者調査結果～日中韓の有識者は
　　「安倍談話」をどう見たか～」, 201.08.25. https://www.genron-npo.net/world/
　　archives/5925-2. (접속일자: 2023.01.15.)

黄尊三,『清国人日本留学日記 1905~1912年』, 実藤恵秀／佐藤三郎 訳, 東方書店, 1986.

平田厚志,「旅順監獄における安重根と二人の日本人教誨師」,『安重根・「東洋平和論」研
　　究―21世紀の東アジアをひらく思想と行動』, 龍谷大学社会科学研究所付属安重
　　根東洋平和研究センター, 李洙任教授退職記念刊行委員会, 明石書店, 2022.

Business Journal,「菅義偉新首相誕生に韓国が騒然…「安重根はテロリスト」発言が再燃,
　　日韓関係悪化懸念も」, 2020.09.14, https://biz-journal.jp/2020/09/post_179618.
　　html (접속일자: 2023.01.15)

水野直樹,「「博文寺の和解劇」と後日談：伊藤博文 安重根の息子たちの「和解劇」・覚え
　　書き」,『人文学報』第101号, 京都大学人文科学研究所, 2011.03.

村岡倫[編],『最古の世界地図を読む『混一疆理歴代国都之図』から見る陸と海(龍谷大学
　　アジア仏教文化研究叢書)』, 法蔵館, 2020.03.

山田朗,『歴史修正主義の克服』, 高文研, 2001.

歴史学研究会[編],『歴史における「修正主義」』, 青木書店, 2005.

강동국,「동아시아의 관점에서 본 안중근의 동양평화론」, 안중근의사기념사업회 엮음,
　　『안중근과 그 시대: 안중근 의거 100주년 기념연구논문집 1』, 경인문화사, 2009.

국가보훈처・광복회,『21세기와 동양평화론』, 국가보훈처, 1996.

김경일,「동아시아의 맥락에서 본 안중근과 동양평화론: 열린 민족주의와 보편주의로의
　　지평」,『한국학』통권 117호, 2009.

金正明 編,「伊藤特派大使禪親翰奉呈始末」,『日韓外交資料集成 6(上)』, 東京: 巖南堂書
　　店, 1964.

나카노 야스오,『동양평화의 사도 안중근』, 하소, 1995(中野泰雄,『日韓關係の原像』, 東
　　京: 亞紀書房, 1984).

남춘애,「안중근 유묵에 담긴 중국 문화 형상 연구」,『한국문학이론과 비평』 55집, 2012.

마키노 에이지,「안중근과 일본인: 동양평화의 실현을 위해」,『아시아문화연구』 20집, 2010.

배영기,「충효사상과 평화사상: 안중근과 의리사상(義理思想)」,『청소년과 효문화』 13집, 2009.

사이토 타이켄,『내 마음의 안중근』, 집사재, 2002.

신운용,「안중근의 '동양평화론'과 伊藤博文의 '극동평화론'」,『역사문화연구』 제23집, 2005.

오영달,「안중근 평화주의의 기초: 칸트 영구평화론과의 비교 관점」,『한국보훈논총』 15-1, 2016.

안중근,『동양평화론(외)』, 범우사, 2015.

안중근,『안응칠역사』, 페이퍼문, 2016.

안중근의사기념사업회,『안중근과 동양평화론』, 채륜, 2010.

윤경로,「안중근의거 배경과「동양평화론」의 현대사적 의의: 동아시아의 평화와 미래를 전망하며」,『한국독립운동사연구』 36, 2010.

윤대식,「『맹자』의 새로운 정치적 인간으로서 대장부와 덕목으로의 용(勇)」,『글로벌정치 연구』 vol.9, 2016.

이기웅 편,『안중근 전쟁 끝나지 않았다』, 열화당, 2000.

이재봉,「20세기의 동양평화론과 21세기의 동아시아 공동체론」,『평화학연구』 제12권 1호, 2011.

이태진,『영원히 타오르는 불꽃: 안중근의 하얼빈 의거와 동양평화론』, 지식산업사, 2010.

이현희,「안중근 의사의 동양평화사상 연구」,『문명연지』 2-1, 2001.

장덕환,『평화주의자 안중근 의사: 안중근 의사와 그 가문의 독립운동사』, 해맞이미디어, 2019.

현광호,「안중근의 동양평화론과 그 성격」,『아세아연구』 제46권 3호, 2003.

김수태,「안중근의 독립운동과 신문」,『진단학보』 119호, 2013.

김영호a,「안중근의 동양평화론과 동북아 경제공동체론」,『안중근 의사 95주년 기념 국제학술회의 자료집』, 2004.

김영호b,〈북유럽에서 본 안중근〉,《경향신문》, 2009.08.03.
https://www.khan.co.kr/article/200908031755025 (검색일: 2024.01.07.)

고명섭,〈안중근의 동양평화론〉,《한겨레》, 2019.07.03.

고은빛, 〈일본 유력 차기 총리 스가의 한 마디…"안중근은 범죄자"〉, 《한국경제》, 2020.09.02. https://www.hankyung.com/article/2020090262817 (검색일: 2024.01.09)

김태식, 〈안중근은 블록 경제론 주창자〉, 《연합뉴스》, 2009.06.18. https://www.yna.co.kr/view/AKR20090618180800005 (검색일: 2024.03.12)

김태호, 〈한국 제조업 경쟁력, 4년 후 인도에도 밀린다〉, 《한국경제》, 2015.12.12. https://www.hani.co.kr/arti/opinion/column/900331.html (검색일: 2024.01.07)

문우식, 「안중근의 동양평화론과 아시아 금융통화협력」, 『안중근기념연구논집』 제4집, 2010.

박명림, 「안중근 사상의 해석: 세계시민, 아시아 지역통합, 그리고 근대적·공화적 영구평화」, 『東方學志』 제189집, 2022.

박영준, 「러일전쟁 이후 동아시아 질서구상: 야마가타 아리토모(山縣有朋)의 전후경영론과 안중근의 동양평화론 비교」, 『한국정치외교사논총』 제30집 2호, 2009.

박승찬 (2023). 〈RCEP 발효 1주년… 3가지 활용법〉, 《한국무역신문》, 2023.01.13. https://www.weeklytrade.co.kr/news/view.html?section=1&category=5&item=&no=84992 (검색일: 2023.01.05.)

전병근, 「안중근의 「동양평화론(東洋平和論)」을 왜 지금 고쳐냈나: 안재원 서울대 인문학연구원 연구교수 인터뷰」, 『출판N』 5권, 2009. https://nzine.kpipa.or.kr/sub/inside.php?idx=167&ptype=view (검색일: 2023.01.07.)

정영인, 〈작년 세계 특허 출원 건수, 3년 만에 사상 최대치 경신…한국은 4위〉, 《이투데이》, 2022.11.22. https://www.etoday.co.kr/news/view/2195092 (검색일: 2024.01.09.)

이민후, 〈'日 따라잡았다고? 꿈 깨'…韓 GDP 그래도 추월 못 했다〉, 《SBS BIZ》, 2023.12.25. https://biz.sbs.co.kr/article/20000149983 (검색일: 2024.01.07)

우훈식, 〈'미국, 국제특허 4년 연속 세계 2위…7만15건 출원 중국 1위〉, 《LA중앙일보》, 2023.03.03. https://news.koreadaily.com/2023/03/02/society/generalsociety/20230302210722654.html (검색일: 2024.01.03)

유영렬, 「안중근의 독립운동과 그의 위상」, 『한국민족운동사연구』 113호, 2022.

윤경로, 「안중근의거 배경과 「동양평화론」의 현대사적 의의: 동아시아의 평화와 미래를 전망하며」, 『한국독립운동사연구』 제36집, 2010.

윤병석, 「安重根의 '同義斷指會'의 補遺」, 『한국독립운동사연구』 32호, 2009.

이재봉, 「20세기의 동양평화론과 21세기의 동아시아공동체론」, 『평화학연구』 제12권 제1호, 2011.

이철호, 「일본의 동아시아공동체론과 중국: 구상과 현실」, 『일본비평』 6호, 2012.

이태진,〈'지식인' 안중근, 한·중·일 평화공존 사상 싹 틔웠다〉,《중앙 SUNDAY'》, 2023.10.21. https://www.joongang.co.kr/article/25201085#home (검색일: 2024.01.08.)

〈RCEP 수혜품목은 日 플라스틱·中 의료기기·아세안 문화콘텐츠〉,《연합뉴스》, 2022.01.28. https://www.kita.net/board/totalTradeNews/totalTradeNewsDetail.do;JSESSIONID_KITA=4B4803D5F3B8FB9CEC338ECC2BCC9CE4.Hyper?no=66920&siteId=1 (검색일: 2024.01.09.)

조승우,〈평화를 향한 안중근 의사의 외침 안중근 동양평화론의 고찰 및 현대적 재해석〉,《안중근평화신문》, 2007.05.08. https://www.danji12.com/21 (검색일: 2024.05.23)

조정원,「중국의 일대일로와 카자흐스탄의 누를리 졸의 연계: 산업 협력을 중심으로」,『슬라브학보』제35권 4호, 2020.

조은상,「동북아시아에서의 인재양성: 안중근의 동양평화론을 중심으로」,『평화학연구』제17권 제3호, 2016.

채대석·김미정,「심층무역협정을 통해 본 안중근의 동양평화론의 조명」,『무역학회지』제37권 제1호, 2012.

채욱,〈韓中日 FTA 신뢰구축이 우선〉,《대외경제정책연구원》, 2012.01.02. https://www.kiep.go.kr/board.es?mid=a10504010000&bid=0026&act=view&list_no=2618&tag=&nPage=56 (검색일: 2024.01.05)

최종길,「동양평화론과 조선인의 인식: 안중근의 국제정세 인식을 중심으로」,『사림』 55호, 2016.

〈일본 지난해 GDP, 미·중 이어 세계 3위〉,《VOA》, 2023.12.25. https://www.voakorea.com/a/7412107.html (검색일: 2024.01.07)

Kim, K. I., "East Asian Intellectuals and the Historical Context of Asianism." Concepts and Contexts in East Asia, 2, 2013.

1. 자료

국가보훈처 편,『최신 창가집 부 악전』, 국가보훈처, 1996.

김대락,『국역 백하일기』, 안동독립운동기념관 편, 경인문화사, 2011.

김학길,『계몽기 시가집』, 문예출판사, 1995.

독립군가보존회 편,『광복의 메아리: 독립군가곡집』, 세계복음화운동본부출판부, 1982.

독립기념관한국독립운동사연구소 편,『韓末義兵資料集』, 독립기념관한국독립운동사연구소, 1989.

민족학교, 『항일민족시집』, 영광도서, 2005.

박주 편, 『새로 발굴한 도마 안중근 의사 추모시』, 대구가톨릭대 출판부, 2019.

신운용 외, 『(안중근자료집11)한국인 집필 안중근 전기1』, 채륜, 2014.

신운용 외, 『(안중근자료집13)한국인 집필 안중근 전기3』, 채륜, 2016.

윤병석, 『안중근전기전집』, 국가보훈처, 1995.

鄭壽承, 『萬世仙話』.

한철수, 『배달의 맥박: 독립군시가집』, 독립군시가집편찬위원회, 1986.

2. 단행본

민경찬, 『한국창가의 색인과 해제』, 한국예술종합학교, 1997.

박찬호, 『한국가요사』, 현암사, 1992,

엄만수, 『항일문학의 재조명: 시가를 중심으로』, 홍익재, 2001.

조용만 · 송민호 · 박병채, 『일제하의 문화운동사』, 현음사, 1982.

3. 논문

권순회, 「신발굴 시조창 가집 三題」, 『고전과 해석』 제21집, 2016.

김보경, 「詩歌創作에 있어서 次韻의 效果와 意義에 대하여: 蘇軾의 詩歌를 중심으로」, 『중국어문논총』 45, 2010.

김수현, 「일제강점기 음악통제와 애국창가 탄압 사례: 신문기사를 통해」, 『한국음악사학보』 제66집, 2021.

김종철, 「김택영(金澤榮)의 〈안중근전(安重根傳)〉 입전(立傳)과 상해(上海)」, 『한중인문학연구』 제41집, 2013.

도진순, 「안중근의 근배 유묵과 사카이 요시아키 경시」, 『한국근현대사연구』 104집, 2023.

문대일, 「양계초의 尙武精神과 한국 근대문인의 관련 양상」, 『중국어문논역총간』 제39집, 2016.

박병훈, 「동학가사 『만세선화』 연구」, 『종교와 문화』 제44집, 2023.

박환, 「러시아 연해주에서의 안중근」, 『한국민족운동사연구』 제30집, 2002.

반혜성, 「국내에서 불린 애국창가의 전개 양상: 1910년을 전후하여 필사된 애국창가집을 중심으로」, 『한국음악연구』 제72집, 2022.

반혜성, 「손승용 수진본 창가집의 특징과 가치」, 『동양학』 제85집, 2021.

송영순, 「이광수의 장시와 안중근과의 연관성: 「옥중호걸」과 「곰」을 중심으로」, 『한국시학연구』 제35집, 2012.

송영순, 「이광수의 장시에 나타난 서사성 연구: 「옥중호걸」, 「곰」, 「극웅행」을 중심으로」, 『한국문예비평연구』 제37집, 2012.

신운용, 「안중근 의거에 대한 국외 한인사회의 인식과 반응」, 『한국독립운동사연구』 제28집, 2007.

梁貴淑·金喜成·蔣曉君, 「中國近代关於安重根形象的文学作品分析」, 『中國人文科學』 제39집, 2008.

양설, 「김택영의 중국 망명기 교유시 연구-장건과의 교유를 중심으로-」, 서울대학교 석사학위논문, 2017.

윤선자, 「중국인 저술 안중근 전기 연구」 『교회사학』 제9집, 수원교회사연구소, 2012.

이윤조·김형태, 「근대계몽기 시가에 구현된 인물(人物) 유형과 주제의식 연구: 『대한매일신보(大韓每日申報)』를 중심으로」, 『동양고전연구』 제88집, 2022.

이명숙, 「신흥무관학교의 노래로 본 항일노래의 창작·공유·전승」, 『역사와 현실』 제124집, 2022.

이명화, 「헤이그특사가 국외 독립운동에 미친 영향」, 『한국독립운동사연구』 제29집, 2007.

이은영, 「애제문의 특징과 변천과정」, 『동방한문학』 제31집, 2006.

조광, 「안중근 연구의 현황과 과제」, 『한국근현대사연구』 제12집, 2000.

최두식, 「한국영사문학연구」, 건국대학교 박사학위논문, 1987.

최영옥, 「김택영의 안중근 형상화 검토」, 『동양한문학연구』 제35집, 2012.

최원식, 「동양평화론으로 본 안중근의 「장부가」」, 『민족문학사연구』 제41집, 2009.

최형욱, 「안중근 의사를 제재로 한 중국 시가 연구 I: 시가 개관과 안중근 애도·찬양 내용을 중심으로」, 『중국문화연구』 제58집, 2022.

최형욱, 「안중근 의사를 제재로 한 중국 시가 연구 II: 특별한 타자 및 제삼자적 인식과 감정의 표현을 중심으로」, 『중국어문학논집』 제137집, 2022.

최형욱, 「안중근 관련 중국 시가 중의 인물 형상 연구」, 『동양학』 제93집, 2023.

최형욱, 「량치차오 시문 중의 안중근 형상 연구: 조선 황실 및 지도층 인물과의 대비를 포함하여-」, 『동아시아문화연구』 제82집, 2020.

최형욱, 「량계초(梁啓超)의 「추풍단등곡(秋風斷藤曲)」 탐구: 안중근 의거를 찬미한 중국 근대 대표 지식인의 노래와 그 속내-」, 『동아시아 문화연구』 제49집, 2011.

황위주·김대현·김진균·이상필·이향배, 「일제강점기 전통지식인의 문집 간행 양상과 그 특성」, 『민족문화』 제41집, 2013.

4. 데이터베이스

국립중앙도서관 (https://nl.go.kr/)

경상국립대학교 고문헌도서관 남명학고문헌시스템 (http://nmh.gnu.ac.kr/service)

한국고전종합DB (db.itkc.or.kr)

한국역대문집DB (db.mkstudy.com/ko-kr)

권선홍, 「전통시대 유교문명권의 책봉·조공제도 부정론에 대한 재검토」, 『국제정치논
　　총』 제57집 제1호, 2017.

니컬러스 존 스파이크먼, 『강대국 지정학: 세력균형을 통한 미국의 세계 전략』, 김연지,
　　김태중, 모준영, 신영환 옮김, 글항아리, 2023.

문정진, 「중국 근대소설과 안중근」, 『중국어문논총』 33집, 2007.

백광준, 「청말, 한족 표상의 구축」, 『東亞西亞文化研究』 58집, 2014.

孫皖怡, 「亡國恨與槿花之歌小考」, 『중국 소설논총』 24집, 2007.

송한용, 「'中華民族'論下의 국민통합과 갈등: '민족영웅' 岳飛를 중심으로」, 『역사학연구』
　　41집, 2011.

신운룡, 『안중근 자료집(제25권)』, 채륜, 2016.

오카 마리, 『기억·서사』, 김병구 옮김, 교유서가, 2024.

유용태, 「四夷藩屬을 中華領土로: 民國時期 중국의 領土想象과 동아시아 인식」, 『동양사
　　학연구』 제130집, 2015.

유창진, 「朝鮮痛史(亡國影) 小考」, 『중국인문과학』 29권 29호, 2004.

유창진, 「한국 소재 중국 근대소설 속의 한국 인식과 시대 사유」, 『중국 소설논총』 19권,
　　2004.

유창진, 「영웅루의 인물 유형을 통한 시대 인식」, 『중국인문과학』 30권, 2005.

이등연, 정영호, 유창진, 「한국제재 중국 근대소설 『亡國影』 연구 1」, 『중국 소설논총』 20
　　권 20호, 2004.

정영호, 「한국 제재 중국 근대소설 『亡國影』 연구(2)」, 『中國語文論譯叢刊』 14집, 2005.

하지연, 『식민사학과 한국 근대사: 우리 역사를 왜곡한 일본 지식인들』, 지식산업사,
　　2015.

左鵬軍, 『晚清民國傳奇雜劇考索』, 人民文學出版社, 2005.

柴琳, 「他者與自我:高麗亡國演義 『朝鮮遺恨』 考論」, 『齊齊哈爾大學學報』(哲學社會科學
　　版) 第6期, 2020.

崔一, 「建構, 詮釋與"轉用": 百年中韓安重根敘事考略」, 『現代中國文化與文學』 34, 2020.

李利芳,「小說『英雄淚』中異國形象分析-以安重根和伊藤博文為例」,『南昌高專學報』, 2010年, 第6期, 2010.

牛林杰, 劉惠瑩,「論近代珍本小說『英雄淚』及其藝術特色」,『韓國研究論叢』, 2010.

羅衍軍,「『朝鮮血』芻論」,『海南第一師範學報』, 2007年, 第7捲 第4期, 2007.

稗秋,「吉林作家的兩部愛國小說」,『社會科學戰線』1996年 6期, 1966.

田野,「被塑造的亞洲英雄:安重根形象的文學建構與情感賦義」,『延邊大學學報』第56卷 第1期, 2023.

謝仁敏,「晚清小說『亡國淚』考證及其他」,『明清小說研究』, 2009年 第2期, 2009.

徐丹,「近代中國人的朝向亡國著述研究」, 復旦大學碩士學位論文, 2011.

朱紅娟,「晚清國難小說研究」, 上海師範大學碩士學位論文, 2013.

侯博仁,「傳統宗藩體系及其崩潰」,『文化集萃』, 2022年 第30期, 2002.

崔思朋,「鼎盛與危機:明清東亞宗藩體系嬗變」,『貴州文史叢刊』, 2015年 第4期, 2015.

5. 자료

김훈,『하얼빈』, 문학동네, 2022.

복거일,『비명을 찾아서』, 동아출판사, 1995.

서세원,〈도마 안중근〉, 2004.

윤제균,〈영웅〉, 2022.

이문열,『죽어 천년을 살리라 Ⅰ·Ⅱ』, 알에이치코리아, 2022.

이시명,〈2009 로스트메모리즈〉, 2005.

이호철,『까레이 우라』, 한겨레, 1986.

6. 논저

김삼웅,『안중근 평전』, 시대의창, 2023.

김훈,『라면을 끓이며』, 문학동네, 2016.

김훈,『연필로 쓰기』, 문학동네, 2019.

도진순,「안중근: 우덕순의 정체성과 김훈의『하얼빈』: '포수', '무직', '담배팔이' 對 '의병' '대한국인'」,『한국독립운동사연구』 81, 2023.

민경원,『뮤지컬 영화』, 커뮤니케이션북스, 2013.

손과지·유호인,「안중근 의사가 이토 히로부미를 저격한 사건의 예술적 해석: 정기탁과 그의 영화〈애국혼〉」,『통일인문학』 95, 2023.

신광철,「안중근을 보는 두 가지 시선: 남북한 영화가 재현해낸 애국적 인물의 궤적」,『인문콘텐츠』 1, 2003.

신운용, 「한국 가톨릭계의 안중근 기념사업 전개와 그 의미」, 『역사문화연구』 41, 2012.

윤현명, 「영화 『남벌』에 나타난 일본 응징 정서-1990년대 한국사회 분위기와 관련해서」, 『열린정신 인문학연구』 23, 2022.

이호철, 『우리는 지금 어디에 서 있는가』, 국학자료원, 2001.

임지현, 『희생자의식 민족주의: 고통을 경쟁하는 지구적 기억 전쟁』, 휴머니스트, 2021.

전우용, 『민족의 영웅 안중근: 강자가 약자를 억압하지 않는 세계를 꿈꾸다』, 한길사, 2022.

조홍용, 「'테러'와 '저항권'의 구분 기준에 관한 연구: 안중근 의사의 하얼빈 의거를 중심으로」, 『한국군사학논집』 71, 2015.

최진석, 「1930년대 일본·조선에서의 안중근 서사: 「안중근」과 〈하얼빈 역두의 총성〉을 중심으로」, 『대동문화연구』 94, 2016.

황종연, 『비루한 것의 카니발』, 문학동네, 2001.

게오르크 루카치, 『역사소설론』, 이영욱 옮김, 거름, 1987.

베네딕트 앤더슨, 『상상된 공동체: 민족주의의 기원과 보급에 관한 고찰』, 서지원 옮김, 길, 2018.

사카이 나오키, 『일본·영상·미국-공감의 공동체와 제국적 국민주의』, 최정욱 옮김, 그린비, 2008.

장 폴 사르트르, 『상상계』, 윤정임 옮김, 기파랑, 2010.

장 폴 사르트르, 『존재와 무』, 정소성 옮김, 동서문화사, 2012.

퀭텡 메이야수, 『형이상학과 과학 밖 소설』, 엄태연 옮김, 이학사, 2017.

Jean-François Lyotard, Trans. Elizabeth Rottenberg, Lessons on the Analytic of the Sublime, Stanford, Calif.: Stanford University Press, 1994.

7. 기타

국사편찬위원회, 『사료로 본 한국사』, http://contents.history.go.kr/mobile/hm/view.do?levelId=hm_121_0120

김훈, 〈안중근 순국 113주기, 『하얼빈』 작가 김훈에게 묻다〉, 《월간중앙》 4월호, 중앙일보사, 2023.

정경태, 〈[취재파일] 안중근 의사 유해 발굴 멈춘 지 15년…남은 가능성은?〉, 《SBS뉴스》 2023.05.23. https://news.sbs.co.kr/news/endPage.do?news_id=N1007203508

〈김 추기경, 안중근(토마) 의거 정당성 인정: 추모미사 강론에서 공식 선언〉, 《가톨릭신문》 1993.08.29., 1면. https://m.catholictimes.org/mobile/article_view.php?aid=299705

구메 구니타케(박삼헌 역), 특명전권대사 미구회람실기 제3권 유럽대륙(상), 서울: 소명
　　출판, 2011. (久米邦武／編著 水澤周, 特命全權大使米歐回覽實記 現代語譯 3, 慶
　　應義塾大學出版會, 2008.)

고토쿠 슈스이, 『나는 사회주의자다: 동아시아 사회주의의 기원, 고토쿠 슈스이 선집』,
　　임경화 엮고 옮김, 교양인, 2011.

김정현, 「러시아와 일본에서 초기 니체 수용의 사회철학적 의미」, 『철학연구』제161집,
　　2022.02.

김정현, 「20세기 초 중국의 니체 수용과 신문화운동」, 『니체연구』제44권, 2023.

김봉진, 『안중근과 일본, 일본인』, 지식산업사, 2022.

남춘애, 「안중근 유묵에 담긴 중국 문화 형상 연구」, 『한국문학이론과 비평』제55집(16권
　　2호), 2012.06.

노명환, 「유럽통합 사상과 역사에 비추어 본 안중근 동양평화론의 세계사적 의의」, 『안
　　중근의사기념사업회 편, 『안중근과 동양평화론』, 채륜, 2010.

마키노 에이지(牧野英二), 「안중근과 일본인: 동양평화의 실현을 위해」, 『아시아문화연
　　구』제20집, 2010.12.

마키노 에이지, 「안중근 의사의 동양평화론의 현대적 의의: 새로운 '동아시아공동체' 구
　　상의 선구자」, 이태진 외 · 안중근 · 하얼빈학회, 『영원히 타오르는 불꽃』, 지식산
　　업사, 2011.

박지향, 『제국주의』, 서울대학교출판문화원, 2021.

박명림, 「안중근 사상의 해석: 세계시민, 아시아 지역통합, 그리고 근대적 · 공화적 영구
　　평화」, 『동방학지』제198집, 2022.03.

박은식, 『한국통사』, 김태웅 역해, 아카넷, 2012.

백암박은식선생전집편찬위원회 편, 『白巖朴殷植全集 第III卷』, 동방미디어, 2002.

안중근, 『안중근의 동양평화론』, 안중근의사기념관, 2019.

안중근의사기념관, 『안중근 안쏠로지』, 서울셀렉션, 2020.

(사)안중근평화연구원, 『안중근자료집 제9권: 안중근 · 우덕순 · 조도선 · 유동하 공판기
　　록- 공판시말서』, 채륜, 2014.

야마무로 신이치, 「미완의 '동양평화론': 그 사상적 흐름과 가능성에 대하여」, 이태진
　　외 · 안중근 · 하얼빈학회, 『영원히 타오르는 불꽃』, 지식산업사, 2010.

이태진, 「안중근의 동양평화론 재조명」, 이태진 외 · 안중근 · 하얼빈학회, 『영원히 타오
　　르는 불꽃』, 지식산없사, 2010.

이태진, 「安重根과 梁啓超: 근대 동아시아의 두 개의 등불」, 『震檀學報』 제126권,
　　2016.06.

임종원, 『후쿠자와 유키치: 새로운 문명의 논리』, 한길사, 2011.

장 훈, 「안중근의 평화사상과 칸트: 칸트 영원평화론으로 조명하는 안중근 평화사상의 보편 가능성」, 『동서연구』 제34권 4호, 2002.

정상수, 『제국주의』, 책세상, 2019.

천두슈, 『천두슈사상전집』, 심혜영 옮김, 산지니, 2019.

현광호, 「안중근의 동양평화론과 그 성격」, 『아세아연구』 통권 113호, 고려대학교아세아문제연구원, 2003.10.

현광호, 「안중근의 동양평화론의 연구 현황과 연구 과제」, 『한국민족운동사연구』 제75권, 한국민족운동사학회, 2013.06.

龍谷大學社会科學研究所付屬 安重根東洋平和研究センター・李洙任敎授退職記念發行委員会, 『安重根・「東洋平和論」研究』, 東京: 明石書店, 2022.

鈴木貞美, 『大正生命主義と現代』, 東京: 河出書房新社, 1995.

鈴木貞美, 『'生命'で読む日本近代』, 東京: 日本放送出版協会, 1996.

勝村誠, 「安重根の行動と思想が現代日本につきつけるもの」, 李泰鎭+安重根ハルビン學會, 『安重根と東洋平和論』, 東京: 日本評論社, 2016.

由井正臣, 小松裕 編, 『田中正造文集』, 東京: 岩波書店, 2005.

윤치호, 『윤치호일기 11』, 국사편찬위원회, 1989.

吉野作造, 「対外的良心の発揮」, 『中央公論』 1919년 4월호.

三浦了覺, 『禅と武士道』, 1915.

室謙二, 『踊る地平線 めりけんじゃっぷ長谷川海太郎伝』, 東京: 晶文社, 1985.

〈芝河氏の権力風刺劇〉, 《朝日新聞》, 1976.10.13. 석간.

戸叶武, 『政治は足跡をもって描く芸術である』, 戸叶武遺稿集刊行会, 1988.

大江健三郎, 『あいまいな日本の私』, 東京: 岩波書店, 1995.

朴裕河, 『ナショナル・アイデンテイテイとジェンダー: 漱石・文学・近代』, 東京: クレイン, 2007.

都珍淳, 「韓国の安重根と日本の知識人たちの平和論比較」, 『安重根・「東洋平和論」研究』, 東京: 明石書店, 2022.

五味渕典嗣, 「占領の言説, あるいは小市民たちの帝国」, 『漱石研究』 第17号, 2004.11.

秋月望, 「沖野岩三朗文庫の安重根絵葉書」, 明治学院大学 『国文学研究』, 2021.03.

吉岡吉典, 「明治社会主義者と朝鮮」, 『歴史評論』, 1965.06.

김정훈, 「나쓰메 소세키와 식민지 지배: 안중근 화제 등과 관련해서」, 제8회 한일국제학

　　　숨심포지움, 2022.02.

瀧井一博,『伊藤博文』, 東京: 中央公論新社, 2010.

中村直美,『パターナリズムの研究』, 東京: 成文堂, 2007.

黒川創,『暗殺者たち』, 東京: 新潮社, 2013.

夏目鏡子,『漱石の思ひ出』, 東京: 改造社, 1928.

石原千秋,『反転する漱石』, 東京: 青土社, 1997.

三好行雄,『森鴎外・夏目漱石』,『三好行雄著作集』第2巻, 東京: 筑摩書房, 1993.

竹中成憲,『簡易産婆学』(第三版), 半田屋医籍, 1909.03.

木下正中,『産婆学講義下』(第四版), 南江堂, 1910.03.

久米依子,「「残酷な母」の語られ方」,『漱石研究』제17호, 2004.11.

小森陽一,『ポストコロニアル』, 東京: 岩波書店, 2001.

小森陽一,『漱石探読』, 東京: 翰林書房, 2020.

金正勲,『漱石と朝鮮』, 東京: 中央大学出版部, 2010.

안중근의 평화사상과 인문학적 상상력

등록 1994.7.1 제1-1071
1쇄 발행 2024년 10월 20일

기 획   원광대학교 한중관계연구원 동북아시아인문사회연구소
        류코쿠대학교 (사회과학연구소 부속) 안중근동양평화연구센터
엮은이   조성환 이수임
지은이   김정현 도노무라 마사루 마키노 에이지 김현주 이수임 조정원
        박병훈 다구치 리츠오 이정하 윤재민 오쿠노 쓰네히사 오구라 기조
펴낸이   박길수
편집장   소경희
편집 · 디자인   조영준
관 리   위현정
펴낸곳   도서출판 모시는사람들
        03147 서울시 종로구 삼일대로 457(경운동 수운회관) 1306호
전 화   02-735-7173 / 팩스 02-730-7173

인 쇄   피오디북(031-955-8100)
배 본   문화유통북스(031-937-6100)
홈페이지 http://www.mosinsaram.com/

값은 뒤표지에 있습니다.
ISBN   979-11-6629-208-8   93150

이 저서는 2017년 대한민국 교육부와 한국연구재단의 지원을 받아 수행된 연구임
(NRF-2017S1A6A3A02079082)